고시조古時調,
우리 역사의
돋보기

고시조古時調,
우리 역사의
돋보기

글 황인희 사진 윤상구

기파랑

글을 시작하며

시조는 고려 말부터 활발하게 창작되기 시작하여 오늘날까지도 지속적으로 이어지고 있는 우리 민족 고유의 정형시입니다. 처음에는 주로 벼슬을 했던 선비, 즉 사대부들이 지었지만 조선 후기에는 서민들까지도 쉽게 향유하였던 전통 문학 갈래이지요. 다른 시가 형식들은 시대에 따라 유행처럼 나타났다가 사라지곤 했지만 시조만은 700여 년의 역사를 이어오고 있는 것입니다.

시조의 시작을 '정읍사'로 보는 사람들도 있습니다. 현재까지 전하는 유일한 백제 시가로 알려진 정읍사의 내용은 다음과 같습니다.

> 달아 높이곰 돋아서 어긔야 멀리곰 비추오시라
> 어긔야 어강됴리 아으 다롱디리
> 져재 녀러신고요 어긔야 즌 데를 드데올셰라
> 어긔야 어강됴리
> 어느이다 노코시라 어긔야 내 가논 데 졈그를셰라
> 어긔야 어강됴리 아으 다롱디리

이 중 그 의미는 없고 다만 리듬을 살리기 위해 넣어둔 여음구(餘音句) '어긔야 어강됴리 아으 다롱디리'를 모두 빼면 아래와 같이 됩니다.

달아 높이곰 돌아서 멀리곰 비추오시라
져재 녀러신고요 즌 데를 드데올셰라
어느이다 노코시라 내 가논 데 졈그를셰라

이렇게 늘어놓으니 시조의 모습과 비슷하지요? 어차피 시조가 어느 날 갑자기 한 사람에 의해 만들어진 형식이 아니라면 백제 시대 지어진 이런 비슷한 모습의 시가에서 유래되었다 해도 뭐라 할 사람은 없겠지요.

심지어는 백제의 충신 성충(成忠, ?~656)이 지었다는 시조도 전해지고 있습니다. 성충은 백제말의 충신입니다. 656년 좌평이라는 벼슬을 하고 있을 때 의자왕에게 간언(諫言)했다가 옥에 갇혔고 결국 감옥에서 죽음을 맞이했다지요. 당시 백제의 의자왕은 신라와의 싸움에서 계속 이기자 자만하였고 주색에 빠져 있었습니다. 그때 성충이 머지않아 신라와 당나라의 연합군이 쳐들어올지 모르니 준비해야 한다고 의자왕에게 간언했다가 노여움을 샀다는 것입니다. 나라가 망하려니 이렇게 예언에 가까운 간언도 왕의 귀에 들어가지 않았던 모양입니다. 성충은, 왕이 듣기에 괴롭지만 옳은 말보다는 우선 달콤한 간신들의 말을 더 귀담아 듣는 현실을 개탄하며 시조를 썼답니다. 이해를 돕기 위해 중국 초(楚)나라의 정치인이자 시인인 굴원(屈原)의 예를 들어서 말입니다.

물노라 멱라수(汨羅水)야 굴원이 어이 죽다터니

참소(讒訴)에 더러인 몸 죽어 묻힐 땅이 없어

창파(滄波)에 골육을 씻어 어복리(魚腹裏)에 장(葬)하
니라

(멱라수야, 너에게 물어보겠다. 굴원이 어떻게 죽었느냐.

모함하는 말에 더럽힌 몸은 죽어서도 묻힐 땅이 없으니

맑은 파도에 뼈와 살을 씻어 물고기 뱃속에 장사지내야 하니라.)

굴원은 왕에게 진언(進言)했다가 양쯔강(揚子江) 이남의 소택지(沼澤地)로 추방되었습니다. 그는 자기가 옳고 세속이 그르다고 말하고 죽어서 세상의 모범이 되고 자살로써 간(諫)하겠다며 창사(長沙)에 있는 멱라수에 몸을 던졌습니다. 성충이 자신의 처지가 굴원의 처지와 비슷하다고 여겨서 이런 시조를 지었을까요? 그러나 이 시조를 실제 성충의 작품으로 보는 사람은 거의 없습니다. 조선 시대에 사화(士禍)와 당쟁을 심하게 겪은 어떤 선비가 성충의 이름을 빌려서 자신의 심경을 털어놓은 것이 아닌가 생각할 뿐이지요.

어찌 되었든 성충이 지었다는 이 시조 한 편으로 우리는 백제 말기의 역사와 중국의 시인인 굴원에 대해서도 생각해보게 되었습니다. 배경 이야기를 들으니 그 시조가 담고 있는 뜻이 더 실감나게 다가오지요? 많은 문학 작품이 그 시대의 모습을 반영하고 있다지만 저는 시조만큼 당대의 모습을 적나라하면서도 함축적으로 담고 있는 갈래는 달리 없다고 봅니다.

시조는 우선 소설에 비해 사실적이고 누구나 쉽게 지을 수 있지요. 소설, 수필은 그 길이 때문에 반드시 글로 적어야 합니다. 또 한시(漢詩)도 우리나라 사람들은 "무슨 자, 무슨 자"하면서 한자까지 입으로만은 옮기기 어렵지요. 하지만 시조는 짤막한 우리말 시가이기 때문에 누구나 쉽게 짓고, 곁에서 들은 사람은 쉽게 옮길 수 있습니다. 게다가 3·4조의 음수율(글 자 수)이나 초장, 중장, 종장의 3장6구라는 형식이 일상적인 우리말의 호 흡을 반영한 리듬이기 때문에 하고 싶은 말을 조금만 리듬에 맞춰 정리하 면 시조가 됩니다.

시조에는 이렇게, 누구나 언제 어디서나 자신이 느끼는 바를 손쉽게 담을 수 있었으니 그 시대, 그 작가의 희로애락이 다른 어느 문학 작품보다 진하 게 담겨 있겠지요? '시조'라는 이름은 '시절가조(時節歌調)'라는 말에서 나 온 것인데 이는 당시에 유행하던 노래라는 뜻을 담고 있습니다. 시조는 그 시대의 유행가였던 셈이지요. 조상들이 살았던 그 시대의 희로애락과 유행 은 곧 우리의 소중한 역사입니다.

이렇게 옛시조는 우리의 대표적인 정형시이며 조상들의 혼이 담겨 있는 문학 작품입니다. 그런데 요즘 학생들에게 국어 공부의 하나로 가르치니 학생들은 시조에 매력을 제대로 느끼지 못하고 기계적으로 학습을 하곤 합 니다. 그래서 시조가 재미없고 어려운 것으로 느껴지지요. 역사도 마찬가 지입니다. 우리의 미래를 비춰줄 역사를 고리타분하고 지겨운 과목으로 여 겨 기피하는 경우가 많습니다.

그러나 옛시조를 배울 때 역사 배경을 알고 배우면 그 내용을 이해하기 가 훨씬 쉽습니다. 그래서 이 책에 시조가 가장 왕성하게 창작되었던 고려 말부터 조선 후기까지의 주요한 시조 작품과 그에 관련된 역사를 쉬운 이 야기로 담아놓았습니다. 수록 시조는 가능한 한 중고등학교에서 배우는, 친근한 작품 가운데서 선정하였고 시조의 풀이는 물론, 그에 관련된 역사 를 함께 소개하여 시조 해석을 보다 쉽게, 역사 공부를 보다 재미있게 할 수 있도록 구성하였습니다. 시조 원문은 아래 아(ㆍ)자가 들어있는 고어(古語)로 되어 있는 경우가 많은데 독자들이 읽기 쉽게 하기 위해 가능한 한 현대 발음으로 바꾸어 놓았습니다. 물론 글자 수가 흐트러지지 않는 범위 내에서 말이지요.

자, 그럼 이제 옛시조도 배우면서 역사도 재미있게 공부하는, 두 마리 토끼잡이를 시작해볼까요?

이
저무는 고려의 국운

이 저무는 고려의 국운

  시조라는 시가 형식이 발생한 시기는 정확하지 않습니다. 조선 후기에 만
들어진 시조집 〈청구영언(青丘永言)〉에는 백제의 성충(成忠), 고구려의 을
파소(乙巴素)와 고려 전기의 학자인 최충(崔沖)의 시조도 각각 한 수씩 실
려 있습니다. 하지만 이 작품들을 정말 그들이 지었다고 믿는 사람은 거의
없습니다. 고려 중기 이후에 시조가 본격적으로 창작되기 시작했을 것이라
는 추측이 정설로 받아들여지고 있지요.

  그런데 시조가 지어지기 시작하던 이 시기는 고려의 국운이 기울기 시작
할 무렵이었습니다. 몽골이 침략해온 1231년 이후 고려 왕조는 무신정권
과 함께 강화도로 옮겨갔지만, 세계를 제패한 대제국 원나라를 당해낼 수
는 없었습니다. 그러나 무신들은 아무 대책 없이 강화도에 머물며 왕이 개
경으로 돌아오는 것을 반대했지요. 그래서 제24대 고려왕 원종은 원나라의
힘을 빌려 무신들을 제압하고 개경으로 환도했습니다. 그 이후 고려는 약
100년 동안 원나라의 간섭을 받을 수밖에 없었습니다. 그래서 이 시기를

'원 간섭기'라고도 하지요.

　원나라는 고려 왕실의 존립은 인정해주었지만 마음에 들지 않으면 사신을 보내 따지고, 심지어는 고려왕을 자기네 마음대로 갈아치우기도 했습니다. 뿐만이 아닙니다. 충선왕은 원나라에 의해 머나먼 티베트로 유배를 가기도 했고, 충혜왕은 유배를 가다가 도중에서 목숨을 잃기까지 했습니다. 그나마 완전히 속국이 되지 않고 왕실을 유지할 수 있었던 것은 30여 년에 걸친 고려 민중의 항쟁 덕분이었지요. 일반 민중들은 이렇게 피나는 노력으로 나라를 지켜냈는데, 친원(親元) 세력과 권문세족은 권력을 이용하여 개인 토지를 넓히는 데만 힘을 썼습니다. 심지어는 고려를 아예 원나라의 한 성(省)으로 흡수 통합시키자는 주장도 대신들 사이에서 심심찮게 나왔습니다. 이른바 '입성 책동(立省策動)'이지요. 입성 책동은 국내에서 다른 대신들의 반대로 무산되기도 했지만 원나라가 거절해서 없었던 일이 된 적도 있습니다.

　이때부터 고려의 임금은 '종(宗)'이나 '조(祖)'와 같은 묘호(廟號)가 아닌, '왕'으로 끝나는 시호를 가진, 원나라 조공국의 왕 취급을 받았습니다. 특히 제25대 왕인 충렬왕부터는 시호 앞에 '충성 충(忠)'자를 붙였지요. 이는 원나라에 충성을 바친다는 의미였습니다. 당시 왕자가 태어나면 어릴 적에 원나라로 유학 보내서 원나라식 생활을 하며, 원나라 선생에게 글을 배우고 원나라 친구들을 사귀며 자라게 했지요. 더구나 어른이 되면 원나라 공주와 결혼시켜 고려로 내보내 왕위를 잇게 했으니 고려왕들은 그 핏줄에조차 원나라 피가 많이 흐르고 있었습니다.

　본격적인 역사 이야기는 고려 제26대 충선왕 때부터 시작하겠습니다. 충선왕은 원나라 황제 세조 쿠빌라이의 외손자입니다. 원나라 공주가 고려에 시집 왔다고 하지만 대부분 왕의 딸이었고, 황제의 딸은 제25대 충렬왕비였던 제국대장공주 장목왕후 한 사람 뿐이었지요. 장목왕후는 지배국의 공주임을 과시하며 남편인 충렬왕보다 강한 영향력을 행사했습니다. 아내에게 실권을 빼앗긴 충렬왕은 사냥과 여색에 빠져들었고, 이는 다시 장목왕후와의 갈등을 낳는 악순환으로 이어졌습니다.

충선왕도 대가 센 어머니의 영향을 받아 부왕과 갈등하게 되었지요. 장목왕후가 세상을 뜨자 충렬왕은 왕위를 내놓고 태상왕으로 물러앉았습니다. 장목왕후가 죽었으니 충렬왕은 더 이상 원나라의 부마가 아니었습니다. 그런데 새로 원나라 진왕의 딸과 결혼한 세자는 떠오르는 태양 같이 원나라의 강력한 지원을 받는 존재였지요. 그 세력에 당연히 밀릴 수밖에 없는 상황이었습니다. 당시 고려는 이렇게 원나라의 힘에 좌지우지되는 형편이었습니다.

충렬왕을 이어 왕위에 오른 충선왕 때는 원나라에 대한 의존도가 더욱 높아졌습니다. 충선왕은 재위 기간의 대부분을 원나라에서 보내기도 했습니다. 심지어 충선왕은 부왕의 후궁 숙창원비 김씨를 자신의 여자로 만드는 패륜을 저지르기도 했습니다. 숙창원비는 충선왕이 부왕인 충렬왕에게 바쳤던 여자였습니다. 그런데 부왕 사후 충선왕은 숙창원비를 숙비로 봉해 자신의 후궁으로 맞아들였습니다. 이런 행위는 고려의 풍속으로는 있을 수 없는 일이었습니다. 그런데 당시 원나라에는, 부왕이 죽으면 친어머니를 제외한 다른 후궁들은 아들이 취할 수 있는 풍습이 있었습니다. 충선왕은 어정쩡하게 그 풍속을 따르기로 한 것이지요.

충선왕이 숙비에 빠져 정신을 못 차리고 있을 때 죽음을 각오하고 이를 말린 사람이 있었습니다. 우탁(禹倬, 1263~1342)이라는 사람이었는데 그는 흰옷 차림에 도끼를 들고 거적을 짊어진 채 대궐로 들어가 왕의 그릇된 행동을 질책했지요. 그런데 자신의 말이 받아들여지지 않자 고향으로 가서 학문에만 정진하며 살았습니다. 우리가 교과서에서 만날 수 있는 시조 가운데 가장 오래된 작품이 바로 이 사람, 우탁의 시조입니다. 그는 두 편의 '탄로가(歎老歌)'를 남겼습니다. 늙는 것을 탄식하는 노래들이지요.

한 손에 가시 들고 또 한 손에 막대 들고
늙는 길 가시로 막고 오는 백발(白髮) 막대로 치랴터니
백발이 제 몬져 알고 즈림길로 오더라
(한 손에 가시를 들고 다른 한 손에 막대를 들고
늙는 길은 가시로 막고 오는 백발은 막대로 쳐서 막으려 했더니
백발이 먼저 알고 지름길로 오더라.)

춘산에 눈 녹이던 바람 건듯 불고 간 데 없다
져근듯 빌어다가 머리 우희 불이고져
귀밑에 해묵은 셔리를 녹여볼가 하노라
(봄에 산에서 눈 녹이던 바람이 잠깐 불고는 간 데 없다.
잠시 빌어다가 머리 위에 불게 하고 싶구나.
귀밑에 해묵은 서리[흰 머리]를 녹여볼까 했는데 아쉽구나.)

고려 제27대 충숙왕은 생전에 이미 정치에 염증을 느껴 16세의 아들에게 왕위를 넘겨주었습니다. 충혜왕은 충숙왕의 장남인데, 즉위하자마자 정사를 뒷전으로 미루고 향락과 여색에 젖어 지냈습니다. 성격도 포악해서 실

정이 거듭되니 원나라에서는 그를 베이징(北京)으로 소환하고 부왕인 충숙왕을 복위시켰습니다. 그런데 충숙왕이 죽자, 다시 충혜왕이 왕위에 올랐습니다. 남의 나라 왕위를 이렇게 장난감 굴리듯 했으니 참으로 어처구니없는 상황이었지요. 이런 일들이 허용되었다는 것만 봐도 벌써 고려는 국운이 다하고 있었음을 짐작할 수 있습니다.

한번 쫓겨났다가 다시 왕이 되었지만 충혜왕은 여전히 정신을 못 차리고 주색과 사냥을 일삼고 정사를 돌보지 않았습니다. 새로 궁궐을 짓는데, 개성에서는 "왕이 민가의 어린이 수십 명을 잡아 새 궁궐의 주춧돌 밑에 묻고자 한다"라는 소문이 돌아 집집마다 아이를 안고 도망하고 숨는 등 소란이 일 지경이었습니다. 그러니 왕에 대한 백성들의 신뢰도가 어떠했는지 알 수 있습니다. 왕이 이 정도이니 대신들과의 반목도 자연 커질 수밖에 없었습니다. 군부판서를 지낸 이조년(李兆年, 1269~1343)은 왕에게 태도를 바꾸도록 간청했지만 충혜왕은 끝내 방탕한 습성을 버리지 못했습니다. 결국 친원파들이 충혜왕의 실정과 횡포함을 원나라에 알려서 충혜왕은 원나라로 끌려가 귀양을 가게 되었습니다. 그러나 그는 귀양지에 닿지도 못하고 세상을 떠나고 말았습니다. 그때 충혜왕의 나이는 30세였습니다.

어쨌든 이런 어수선한 상황에서 예문관 대제학으로 제수되었던 이조년은 충혜왕에게 음탕한 생활을 더 이상 하지 않도록 간언하다가 왕의 노여움을 샀습니다. 간신히 죽음만 면하고 벼슬에서 쫓겨나 고향에서 살다가 세상을 떠났는데, 죽을 때까지 나라와 임금을 걱정했다고 합니다. 그 무렵 고향에서 맞은 어느 봄날 이조년이 지은 시조입니다.

이화에 월백 하고 은한(銀寒)이 삼경(三更)인제

일지춘심(一枝春心)을 자규(子規)야 알랴마는

다정도 병인 양하여 잠 못 들어 하노라

(배꽃에 밝은 달이 비쳐 더 하얗게 보이고, 은하수가 보이는 한밤

중인데

배꽃 가지에 담긴 봄뜻을 소쩍새가 알랴마는,

정이 많은 게 병이 되었는지 잠을 이룰 수가 없구나.)

이조년이, 만물이 소생하는 봄밤에 이다지도 애절한 심정으로 잠 못 들어 하는 이유는 나라와 임금을 걱정하는 우국충정 때문이었겠지요. 이런 충신들의 걱정에도 불구하고 고려는 점점 여위어만 갔습니다. 그러다 제대로 정신을 차린 왕이 하나 나타났지요. 바로 제31대 공민왕입니다. 공민왕은 충숙왕의 둘째아들이며 충혜왕의 아우로 태어났습니다. 공민왕은 우선 '충'자가 들어가는 시호를 쓰지 않았으니, 이것만으로도 원나라의 간섭으로부터 벗어났음을 짐작할 수 있습니다. 물론 공민왕도 12세 때 원나라에 볼모로 잡혀갔습니다. 거기서 원나라 위왕의 딸 노국대장공주와 결혼하고 고려에 돌아와 왕위에 올랐지요. 원나라가 15세의 충정왕을 폐위시키고 그의 뒤를 잇게 했기 때문입니다.

공민왕은 왕이 되고난 후, 원나라가 쇠약해가는 상황을 파악하고 원나라 배척 운동을 일으켰습니다. 원나라의 풍습인 변발(辮髮), 호복(胡服) 등을 폐지하고, 몽골의 연호와 관제 역시 폐지하여 원 간섭기 이전의 제도를 복구했습니다. 또 원나라 왕실과 인척 관계를 맺고 횡포를 부리던 기철의 일족을 숙청하고, 영흥 이북 땅을 되찾았습니다. 기철은 누이동생이 원나라 순제의 황후가 된 것을 계기로 횡포를 부리던 인물이지요. 공민왕은 귀족

회의 기관인 정방을 폐지하고, 신돈(辛旽)을 기용하여 전민변정도감(田民辨正都監)을 설치하여 귀족들이 함부로 차지한 토지를 소유자에게 반환하고 불법으로 노비가 된 사람들을 풀어 주었습니다. 전민변정도감은, 토지(전 : 田)와 백성(민 : 民)의 소속을 바르게(정 : 正) 만드는 관청이라는 뜻입니다.

그러나 그 뒤 중국의 한족 반란군인 홍건적과 일본의 해적인 왜구가 계속 침범해 와서 이를 막느라 국력이 많이 소모되었고, 노국공주가 아이를 낳다가 세상을 떠나는 비극까지 겹쳤습니다. 이때부터 공민왕은, 정치는 승려인 신돈에게 맡기고 노국공주를 추모하는 일에만 몰두하였습니다.

당초 공민왕이 신돈에게 개혁의 업무를 맡긴 것은 신돈을 무척 신뢰했기 때문이지요. 공민왕은 "신돈은 도(道)를 얻어 욕심이 없으며 출신이 미천하여 친당이 없으므로 큰일을 맡길 만하다"라고 평가했고, 훗날에도 "불초

• **종묘 안에 있는 공민왕 신당** 태조가 종묘를 지을 때 공민왕의 업적을 기리고 제사를 지내기 위해 만들었다. 정면의 그림은 공민왕과 노국공주의 영정이다.(서울 종로구 훈정동)

한 내가 나라에 임한 지 15년 동안 홍수와 가뭄의 재해가 끊이지 않았다. 그런데 금년에 풍작이 들었으니, 이는 실로 신돈이 선정을 베푼 덕분이다"라고 칭찬하기도 했습니다.

　신돈도 처음엔 바른 정치를 펼쳤던 것으로 보입니다. 전민변정도감을 설치했을 때 백성들이 모두 기뻐하였다고 〈고려사 열전〉에 기록되어 있지요. 그런 신돈의 개혁이 실패에 그친 이유는 개혁의 대상이 된 지배층이 강하게 반발했고, 강력한 지원자였던 공민왕이 그에게서 고개를 돌렸기 때문입니다. 한창 공민왕이 신돈을 옹호하고 있을 때 우정언을 지낸 이존오(李存吾, 1341~1371)는 신돈의 횡포에 참지 못하고 탄핵하다가 왕의 노여움을 사기도 했습니다. 이때 신돈이 공민왕과 마찬가지로 책상에 걸터앉아 있는 것을 보고는 이존오가 큰소리로 꾸짖으니, 신돈이 겁을 먹고는 슬그머니 책상에서 내려섰다는 이야기도 있습니다. 다행히 이존오는 이색(李穡) 등의 변호로 극형은 면하고 좌천되었다가 고향인 공주 석탄으로 내려가 버렸습니다. 고향에서 은둔 생활을 하며 다음과 같은 시를 지었지요.

　　구름이 무심탄 말이 아마도 허랑(虛浪)하다
　　중천에 떠 있어 임의(任意)로 다니면서
　　구태여 광명한 날빛을 덮어 무삼하리
　　(구름이 아무런 욕심 없이 떠돈다는 것은 헛된 말이다.
　　하늘 높이 떠서 마음대로 다니면서
　　구태여 밝은 햇빛을 덮으니, 왜 그러는지 모르겠구나.)

이존오는 공민왕의 총명을 해에 비유하고, 그 햇빛을 가리는 간신(신돈)

을 구름에 비유하였습니다. 고향에 내려간 그는 울화를 이기지 못해 기어이 화병으로 사망했습니다. 이렇게 충직한 신하까지 내치면서 지원을 아끼지 않던 신돈을 공민왕이 몰아내게 된 이유는 무엇일까요? 공민왕 20년, 권문세족은 신돈의 역모를 주장했습니다. 왕이 능에 다녀올 때 신돈이 심복을 길가에 매복시켜 왕을 시해하고자 했다는 것입니다. 그때 신돈을 견제할 필요를 느꼈던 공민왕은, 이 말을 받아들여 신돈과 그 추종 세력을 제거해 버렸습니다. 공민왕은 신돈이 하나의 권력 집단으로 힘이 커지는 것을 우려했고, 이를 막기 위해 신돈을 제거했던 것입니다. 신돈이 죽은 것은 이존오가 세상을 뜬 후 석 달 만이고, 이후 공민왕은 이존오의 충성심을 기려 그를 대사성에 추증하였습니다.

과연 신돈은 이존오의 말대로 임금의 총명을 가리는 간신이었을까요? 조선 전기에 발간된 〈고려사〉에는 신돈이 처첩을 거느리고 주색잡기에 몰두한 요승이라고 쓰여 있습니다. 그러나 권력을 얻었다고 현명한 정치가가 갑자기 간신에, 요승으로 바뀌게 될까요? 아무리 노국공주의 죽음 때문에 이성을 잃었다지만 공민왕은 만만한 인물이 아닙니다. 왕위 계승 경쟁에서 조카들에게 두 차례나 패했지만 마침내 왕위를 쟁취하고, 원나라의 간섭에서 고려를 해방시킨 똑똑한 왕이었으니까요.

공민왕이 고려와 자신의 왕권을 지키기 위해 신돈을 충분히 이용하고, 위험한 존재가 되어갈 때쯤 그를 몰아내버린 것입니다. 게다가 신돈의 개혁을 못마땅하게 생각하던 대농장주이자 친원 세력, 권문세족들이 신돈의 축출에 앞장섰음은 뻔한 일입니다. 뒤이어 들어선 조선 왕조에서도 자신들의 혁명을 합리화하기 위해 고려 왕조의 타락을 강조했고, 이 과정에서 신돈은 꼼짝 없이 요승으로 몰려버렸습니다.

공민왕은 왕비 노국공주의 죽음 이후 자식을 얻지 못하다 신돈의 하녀 반야에게서 자식을 얻었습니다. 이 아이가 우왕입니다. 훗날 우왕과 그의 아들 창왕이 왕씨가 아닌 신씨라는 말이 생겨났습니다. 〈고려사〉에는 이들을 신돈의 아들로 단정하고 우왕의 이름을 '신우'로 기록하고 있습니다. 〈고려사〉가 조선 시대에 쓰인 점을 감안한다면 신돈이 요승이라든가, 우왕이 신돈의 아들이라든가 하는 내용들을 그대로 신뢰할 수 없지만, 어쨌든 이런 이야기들은 이성계(李成桂, 1335~1408)로 하여금 역성(易姓)혁명을 시행하게 된 명분이 되었습니다.

노국공주도, 신돈도 세상을 떠난 후 공민왕은 외로움을 견디다 못해 자제위(子弟衛)라는 관청에 의지하게 되었습니다. 자제위는 왕의 신변에 대한 호위 겸 지도자를 양성하기 위해 만든 관청입니다. 공신 및 고위 관직자의 자제를 선발하여 자제위의 구성원으로 삼았는데, 〈고려사〉에 의하면, 공

• 현재 남아 있는 목조 건물 중 가장 오래된 건물인 부석사 무량수전 신라 시대에 창건되었지만 '無量壽殿'이라는 현판 글씨는 공민왕의 친필이다.(경북 영주시 부석면)

민왕은 미소년을 뽑아 함께 즐겼고, 자식을 얻기 위해서 이들과 비빈들을 잠자리를 함께 하도록 시켰다고 합니다. 실제 자제위 가운데 홍륜(洪倫)이 익비(益妃)를 임신시키기도 했습니다. 이 사실을 환관인 최만생이 공민왕에게 알려주자 공민왕은 비밀을 유지하려고 홍륜과 최만생 등 이 사실을 알고 있는 사람들을 죽이려 했습니다.

그런데 그들도 앉아서 죽임을 당할 수는 없었겠지요. 최만생이 홍륜에게 공민왕의 의도를 알렸고, 그 바람에 공민왕은 오히려 그들에게 살해되었습니다. 물론 〈고려사〉가 조선 초기에 손질되었다는 점을 감안하면 이런 내용은 왜곡된 것일 가능성도 있지만, 고려를 원나라로부터 구해내고 개혁을 시도했던 영민한 군주 공민왕이 어처구니없는 일로 허망하게 세상을 떠난 것만은 틀림없는 사실인 듯합니다.

공민왕이 세상을 떠난 후 누구를 왕위에 올릴 것인가에 대해 논란이 일었습니다. 당시 10세였던 대군 왕우(훗날의 우왕)는 공민왕이 아닌 신돈의 아들이라는 의혹이 있었기 때문입니다. 그러나 대신들은 선왕(공민왕)의 뜻을 따라 왕우로 하여금 왕위를 잇게 했습니다.

우왕이 재위할 당시 남북으로 어수선한 국방을 지키는 데 가장 두각을 나타낸 사람은 최영(崔瑩, 1316~1388)이었습니다. 그는 이미 공민왕 때부터 남쪽의 왜구와 북쪽의 홍건적을 상대로 종횡무진, 공을 세우고 있었습니다. 최영은 수차례의 출정에서 승리를 거뒀고 우왕에게 딸을 시집보내 부원군이 되기도 했습니다. 그는 15세에 아버지에게서 들은 "황금 보기를 돌같이 하라"라는 교훈을 평생 가슴에 새겨 청렴하게 살았다고 합니다. 그의 애국심과 활약이 그대로 드러나는 시조가 있습니다.

• **최영 장군 묘** 장군의 억울한 죽음을 증명이라도 하듯 1970년대까지는 무덤에 풀이 나지 않았다고 한다.(경기 고양시 덕양구 대자동)

녹이상제(霜蹄) 살지게 먹여 시냇물에 씻겨 타고
용천설악(龍泉雪鍔) 들게 갈아 둘러메고
장부의 위국충절(爲國忠節)을 세워 볼까 하노라

(하루에 천리를 달리는 녹이상제 같은 날랜 말을 잘 먹여, 시냇물
에서 씻겨 올라타고
용천검같이 좋은 칼을 잘 들게 갈아 어깨에 둘러메고
나라를 위하여 충성하는 대장부의 절개를 세워볼까 하노라.)

1388년 명나라가 철령위(鐵嶺衛)를 설치하고 그 이북 땅을 랴오둥(遼東
: 요동)에 귀속시키려 하자 최영은 우왕과 함께 랴오둥 정벌을 계획했습
니다. 당시 랴오둥은 원나라나 명나라 어떤 세력도 미치지 않는 곳이었고,

조정에서는 최선의 방어는 선제공격이라 생각한 것입니다. 그러나 우군도통사 이성계가 위화도에서 회군하는 바람에 랴오둥 정벌은 좌절되었습니다. 이성계의 반란군이 개경에 들어오자 최영은 이에 맞서 싸우다 체포되어 끝내 참형을 당했습니다. 이로써 고려의 마지막 명장은 숨을 거두었고, 이성계는 우왕을 폐한 후 창왕을 옹립함으로써 역성혁명의 본격적인 수순을 밟아가게 되었습니다.

최영은 죽기 전 이런 말을 남겼다고 합니다.

"내가 평생 조금이라도 부정한 일을 저질렀다면 내 무덤에 풀이 날 것이며 그렇지 않다면 풀이 안 날 것이다."

경기도 고양시에 있는 최영의 무덤에는 정말 1970년대까지 풀이 나지 않았답니다. 그 후 조금씩 풀이 돋아나서 이 사연을 아는 사람들은 최영의 한이 이제 풀렸는가 안도하기도 했다지요.

강릉에서 귀양살이를 하던 우왕은 더 억울한 처지였습니다. 왕위에서 쫓겨난 것은 물론 아버지까지 잃게 생겼으니 말입니다. 자신이 신돈의 자식으로 왕의 위패를 더럽혀서 죽어야 한다는 말을 듣고 분노하여 백성들 앞에 다음과 같이 외쳤답니다.

"백성들이여! 나를 전왕(前王)의 아들이 아니라서 죽인다 하오. 우리 왕씨는 용(龍)의 종자로서 겨드랑이에 용의 비늘을 가지고 태어난다오."

우왕은 그 자리에서 웃옷을 벗고 팔을 들어 올려 겨드랑이 밑에 있는 비늘 흔적 세 개를 보여줬답니다. 자신이 왕씨임을 증명하고 싶었던 것이지요. 우왕에 대한 이야기는 〈고려사〉 중 '반역전'에 실려 있습니다. 선왕이 후계자로 지목하여 왕위를 이은 사람을 후대 사람들이 반역자 취급해버린 것입니다.

고려 말기에 활약한 장수 중에 출신이 특이한 사람이 있었는데 그가 바로 이지란(李芝蘭, 1331

• 조선 태조 이성계의 업적을 기록한 신도비 태조의 능인 동구릉 내 건원릉 앞에 서 있다.(경기 구리시 동구릉로)

~1402)입니다. 그는 본래 여진족으로, 본명은 쿠룬투란티무르였습니다. 아버지의 직위를 물려받아 천호가 된 그는 공민왕 때 부하를 이끌고 귀화하여 이씨 성과 청해를 본관으로 하사받았습니다. 이로써 그는 청해 이씨의 시조가 되었지요. 이성계와 결의형제를 맺었고, 이후 이성계와 함께 여러 전장에서 공을 세웠으며 조선의 개국 공신이 되었습니다. 이성계가 평가하기를 "싸움에 임하여 적군을 무찌르는 데는 투란보다 나은 사람이 없다"라고 할 정도로 이지란은 용장이면서 이성계의 오른팔과 같은 존재였습니다. 귀화인이었던 그도 한 편의 시조를 남겼습니다.

초강(楚江)에 우는 범과 패택(沛澤)에 잠긴 용이
토운생풍(吐雲生風)하니 기세도 장할시고
진나라 외로운 사슴이 갈 곳 몰라 하더라
(초나라의 강가에서 우는 범 같은 항우와, 패 땅 연못의 용 같은

유방이

구름을 토하고 바람을 일으키며 맞붙으니, 그 기세가 장관이구나.

이런 상황에 쫓긴 외로운 사슴 같은 진나라의 자영이 어찌할 바를

모르더라.)

이 시조에서 항우와 유방은 이성계의 기세를 비유한 것이고, 이에 쫓기어 어찌할 줄 몰라 하는 자영은 고려 왕조를 비유하고 있습니다. 이성계의 역성혁명을 역사의 대 흐름으로 파악한 것이지요. 이렇게 거칠 것 없이 전장을 누비며 그 용맹함을 자랑하던 이지란은, 태조 이성계가 왕위에서 물러나 고향 영흥으로 간 후, 전투 과정에서 많은 사람을 죽인 것을 속죄하고자 중이 되었답니다.

02
스러진 나라를
그리워한들 무엇하리

02 스러진 나라를 그리워한들 무엇하리

　태조 이성계의 집안은 원래 원나라의 관리 집안이었습니다. 그런데 이성계의 아버지 이자춘(李子春)은 원나라가 고려 출신 이주민에게 차별 정책을 실시하자 이에 회의를 품어 원에서 등을 돌리고 고려에 협조하기 시작했습니다. 이자춘은 고려가 쌍성총관부를 없애고 99년 만에 옛 땅을 회복하는 데 큰 공을 세웠습니다. 이 이자춘을 비롯한 이성계의 직계 조상들은 조선이 건국된 후 고조할아버지로부터 목조, 익조, 탁조, 환조로 추존되었습니다.

　당시 원나라가 쇠퇴하자 중국에서는 명나라가 일어났는데 명나라는 철령 이북이 자신들의 영토라고 고려에 통보해왔습니다. 고려는 이에 크게 반발하였고 신흥 무인인 최영은 차라리 먼저 랴오둥을 공격하자고 주장하였습니다. 우왕도 최영의 주장에 적극 동조하여 이성계에게 5만 명의 군사를 내주고 랴오둥 정벌을 명했습니다.

　그런데 이성계는 처음부터 이 전쟁에 반대하고 있었습니다. 그 근거로

• **종묘의 영녕전** 가운데 네 칸은 좌우를 막아 다른 칸과 구별하여 추존 왕인 태조의 조상 네 분의 신위를 봉안하였다. (서울 종로구 훈정동)

'4불가론(不可論)'을 내세웠지요. '4불가론'은 첫째, 작은 나라가 명나라 같은 큰 나라를 거스르는 것은 옳지 않고, 둘째, 농번기인 여름철에 군사를 동원하는 것은 옳지 않으며, 셋째, 전력을 북쪽으로 모두 옮기면 남쪽에 왜구가 다시 침략할 우려가 있고, 넷째, 더운 날씨로 활의 아교가 녹아 무기로 쓸 수 없고 전염병이 돌 염려도 크니 전쟁을 하지 말아야 한다는 것입니다.

그러나 우왕과 최영은 이성계의 주장을 무시하고 정벌을 강행하라고 재촉했습니다. 이성계의 군대는 음력 5월에 압록강 가운데 있는 섬인 위화도에 도착했습니다. 그런데 마침 장마가 시작되어 압록강 물이 불어났고 이성계의 군사는 오도 가도 못할 상황에 이르렀습니다. 그러나 우왕과 최영은 오히려 진군을 더욱 재촉하였습니다. 이에 이성계는 군사를 이끌고 개경으로 돌아왔습니다.

쿠데타를 일으킨 이성계는 우왕을 폐위하고 창왕을 왕위에 올렸습니다. 우왕의 아들인 창왕을 옹립한 것은 이성계의 뜻이 아닙니다. 이성계는 창왕도 우왕이나 마찬가지로 신돈의 핏줄이니 '신씨'가 아닌 '왕씨' 일족에서 왕을 세워야 한다고 했지요. 그런데 위화도 회군 때 이성계와 동지였던 조민수(曺敏修)가 고려의 충신 이색(李穡, 1328~1396)의 도움을 받아 공민왕의 제3비 익비 한씨로 하여금 창왕을 왕위에 세우는 교지를 내리게 하였습니다. 이때 창왕은 9세의 어린 아이였습니다.

정몽주(鄭夢周, 1337~1392)와 정도전(鄭道傳, 1337~1398)의 스승이었던 이색은 고려의 대학자였습니다. 이성계의 독주를 막아보려고도 했지만 그의 힘으로는 감당할 수 없는 일이었습니다. 당시 이색이 어떤 심정이었을지 말해주는 시조가 있습니다.

백설이 자자진 골에 구름이 머흐레라
반가온 매화는 어느 곳에 픠엿는고
석양에 홀로 셔 이셔 갈 곳 몰라 하노라
(흰 눈이 녹아버린 골짜기에 구름이 머무는구나.
눈 속에 피는 반가운 매화는 어디에 피어 있을까.
나는 석양에 홀로 서서 갈 곳 몰라 헤매는구나.)

'구름'은 이성계의 무리를, '매화'는 우국지사를, '석양'은 기울어가는 고려 왕조를 상징하고 있습니다. 나라는 기울어가는데 그를 막을 수 없는 자신의 처지를 안타까워했던 것이지요. 이색은 명나라의 도움을 받아보고자 창왕의 입조(入朝 : 속국이나 외국 사신 등이 황제를 알현하는 일)를 주선

했습니다. 그런데 명나라에서는 "세우는 것도 저희가 할 일이요, 폐위하는 것도 저희의 일이다. 우리는 상관치 않겠다"라는 입장을 보이며 입조를 거부했습니다. 당시 명나라도 원나라를 몰아내고 황제를 갈아치운 상황이었는데 고려에서 역성혁명이 일어나는 것을 막을 명분이 없었던 것이지요.

위화도 회군 이듬해에 이성계를 비롯한 신흥 무인과 신진 사대부들이 모여 창왕을 몰아낼 모의를 하였습니다. '폐가입진(廢假立眞 : 가짜를 폐하고 진짜를 세운다)'의 명목으로 창왕을 몰아내자는 것이지요. 창왕은 우왕의 아들이니 왕씨가 아니라 신씨이므로 그들로 하여금 종묘를 받들게 할 수 없다는 이야기였습니다. 다음 왕의 후보자로 신종의 7세손인 정창군이 물망에 올랐습니다.

그러나 왕의 재목이 아니라는 반대도 만만치 않았지요. 뾰족한 대안 없는 논란을 거듭하던 이들은 종실의 유력한 인물 몇몇의 이름을 적어 고려 태조의 영전에 고하고, 그 중 제비뽑기로 왕을 정하자고 의견을 모았습니다. 나라의 꼴이 얼마나 형편없으면 신하들이 왕을 제비뽑기로 정하는 상황에까지 이르렀을까요? 이렇게 제비뽑기로 왕위에 오른 사람이 고려의 마지막 왕인 45세의 공양왕이지요.

이렇게 반대파를 차례로 제거하면서 역성혁명으로 한 걸음씩 다가서고 있던 이성계는 마지막 걸림돌을 제거해야 하는 상황에 이르렀습니다. 그가 바로 정몽주입니다. 우왕과 창왕을 몰아내는 데까지는 정몽주도 이성계와 같은 길을 걸었습니다. 그런 아들을 보고 정몽주의 어머니는 뭔가 잘못되고 있다는 생각을 한 것 같습니다. 어머니의 입장에서는 학문에만 열중해 온 점잖은 아들이, 전쟁터에서 잔뼈가 굵은 과격한 무인들과 혁명을 도모하는 것이 위태로워 보였나 봅니다.

• **정몽주의 어머니가 지었다는 '백로가'를 담은 시비** 정몽주 묘소 앞에 정몽주의 '단심가' 시비와 나란히 서 있다. (경기 용인시 모현면)

정몽주가 살해당하던 날, 이성계를 문병하러 가려고 집을 나서는데, 팔순 가까운 노모가 간밤의 꿈이 흉하다 하며 문밖까지 나와 가지 말라고 말렸다고 하지요. 다음은 그때 그 어머니가 읊었다는 시조입니다. 아들이 죽을 자리로 들어가는 날, 그것도 팔순의 노모가 이런 시조를 지었다는 것이 선뜻 믿기지는 않습니다. 그러나 어쨌든 이 작품은 정몽주 어머니의 작품으로 알려지고 있습니다.

까마귀 싸우는 골에 백로야 가지 마라
성난 까마귀 흰빛을 새오나니
창랑(滄浪)에 좋이 씻은 몸을 더러일까 하노라

(까마귀같이 더러운 자들이 싸우는 곳에, 백로 같이 깨끗한 너는
휩쓸리지 마라.
성난 까마귀들이 하얀 네 모습을 시기할 것이니
푸른 물에 깨끗이 씻은 네 몸을 더럽힐까 겁나는구나.)

  이성계를 왕으로 추대하여 새로운 왕조를 만들어야 한다는 역성혁명론자
와 고려 왕조를 그대로 유지하면서 개혁해야 한다는 고려개혁론자로 나뉠
때부터 정몽주와 이성계의 추구하는 길이 달라지기 시작했습니다. 역성혁
명론자의 대표는 정도전(鄭道傳)이었고 고려개혁론자의 대표는 정몽주였
습니다. 이 두 사람은 목은 이색의 문하에서 함께 공부한 친구 사이였지만
다른 한쪽을 제거하지 않으면 안 되는 사이가 되고 말았습니다.
  두 세력의 팽팽한 대립을 먼저 깬 것은 의외로 정몽주였습니다. 공양왕
을 세운 후 이성계가 침묵하고 있자 정몽주는, 이성계의 오른팔인 정도전
을 귀양 보내고 유배지에 있던 이색 등 고려개혁론자들을 불러들였습니다.
그 무렵 이성계가 해주에서 사냥을 하다가 낙마하여 크게 부상을 입게 되
었습니다. 정몽주는 이를 기회로 삼아 이성계파의 주요 인물이었던 조준·
남은 등을 선난조언죄(煽亂造言罪 : 백성을 선동하는 이상한 말을 만들어
낸 죄)로 몰아서 귀양 보내고, 이성계 부자(父子)까지 해치려 하였습니다.
계모 신덕왕후 강씨의 귀띔으로 이 기미를 알아차린 이성계의 다섯째 아들
이방원(李芳遠)은 벽란도로 달려가 정몽주의 음모를 알리고 이성계를 서둘
러 개경에 돌아오게 하였습니다. 정몽주는 자신들의 계획이 발각된 줄 알
고 있었지만 태연하게 이성계의 집에 문병을 갔습니다. 거기서 정몽주는
이방원과 술자리에 마주 앉게 되었던 것입니다. 이방원은 정몽주와 담판을

짓기 위해 다음과 같은 시조 '하여가'를 읊어 정몽주의 생각을 떠보았지요.

이런들 어떠하며 저런들 어떠하리
만수산 드렁칡이 얽혀진들 어떠하리
우리도 이같이 얽혀져 백 년까지 누리리라

(왕이 왕씨면 어떻고 이씨면 어떠하리.
만수산의 칡덩굴처럼 얽혀서 그렁저렁 살면 또 어떠하리.
우리도 칡덩굴같이 얽혀서 오래도록 편안히 살아보세.)

여기에 정몽주는 '단심가'라는 시조를 읊어 자신의 주장을 밝혔습니다.

이 몸이 죽고 죽어 일백 번 고쳐 죽어
백골이 진토(塵土)되어 넋이라도 있고 없고
임 향한 일편단심이야 가실 줄이 있으랴

(이 몸이 죽고 또 죽어, 백 번을 다시 죽어도
흰 뼈가 흙과 먼지가 되어 영혼이 있든지 없든지
고려 왕조를 향한 한 조각 붉은 마음이야 사라질 리 있겠는가.)

정몽주는 이날 집으로 돌아가다가 이방원이 보낸 자객에 의해 선죽교라는 다리 위에서 철퇴에 맞아 세상을 떠났습니다. 정몽주의 죽음으로 더 이상 이성계의 역성혁명을 저지할 세력은 없어졌습니다. 1392년 7월 대신들은 공민왕비 안씨의 교지를 받아 공양왕을 강제로 폐위시켰습니다. 나흘 후 대신들은 옥새를 들고 이성계의 집으로 찾아가 즉위할 것을 청했고 이

• **공양왕릉 앞에 있는 삽살개 석상** 행방불명 되었던 공양왕과 왕비의 시신을 연못에서 찾아내는데 이 삽살개가 공을 세웠다는 전설이 전한다.(경기 고양시 덕양구 원당동)

성계는 사양 끝에 옥새를 받아들였습니다.

이렇게 고려는 지고 조선 건국의 꽃이 활짝 피었습니다. 고려 왕조가 망할 때 학자, 관리 등 나라를 다스리던 사람들은 두 부류로 나뉘었습니다. 조선 건국에 참여하는 자들과 반대하는 자. 전자는 공로에 따라 새로운 벼슬을 얻었고 후자는 정몽주 같이 피살되거나 두문동에 숨어 '두문불출'한 72인 같이 어디론가 다 숨어버렸습니다.

그러나 두문동에 들어갔던 사람도 모두 끝까지 버틴 것은 아닙니다. 더러는 다시 밖으로 나와 조선에서 벼슬을 하기도 했지요. 또 어떤 사람은 자신은 두문동에 있어도 자손들은 내보내 벼슬을 하게 한 사람도 있었습니다. 이들도 끝까지 두문동에서 나오지 않은 사람들의 입장에서 보면 변절자이기는 마찬가지였습니다. 두문동에 남은 사람들에게 변절자라 손가락질 당하던 사람들도 나름대로 할 말은 있었겠지요. 조선의 개국 공신 중 한 사람인 이직(李稷, 1362~1431)이 그 '할 말'을 시조에 담았습니다.

까마귀 검다하고 백로야 웃지 마라
겉이 검은들 속조차 검을소냐
겉 희고 속 검은 이는 너뿐인가 하노라
(까마귀가 까맣다고 백로야 비웃지 마라.
겉이 검다고 속마저 검겠느냐.
겉은 희면서 속이 검은 위선자는 너뿐인 것 같구나.)

두문동에 남은 사람들을 위선자라 한 이유는, 목숨을 끊지 않고 편안하게 살면서 백성들을 위해 일하러 나온 사람들을 비방하는 것이 자기기만이라 생각해서입니다. 끝까지 절개를 지킨 사람의 심정을 담은 작품도 있습니다.

눈 맞아 휘어진 대를 뉘라서 굽다턴고
굽을 절이면 눈 속에 푸르르랴
아마도 세한고절은 너뿐인가 하노라
(눈이 쌓여서 굽어진 대를 누가 굽었다고 말하느냐.
쉽게 굽을 절개라면 눈 속에서 푸르겠는가.
아마도 추운 겨울에 외롭게 절개를 지키는 것은 대나무 너뿐인 것
같구나.)

이 시조를 지은 원천석(元天錫, 1330~?)은 고려 말의 대학자였는데, 고려 가 망하자 치악산에 들어가 농사를 지으며 살았습니다. 어릴 적 스승이었

던 인연으로 태종이 그를 벼슬길로 불러냈지만 끝내 거절하고 나오지 않았습니다. 고려 말의 정사를 기록한 역사책 여섯 권을 썼지만 후손들이 후환이 두려워 태워버렸다고 합니다. 남아 있는 시집 두 권에 "우왕은 공민왕의 아들이다"라고 반듯이 쓴 것을 봐서도 그가 끝내 절개를 지킨 사람임을 알 수 있습니다.

성여완(成汝完, 1309~1397)이라는 사람도 태조 이성계가 왕으로 등극하자 벼슬을 버리고 고향에 들어가 숨어 살며 다음과 같은 시조를 썼습니다.

일 심어 느즛 피니 군자의 덕(德)이로다
풍상에 아니 지니 열사(烈士)의 절(節)이로다
지금에 도연명 없으니 알 이 적어 하노라

(일찍 심지만 꽃이 늦게 피니 군자의 신중한 덕행 같구나.

바람과 서리에도 꽃이 지지 않으니 열사의 절개 같구나.

도연명 같은 사람을 지금은 볼 수 없으니, 그 덕과 절개를 알 사람

도 적구나.)

도연명(陶淵明, 365~427)은 중국 육조시대의 진나라 시인인데, 진나라가 멸망하고 세상이 어수선해지자 '귀거래사(歸去來辭)'라는 유명한 시를 남기고 고향으로 돌아가 버렸지요. '귀거래'는 '돌아간다'라는 말로, 이 시는 벼슬에서 물러날 때 쓴 사직서와도 같은 글이었습니다. 도연명은 그 후 다시는 벼슬길에 나가지 않았습니다. 그래서 후세 사람들이 절개를 지킨 사람의 대명사로 여기고 있지요. 성여완은 고려의 멸망을 보며 자신도 국화처럼, 도연명처럼 변함없는 지조를 지키겠다고 다짐하며 이 시조를 지었

• **조선의 정궁인 경복궁 근정전의 야경** 경복궁이라는 이름은 물론 궐내 전각들의 이름도 거의 모두 정도전이 지은 것이다.(서울 종로구 세종로)

겠지요.

　태조 이성계는 조선의 왕이 된 다음 해에 한양으로 천도를 하였습니다. 개성은 이미 땅의 기운이 다하였고 새 나라이니 민심을 새롭게 바로잡아야 한다는 이유에서였습니다. 후보지였던 한양에 대해서 신라 고승 도선은 "한양은 전국 산수의 정기가 모두 모이는 곳이기에 반드시 왕성이 들어설 것이며, 왕성의 주인은 이씨가 될 것"이라는 기록을 남겼습니다. 이런 기록은 조선을 건국한 사람들에게는 무척 고무적인 내용이었습니다. 여러 차례의 조사와 연구 끝에 조선 조정은 "뱃길이 통하고 사방의 거리도 일정하니 사람들에게 편리하다"는 이유로 한양을 도읍지로 정하고 북악산 아래 궁궐을 짓기 시작했습니다.

이렇게 도읍지까지 한양으로 옮겨간 후 고려의 수도였던 개경은 정말 찬 바람만 쌩쌩 부는 황무지가 되어버렸겠지요. 치악산으로 들어갔던 원천석 이 개경에 한번 들른 적이 있었나 봅니다. 그때 지은 시조입니다.

흥망이 유수(有數)하니 만월대도 추초(秋草) l 로다
오백년 왕업(王業)이 목적(牧笛)에 부쳤으니
석양에 지나는 객(客)이 눈물겨워 하노라

(나라가 흥하고 망하는 것이 운수에 정해져 있어, 고려의 궁터 만 월대에도 가을 풀만 무성하구나.

오백 년 고려 왕조의 업적도 목동이 부는 피리 곡조에나 붙이게 되 었으니,

석양에 지나가는 나그네가 눈물겨워 하노라.)

고려를 그리워한 대표적인 시조 한 수가 더 있습니다. 바로 길재(吉再, 1353~1419)의 작품입니다.

오백 년 도읍지를 필마(匹馬)로 돌아드니
산천은 의구하되 인걸은 간 데 없네
어즈버 태평연월(太平烟月)이 꿈이런가 하노라

(고려 오백 년 왕조의 옛 도읍 개경을 한 필의 말을 타고 와 보니, 자연은 예나 다름이 없지만 고려를 섬기던 사람들은 어디론가 가 고 없구나.

아! 태평세월이던 고려 시대도 꿈이었나 보구나.)

길재는 호가 '야은(冶隱)'으로 목은(牧隱) 이색, 포은(圃隱) 정몽주와 함께 고려 말의 '3은'으로 꼽히는 사람입니다. 길재도 원천석이나 마찬가지로 조선의 조정에 나가지 않고 숨어살던 사람이지요. 조선이 건국된 뒤 태종이 몇 차례 불러냈지만 그는 두 임금을 섬기지 않겠다며 거절하였습니다. 효성도 지극하고 다른 세속적 욕망을 떠나 오로지 성리학 연구에 몰두하며 살았기 때문에 그는 학자들 사이에서 귀감이 되었습니다.

고려 왕조의 멸망을 아쉬워하고 허망하게 생각하는 이들도 있었지만 이미 지나간 일, 인정해야 하지 않느냐는 시조를 쓴 사람도 있습니다. 바로 조선의 대표적인 개국 공신 정도전입니다.

> 선인교(仙人橋) 나린 물이 자하동에 흐르나니
> 반천 년 왕업(王業)이 물소리뿐이로다
> 아희야 고국(故國) 흥망을 물어 무삼하리요
> (선인교에서 내려오는 물이 자하동으로 흐르는 것을 보니,
> 오백 년 이어온 고려의 왕업에 남은 것은 물소리뿐이로다.
> 아이야! 망해버린 고려의 흥망을 따져본들 무엇하겠느냐.)

정도전은 이성계를 도와 역성혁명을 성공시키고 조선을 건국한 주도적 인물입니다. 그는 자신이 배운 유교 학문을 조선 건국에 충분히 활용하였습니다. 통치자가 민심을 잃었을 때는 힘으로 왕조를 바꿀 수 있다는 맹자의 사상을 바탕으로 새로운 왕조를 여는 명분을 마련했습니다. 민심은 천심이기 때문에 왕이 잘못하여 백성들이 왕에게서 돌아서면 하늘의 뜻도 돌아서는 것이니, 그럴 경우에는 역성혁명이 오히려 마땅하다는 것이 맹자

• **동구릉에 있는 태조 이성계의 건원릉** 죽어서 고향 함흥에 묻히고 싶다 했지만 태종은 한양 근교에 장사지내고 대신 함흥의 억새풀을 가져다 봉분에 덮었다.(경기 구리시 동구릉로)

의 이론이었지요.

또 정도전은 한양에 도읍을 정하고 도성을 조성할 때 북악산 아래 대궐을 지을 것을 주장한 사람입니다. 태조 이성계의 정신적 지주였던 무학대사는 인왕산을 진산으로 삼고, 백악(북악산)과 남산을 좌우로 삼아 궁궐을 짓자고 주장하였습니다. 그런데 정도전은 지금의 자리에 정남향으로 지을 것을 주장하였습니다. 예로부터 제왕은 남쪽을 향해 앉아 정사를 행해야 하는데 무학대사의 의견대로라면 동향을 해야 했기 때문입니다.

무학대사가 지금의 경복궁 자리를 반대한 것은 화기(火氣)가 충만한 관악산을 정면으로 바라보고 궁궐을 지으면 그 화기로 화재를 비롯한 우환이 끊이지 않을 것이라는 이유에서였습니다. 그런데 정도전은 그 화기를 한강이 막아줄 것이라며 반박했습니다. 이 논쟁에서 결국 정도전이 이겼고, 태조는 지금의 자리에 경복궁을 짓게 하고 정도전에게 새로 지은 궁궐과 여러 건물의 이름까지 짓게 하였습니다. 이로써 그는 명실상부한 조선의 실세로 인정받게 되었습니다.

정도전은 합리적으로 보이는 이성계를 만남으로써 자신이 마음속에 품고 있던 유교주의적 이상 국가의 이론을 마음껏 펼 수 있으리라 믿었습니다. 그는 그 이상 국가 경영의 일환으로, 신하들이 중심이 되어 나라를 이끌어 가는 신권 정치를 지향했습니다. 그런데 이성계의 아들 이방원이 왕이 되면 강력한 왕권을 행사할 것이 뻔했고, 자신의 이상을 펼치기 어려워질 것이라는 생각을 하게 된 것이지요. 그래서 태조의 계비 신덕왕후의 어린 아들을 세자로 책봉하게 만들었던 것입니다.

건국에 공을 세운 장성한 아들들을 다 제치고 태조는 불과 열한 살의 방석을 세자로 책봉했습니다. 아들을 왕으로 만들고 싶었던 신덕왕후의 욕심과 자신의 학문적 이상을 펼쳐 이론 속에서 꿈꾸던 나라를 만들어보겠다는 정도전의 야심에, 늦둥이 아들들을 사랑하던 태조의 눈 먼 판단이 합쳐져 만들어낸 어처구니없는 결정이었습니다. 이 결정은 조선이 건국하자마자 골육상잔의 비극으로 몰아넣는 결정적 계기가 되었습니다.

결국 1398년 왕자의 난이 일어나 신덕왕후 소생의 어린 두 왕자는 이복형 이방원의 손에 죽임을 당했습니다. 이 때 정도전도 함께 제거되었는데, 이방원의 앞에 잡혀온 정도전은 충성을 담보로 목숨을 빌었다고 합니다. 그러자 이방원이 "너는 왕씨를 배반하고 다시 이씨를 배반하려하느냐?"라며 목을 베었다고 합니다. 정말 사람의 권세도 흥망을 따로 물을 필요가 없는 것이지요.

이런 어수선한 시대에 어떻게 살아야 목숨을 부지할 수 있을지 그 지침을 알려주는 시조가 하나 있습니다. 고려 공민왕 때에 태어나서 정몽주와 이색에게 글을 배웠고, 조선 태종대에는 대제학까지 지냈던 변계량(卞季良, 1369~1430)이란 학자의 작품입니다. 당시뿐만 아니라 오늘날을 살아가는 데도 큰 도움이 되는 내용입니다.

내해 좋다 하고 남 싫은 일 하지 말며
남이 한다 하고 의(義) 아녀든 좇지 마라
우리는 천성(天性)을 지키어 생긴 대로 하리라
(나한테 이롭다 하여 남이 싫어하는 일을 하지 말며
남이 한다고 해도 옳은 일이 아니면 따라하지 말라.
우리는 타고난 성품을 지켜서 각자 생긴 대로 살아야 한다.)

03
최고의 성군과
명재상들과의 만남

03 최고의 성군과 명재상들과의 만남

    조선 제4대 임금 세종 시대는 조선 최고의 태평성대였으며 문화가 활짝 꽃핀 시기입니다. 이렇게 복된 시절을 지낼 수 있었던 요인은 여러 가지입니다. 일단 부왕 태종이, 세종이 왕 노릇을 잘 할 수 있도록 철저히 준비해준 덕을 들 수 있습니다. 양녕대군이 폐세자가 된 그 해에 태종은 상왕으로 물러앉고, 형에 이어 세자가 되었던 22세의 충녕대군이 왕위에 올랐습니다. 그때 적장자 계승의 원칙을 내세워 양녕대군의 폐세자를 끝까지 반대한 사람들도 있었지만 태종은 그들을 물리치고 충녕대군을 왕위에 올렸지요.

    그리고 태종은 상왕으로 앉아 세종이 왕으로서 자리를 완전히 잡을 때까지 뒷바라지를 확실하게 해주었습니다. 세종이 건국 공신들이나 외척의 간섭과 방해를 받지 않고 정치를 편안하게 할 수 있도록, 자신의 처가부터 사돈네 집안까지 모조리 숙청하며 주변 정리까지 깔끔하게 해준 것입니다. 아버지 태종의 이런 배려에 힘입어 세종은 조선 역사상 가장 훌륭한 왕이

• **세종대왕 동상** 세종대왕이 조선 역사상 최고의 성군이 되기까지 아버지 태종의 배려와 후원이 커다란 역할을 하였다.(서울 종로구 세종로)

될 수 있었습니다.

세종은 태종이 세상을 떠난 후 통치 체계를 자신의 뜻대로 합리적으로 정비하기 시작했습니다. 그 결과 정치, 경제, 문화, 국방, 과학 등 사회 전반에 걸쳐 국가의 기틀을 확립하고 찬란한 문화의 꽃을 피울 수 있었습니다. 물론 세종의 업적을 말할 때 한글 창제를 빼놓고 얘기할 수는 없습니다. 한글은 여러 방면에서 우수한 점을 가지고 있지만, 그 중 가장 자랑스러운 것은 애민 정신을 바탕으로 만들어진 글자라는 점입니다.

당시 집현전 학사였던 최만리 등이 한글 반포에 격렬히 반대하고 나섰지만 세종은 그 뜻을 굽히지 않고 한글의 보급과 실용에 앞장섰습니다. 관리를 뽑을 때 훈민정음 시험을 1차로 치러 이를 통과한 사람만이 2차 시험을 보게 하였고, 한글로 된 여러 책을 펴내도록 지시하기도 했습니다. 현재 우리나라가 전 세계에서 가장 낮은 비문해율(非文解率 : 문맹율, 2009년 1.7%)을 자랑할 수 있는 것도 다 세종의 이런 노력 덕분이라 할 수 있지요.

세종은 성품도 온후하여 학자들이 자신들의 소신을 펼치는 데 많은 도움을 주었습니다. 집현전을 설치하여 인재를 양성했고, 이 학자들이 유교 정치의 기반이 되는 여러 가지 제도를 정비해나갔습니다. 국방에도 힘을 기울여, 쓰시마(對馬)를 정벌하여 왜구를 물리쳤고, 김종서로 하여금 4군6진을 개척하게 하여 두만강과 압록강 이남을 조선의 영토로 끌어들여 오늘날의 국경선을 확보하였습니다. 이 외에도 농업과 의학, 법률, 음악 등 다양한 분야에서 세종의 업적을 찾아볼 수 있습니다.

정치도 안정되어 개국 공신 세력보다는 과거를 통해 새로 정계에 진출한 능력 있는 새 인재를 중용하였고, 이 인재들이 학문에 전념할 수 있도록 배

• **세종의 영릉 기념관 앞에 전시된 과학 발명품들** 세종은 조선 사회 전반에 걸쳐 국가의 기틀을 확립하고 찬란한 문화의 꽃을 활짝 피우게 한 왕이다.(경기 여주군 능서면)

려와 후원을 아끼지 않았습니다. 이때 세종을 도와 일했던 정치가로서 가장 존경받을 만한 사람은 바로 방촌 황희(黃喜, 1363~1452)입니다. 그는 개경에서 태어나 고려 시대에 문과에 급제하고 성균관 학관이 되었습니다. 고려가 망한 후 태조는 고려의 모든 신료에게 전과 마찬가지로 정무에 임하도록 명하였습니다. 그러나 황희는 벼슬을 버리고 다른 71명과 함께 두문동에 들어가 버렸습니다.

새 정부에서 나와 일하라고 압박을 가하자, 황희는 평소 존경하던 유학자 이화정을 찾아 금강산으로 들어갔습니다. 그런데 이화정은 오히려 "자네 같은 사람이 나라 일을 보지 않는다면 백성들은 누굴 믿고 살겠는가?"하며 조정에 나가 일하기를 권유했습니다. 제대로 일할 사람이 없으면 백성이 고통을 받는다는 얘기에 설득되어 황희는 산에서 내려왔습니다.

1394년 황희가 돌아오자 태조는 기뻐하며 그를 성균관 학관으로 임명하고, 세자와 함께 지내며 예의범절 등을 가르치는 세자 우정자(右正字)를 겸임하게 하였습니다. 이후로부터 황희는 제5대 문종까지 역대 임금의 총애를 받으며 정부 요직을 두루 거쳤습니다. 태종은 황희를 매우 신임해서 공신의 대우를 해주었고 매일 한 번씩이라도 꼭 만나 대화를 나누곤 했습니다. 그렇게 임금의 신임을 받았고 웬만한 주요 벼슬은 다 거쳤건만 그는 늘 겸손했고 청렴결백했습니다. 이 점이 황희를 조선 최고의 재상으로 꼽는 대표적 이유입니다.

그런 황희도 관직 생활이 평탄하지만은 않았습니다. 60여 년의 관직 생활을 했고 20여 년 동안 정승 자리에 있으면서 두 번의 좌천과 세 번의 파직, 한 번의 폐서인, 4년 동안의 귀양살이를 겪었습니다. 주로 세자를 옹호하거나 폐출을 반대하다가, 혹은 충녕대군이 세자로 책봉되는 것을 반대하다가 당한 일입니다. 그러나 그때마다 이내 풀려나와 새로운 관직에 오르곤 했습니다. 그만큼 임금으로부터 신임을 받았다는 얘기겠지요. 황희는 87세에 관직에서 물러났는데, 은퇴 후에도 세종은 그에게 자문을 구하곤 했답니다.

뛰어난 인품과 청렴한 그의 생활 태도는 유난히 많은 일화를 만들어냈지요. 여기 몇 가지 소개해봅니다.

어느 날 황희의 집에서 하녀 둘이 싸우다가 시시비비를 가려달라고 황희에게 찾아왔습니다. 먼저 한 하녀가 자기의 입장을 이야기하자 황희는 "네 말이 옳다"라고 역성을 들어주었습니다. 그러자 다른 하녀도 자신의 주장을 이야기했습니다. 그 말을 들은 황희는 "네 말도 옳다"라고 말했습니다. 이 광경을 본 황희의 부인이 "두 사람이 서로 반대의 이야기를 하는데 둘 다 옳다고 하시면 어떻게 합니까?"라고 하자 황희는 이렇게 말했답니다. "당신의 말도 옳소." 웬만한 주장은 다 포용하고 치우침이 없는 그의 성품을 말해주는 일화입니다.

황희의 청렴한 생활에 대해서도 여러 가지 일화가 있습니다. 늘 가난하게 살았던 황희는 영의정 시절에도 외출복이 단 한 벌밖에 없었답니다. 어느 겨울날, 퇴궐한 황희가 부인에게 옷을 빨라고 내놓았습니다. 부인이 옷을 다 뜯어 빨아 널었는데 임금이 급히 부른다는 전갈이 왔습니다. 황희는 옷 속에 들어 있던 솜을 얼기설기 이어 입고 그 위에 관복을 덧입고 입궐했습니다. 대신들과 왜구 퇴치에 대해 논의하던 세종의 눈에 황희의 관복 밑으로 비죽 나온 하얀 것이 얼핏 보였습니다. 세종은 그것이 양털인 줄 알고 의아하게 생각했습니다. 청렴하고 검소하기로 소문난 황희에게는 있을 수 없는 일이었기 때문입니다.

회의가 끝난 후 세종은 황희를 따로 불러 물어보았습니다. 그 하얀 것의 정체가 양털이 아니라 솜이었고, 느닷없이 솜만 걸치고 온 황희의 사정을 들은 세종은 그에게 비단 열 필을 내려주었습니다. 물론 황희는 계속된 흉년으로 백성들이 헐벗고 굶주리고 있음을 들어 극구 사양했지요. 결국 세종은 비단을 다시 거둬들였답니다.

황희가 거절한다고 해서 한 나라의 정승을 그렇게 곤궁하게 살도록 버려둘 수는 없었습니다. 그래서 세종은 장날 남대문으로 들어오는 모든 물품을 사서 황희에게 가져다주라고 하였

• **황희 정승이 관직에서 물러난 후 지내던 임진강가의 정자**
정자의 이름은, '갈매기와 벗 삼는 정자'라는 뜻의 반구정(伴鷗亭)이다.(경기 파주시 문산읍)

습니다. 그런데 하필 그날 새벽부터 하루 종일 장대비가 쏟아져 장은 서지 않았고 드나드는 장사꾼도 하나도 없었습니다. 해가 지고 남대문을 닫을 때쯤 계란 장사가 하나 지나가기에 그의 계란을 모두 사서 황희의 집에 보내주었습니다. 임금이 내린 계란이라 감사의 인사를 하고 여종에게 삶아 내오라고 했습니다. 그런데 여종이 다시 와서 계란이 모두 곯아서 먹을 수가 없다고 말했습니다. 이 일화에서 계란유골(鷄卵有骨)이라는 고사성어가 생겨났습니다. 한자 그대로 해석하면 계란에 뼈가 있다는 것으로, 재수 없는 사람은 모처럼 좋은 기회가 와도 무엇 하나 제대로 되는 일이 없다는 뜻의 성어입니다. 뜻과는 상관없이 황희의 청렴한 삶을 엿볼 수 있

는 일화입니다.

마냥 사람 좋은 황희도 무례한 태도는 절대 용서하지 않았습니다. 북방의 6진을 개척한 김종서가 그 공로로 병조판서가 되어 거만을 떨고 다녔는데, 어느 날 정승과 판서들이 모여 회의하는 자리에 김종서가 늦게 들어왔습니다. 그런데도 무례하게 김종서는 거드름을 피우며 삐딱하게 앉았습니다. 그러자 영의정이었던 황희는 화를 내며 밖에 대고 "병조판서 의자의 다리 한쪽이 짧은가 보니 와서 의자 다리를 손질해 드려라!"라고 외쳤답니다. 김종서는 깜짝 놀라 자신의 무례함을 빌고 용서를 구했습니다. 이 일이 있은 후, 김종서는 그 동안 거만을 떨던 태도를 고치고 겸손한 관리가 되었습니다. 그래서 "사나운 호랑이와 여진족보다 황희 정승의 한 마디가 더 무섭다"라는 말이 퍼지게 되었답니다.

최고의 성군과 최고의 재상이 함께 정치를 이끌어나가던 세종 대는 모든 분야에서 백성들도 편안하고 풍요롭게 살 수 있었던 태평성대였습니다. 그러니 황희가 지은 두 편의 시조에도 그런 여유가 고스란히 드러나고 있습니다.

대추 볼 붉은 골에 밤은 어이 듣드리며
벼 벤 그루에 게는 어이 내리는고
술 익자 체 장수 돌아가니 아니 먹고 어이리
(대추가 빨갛게 익은 골짜기에 밤은 왜 떨어지고
벼 베어낸 그루터기에 게는 왜 오르내릴까.
이렇게 안주도 많은데 술도 익고 술 거르라고 체 장수까지 지나가니 술을 마시지 않을 수 있겠는가.)

강호에 봄이 드니 이 몸이 일이 하다
나는 그물 깁고 아희는 밭을 가니
뒷 메헤 엄기난 약을 언제 캐랴 하나니
(자연에 봄이 오니 내가 할 일이 무척 많구나.
나는 고기 잡기 위해 그물을 깁고 아이는 밭을 갈고 있으니
뒷산에서 자라나는 약초는 언제 캐야 할까.)

이 무렵에 살았던 유명한 사람 중 하나가 고불(古佛) 맹사성(孟思誠, 1360
~1438)입니다. 그는 황희와도 절친한 사이였고 그 청렴함에서도 쌍벽을 이
룰 정도였습니다. 맹사성은 고려 우왕 때 문과에 장원으로 뽑혔고, 조선에
들어와 세종 때 좌의정을 지냈습니다. 평생 재산 모을 줄을 몰랐던 사람으
로, 집은 비좁고 비가 샐 정도였다고 합니다. 어느 날 예조판서가 상의할

• **청백리 맹사성이 살았던 집터** 북촌 한옥길에 자리한 집터에 박물관이 들어섰고 그 자리가 맹사성의 집터였음을 알
리는 비석이 서 있다.(서울 종로구 삼청동)

일이 있어 맹사성의 집에 방문했을 때 마침 소나기가 내렸는데, 집의 곳곳에서 비가 새고 있었습니다. 이것을 본 예조판서는 "재상의 집도 이러한데 내 어찌 행랑채를 짓겠는가?"라며 짓고 있던 자기 집 행랑채 공사를 중지했다는 얘기도 있습니다. 이렇게 윗사람이 모범을 보이면 아랫사람이 따라서 몸을 삼가는 법이지요.

맹사성은 효심도 깊고 겸손하여 자신보다 벼슬이 낮은 사람이 찾아와도 대문 바깥까지 나가 맞았고, 반드시 윗자리를 내주었다고 합니다. 외출할 때는 늘 소를 타고 다녔는데, 그가 타고 다니던 검은 소와 관련된 이야기도 하나 전합니다.

맹사성이 충남 온양 본가에 들렀을 때 집 뒷산에 가보니 아이들이 검은 송아지 한 마리를 때리고 있더랍니다. 아이들을 쫓아버리고 집으로 오려는데 그 송아지가 집까지 따라 왔습니다. 송아지는 암소로 자라 맹사성의 교통수단이 되었습니다. 맹사성이 세상을 떠나자 그 검은 소도 식음을 전폐하고 눈물을 흘리더니 사흘 만에 주인을 따라 죽었다지요. 사람들은 맹사성의 묘 근처에 이 검은 소를 묻어주고 '흑기총(黑麒塚)'이라는 비석도 세워주었습니다. 흑기총은 '검은 기린의 무덤'이라는 뜻으로, 주인에게 충성을 다 한 검은 소를 상서로운 상상의 동물 기린으로 격을 높여 불러주는 말입니다.

한 번은 맹사성이 고향으로 내려가다가 안성과 진위의 두 고을 하인들로부터 심하게 놀림을 당한 적이 있었습니다. 참다못해 "나는 온양 사는 맹고불이란 늙은이요"하고 슬쩍 말했더니, 이 말을 전해들은 두 고을 군수는 화들짝 놀라서 들고 있던 관인(官印 : 관청의 도장)을 그만 연못에 빠뜨렸다고 합니다. 그래서 지금도 이 연못을 인침연(印沈淵 : 도장이 빠진 연못)이라 한다지요.

  맹사성은 풍류를 즐기는 사람으로 늘 피리를 불며 지냈고, 만년에는 벼슬에서 물러나 고향으로 돌아가 한가로운 삶을 살았습니다. 그 무렵에 지은 시조가 '강호사시가(江湖四時歌)'입니다. 자연에서의 사계절의 흥취를 읊은 작품으로, 조선 최초의 연시조이지요.

강호(江湖)에 봄이 드니 미친 흥이 절로 난다
탁료 계변(溪邊)에 금린어(錦鱗魚) 안주 삼고
이 몸이 한가하옴도 역군은(亦君恩)이샷다

(전원에 봄이 오니 참을 수 없는 흥겨움이 저절로 솟구친다.
냇가에 술동이를 갖다 놓고, 비늘이 비단 같은 싱싱한 물고기로 안주를 삼고
이 몸이 이렇게 한가롭게 지낼 수 있는 것도 역시 임금님의 은혜로구나.)

강호에 여름이 드니 초당에 일이 없다
유신(有信)한 강파(江波)는 보내느니 바람이라
이 몸이 서늘하옴도 역군은(亦君恩)이샷다

(전원에 여름이 되니, 초당에 있는 나는 할 일이 없다.
늘 바람을 보내주어 믿을 만한 강 물결은 바람을 보내 주는구나.
이 몸이 이렇게 서늘하게 잘 지내는 것도 역시 임금님의 은혜로구나.)

강호에 가을이 드니 고기마다 살지거다
소정(小艇)에 그물 싣고 흘리띄워 더져 두고
이 몸이 소일(消日)하옴도 역군은(亦君恩)이샷다
(전원에 가을이 오니 물고기들도 살이 올랐다.
작은 배에 그물을 싣고서, 물결 따라 흘러가게 던져두고
이 몸이 이렇게 한가롭게 세월을 보내는 것도 역시 임금님의 은혜
로구나.)

강호에 겨울이 드니 눈 깊이 자히 남다
삿갓 비끼 쓰고 누역을 옷을 삼아
이 몸이 칩지 아님도 역군은(亦君恩)이샷다
(전원에 겨울이 되니 쌓인 눈이 한 자가 넘는다.
삿갓을 비스듬히 쓰고 도롱이로 덧옷을 삼아
이 몸이 이렇게 추위를 모르고 지내는 것도 역시 임금님의 은혜로
구나.)

사철 임금님의 은혜에 감사하며 한가롭게 살 수 있던 이때는 얼마나 행복한 시절이었겠습니까? 이런 태평성대는 어질고 현명한 왕과 능력 있으면서도 청렴한 대신들이 있었기에 가능한 일입니다.

04
비련의 역사에도
끊이지 않는 충성심

04 비련의 역사에도
끊이지 않는 충성심

    조선 제6대 임금 단종은 문종과 현덕왕후의 아들입니다. 그의 어머니 현덕왕후는 단종을 낳은 후 3일 만에 세상을 떠났습니다. 단종은 문종이 세상을 떠나자 12세의 어린 나이에 왕위에 올랐습니다. 어린 세자가 걱정된 문종은 눈을 감기 전 김종서(金宗瑞, 1390~1453) 등에게 단종을 잘 보필하라는 유언을 남겼습니다. 김종서 등은 이른바 고명대신(顧命大臣)이 된 것입니다.

    김종서는 세종이 신임하고 총애하던 신하입니다. 흔히 무장으로 알고 있지만 그는 16세에 문과에 급제하여 〈태종실록〉 편찬을 주관하기도 한 세종대의 대표적인 문신입니다. 1433년 함길도 관찰사가 되어 동북 지역 개척에 나서서 10년 동안 함경도의 경원, 종성, 회령, 경흥, 온성, 부령을 잇는 6진을 설치하였습니다. 이로써 두만강을 경계로 하는 현재의 국경선이 만들어진 것입니다. 김종서는 몸집이 작았지만 그 기세가 대단하여 모두 호랑이라 부르며 두려워했다고 합니다. 그의 기세를 엿볼 수 있는 시조가 두 수 남아 있습니다. 이 두 작품은 6진을 개척할 때 읊은 시조입니다.

> 장백산에 기를 꽂고 두만강에 말 씻기니
> 썩은 저 선비야 우리 아니 사나이냐
> 어떻다 능연각(凌烟閣) 상에 뉘 얼굴을 그릴꼬
> (백두산에 군기를 꽂고 두만강 물에서 말을 씻기니
> 조정에서 말만 앞세우는 썩은 선비들아, 우리야말로 사나이라 할
> 수 있지 않겠느냐.
> 너희 같아서야 어떻게 능연각에다 화상을 그려 걸 수 있겠는가.)

　이 작품에서 '썩은 저 선비'는 조정에서 탁상공론으로 만주 땅 회복을 반대한 문신들을 말합니다. 대망을 이루지 못한 울분과 함께 실천 없는 문신들에 대한 멸시도 담겨 있는, 조금은 위태로운 내용의 작품이지요.

> 삭풍은 나무 끝에 불고 명월은 눈 속에 찬데
> 만리변성(萬里邊城)에 일장검(一長劍) 짚고 서서
> 긴 파람 큰 한 소리에 거칠 것이 없애라
> (차가운 북풍은 나무 가지 끝에 불고 밝은 달은 눈 속에서 차갑게
> 보이는데
> 머나먼 변방의 성루에 한 장수가 긴 검을 짚고 서서,
> 긴 휘파람을 불고 큰 소리를 내니 그 앞에 막아설 것이 없구나.)

　이 작품 역시 김종서의 호연지기(浩然之氣)를 보여주는 것 같습니다. 그

• **단종이 유배되었던 영월의 청령포** 뒷쪽에는 높은 절벽이 있고 3면은 강물이 가로막아 배를 타야만 드나들 수 있는, 자연이 만든 감옥과 같은 곳이다.(강원 영월군 남면)

러나 조정에서는 기개만으로 정치를 할 수 없었습니다. 그러기에는 당시 조정 상황이 너무도 복잡다단했기 때문입니다.

미성년이 왕이 되면 대비나 대왕대비가 수렴청정을 하는 게 일반적인 관례였습니다. 그러나 불행하게도 단종에게는 어머니와 할머니 모두 일찍 세상을 떠났기 때문에 수렴청정을 해줄 사람이 없었습니다. 그래서 고명대신인 영의정 황보 인(皇甫仁)과 우의정 김종서가 단종을 보위하게 되었습니다. 그들은 황표 정사라는 편법을 통해 조정을 이끌었는데, 황표 정사란 왕이 결정해야 하는 사항이 있을 때 두 대신이 추천하는 안 위에 황색의 점을 찍어 올리면 단종이 그 위에 형식적으로 먹점을 찍어 승인하는 방법입니다. 이 황표 정사에 의한 편향적 인사로 고명대신들은 자신의 측근들을 대거 등용하였고, 조정은 이내 고명대신들이 장악하고 말았습니다. 이렇게 왕권은 약해지고 몇몇 대신에게 권력이 집중되자 수양대군 등 왕족들이

반발하기 시작했습니다.

그 무렵 명나라에서 단종의 즉위를 인정한다는 고명을 보내왔습니다. 조선에서는 이에 대해 감사의 인사를 전하는 사은사를 보내게 되었는데, 수양대군은 이 일이 종친의 의무임을 내세워 자청하여 사신으로 나서게 되었습니다. 자신의 정적들을 방심하게 하려는 계획이 있었던 것이지요.

명나라에서 돌아온 수양대군은 황보 인과 김종서 등 고명대신들이 안평대군과 함께 역모를 했다며 그들을 차례로 죽이기 시작했습니다. 이 사건이 바로 계유정난(癸酉靖難)입니다. 김종서는 두 아들과 함께 집에서 살해되어 그 목이 거리에 높이 걸림으로써 계유정난의 첫 번째 희생자가 되었습니다. 이때 누구를 죽일 것인가는 이미 한명회(韓明澮) 등과 함께 살생부를 만들어 정해놓았던 것입니다.

친동생 안평대군까지 모든 정적을 제거한 수양대군은 영의정, 이조판서, 병조판서 등 여러 중요한 직책을 겸함으로써 왕권과 신권을 장악했습니다. 이때 뜻있는 사람들은 계유정난의 사태를 무척 안타까워하고 닥칠 위기에

대해서도 크게 걱정하였습니다. 그 중 한 사람인 유응부(俞應孚, ?~1456)
는 다음과 같은 시조로 그 걱정을 나타냈습니다. 유응부는 훗날 단종 복위
운동에 관여하여 사육신이 된 사람입니다.

> 간밤에 불던 바람 눈서리 치단 말가
> 낙락장송(落落長松)이 다 기울어가단 말가
> 하물며 못다 핀 꽃이야 일러 무삼하리오
> (지난밤에 불던 바람이 눈보라와 찬 서리를 몰아치게 했는가.
> 그 바람에 커다란 소나무 같은 중신이 모두 쓰러져 가는구나.
> 하물며 아직 힘을 못 기른 젊은 학자들은 말해 무엇하겠는가.)

사육신 중의 다른 한 사람인 유성원(柳誠源, ?~1456)은 다음 시조에서 계
유정난을 태평성대의 꿈을 깨뜨린 소란이라고 비유했습니다.

> 초당(草堂)에 일이 없어 거문고를 베고 누워
> 태평성대를 꿈에나 보려 터니
> 문전(門前)에 수성어적(數聲漁笛)이 잠든 나를 깨와라
> (초당에는 할 일이 없어 거문고를 베고 드러누워
> 태평성대를 꿈에나 볼까 하였더니
> 문밖에서 떠들썩한 어부들의 피리 소리가 잠든 나를 깨우는구나.)

계유정난이 일어난 이듬해에 수양대군은 자신을 못 마땅히 여기는 금성
대군 등 단종의 측근들을 죄인으로 몰아 유배 보냈습니다. 두려움에 견디

지 못한 단종은 경복궁 경회루에서 수양대군에게 왕위를 스스로 물려주었습니다. 처음에 단종은 상왕으로 앉아 있었지만 상황은 그를 가만히 내버려두지 않았습니다. 세조 즉위 4개월 만에 집현전 학사 출신 관료들이 단종 복위 운동을 펼친 것입니다.

• **사육신묘** 오른쪽부터 하위지, 성삼문, 유성원의 묘이다. 이곳에는, 1970년대 사육신에 포함된 김문기의 허묘까지 총 일곱 기의 묘소가 자리하고 있다.(서울 동작구 노량진동)

성삼문(成三問, 1418~1456), 박팽년(朴彭年, 1417~1456), 하위지(河緯地, 1412~1456), 이개(李塏, 1417~1456), 유응부, 유성원 등은 세조를 몰아내고 단종을 복위시키려 모의했는데, 이때 무인 출신 유응부는 "권모(권람)와 한모(한명회)를 죽이기는 이 주먹이면 족한데, 어찌 긴 창과 큰 칼을 사용하겠는가?"하며 결전의 의지를 다졌습니다. 때마침 창덕궁에서 중국 사신을 위한 연회가 열렸는데, 연회석상에서 칼을 차고 임금을 지키는 별운검으로 성삼문의 아버지인 성승과 유응부가 선정되었습니다. 일이 아주 순조롭게 돌아가는 듯했지요. 그런데 한명회의 권유로 세조는 연회 장소가 좁다는 이유를 들어 별운검이 들지 말도록 명하였고, 또한 세자도 질병 때문에 연회장에 나오지 못하게 되었습니다.

이때 유응부는 미루지 말고 계획대로 거사하기를 주장했지만 성삼문과 박팽년이 "세자가 경복궁에 있고, 왕이 운검을 쓰지 못하게 하는 것은 하늘의 뜻이요. 만약 이 창덕궁에서 거사를 하더라도, 혹시 세자가 듣고서 경복궁의 군사를 이끌고 온다면 일의 성패를 알 수 없으니 훗날을 기약합시다"하며 거사일을 미뤘습니다. 그러자 함께 모의했던 사람 가운데 하나인 김질이 자신의 장인인 정창손에게 이 계획을 알려서 실행에 옮기지 못하고 발각되었습니다. 김질도 집현전 학사로서 성삼문 등과 함께 문종의 총애를 받았고 후사를 부탁받은 사람이었는데 이렇게 길이 달라졌네요.

성삼문을 비롯한 가담자들은 모두 잡혀가 모진 고문을 당하였는데 이때 유성원은 성균관에 있다가 이런 소식을 들었습니다. 그는 집으로 돌아가 관대도 벗지 않은 채 술을 마시다가 사당으로 올라갔습니다. 그런데 한참이 되어도 사당에서 내려오지 않기에 그의 아내가 올라가보니, 유성원이 관대 입은 채로 반듯이 누워서는 자신의 칼로 목을 내리치고 있었습니다. 그의 아내가 놀라 떨고 있을 때 갑자기 관군들이 몰려와 시체를 가지고 가 버렸습니다. 유성원은 이미 죽었지만 그의 시체는 이내 찢기고 말았습니다.

유응부에 대한 일화도 있습니다. 그는 고문을 당하면서 세조에게 '자네'라고 불렀다고 합니다. 그것만으로도 여러 번 죽임을 당할 일이었지요. 몹시 화가 난 세조가 가죽을 벗겨내는 악형을 가했지만 유응부는 묻는 말에는 대답도 않고, 성삼문 등을 돌아보며 "예로부터 서생들과는 대사를 도모할 수 없다 하더니, 과연 그 말이 옳도다! 그대들처럼 꾀와 수단이 없으면 무엇에 쓰겠는가?"라고 하며 거사를 미룬 것을 책망했다 합니다. 또 유응부는 세조에게도 "자네가 물어볼 말이 있거든 저 서생들한테나 물어보게나!"라고는 입을 다물어 버렸습니다. 급기야 세조가 달군 쇠꼬챙이로 지지는 형을 명령했습니다. 그런데 유응부는 한참 살이 타들어간 후에 "애들아, 이 꼬챙이가 식었으니 다시 달구어 오렷다!"하며 옥졸들을 꾸짖었다 합니다.

마구 잡혀가고 고문당하고 죽음을 앞두고 있는 상황에서 어떻게 이런 일이 가능했을지는 몰라도, 다른 사육신들도 죽기 전에 시조 한두 수씩을 남겼습니다. 이개는 타들어가는 자신의 심정을 방안의 촛불에 이입시켰습니다.

> 방안에 혔는 촉불 눌과 이별하였관데
> 겉으로 눈물지고 속 타는 줄 모르는고
> 저 촉불 날과 같아서 속 타는 줄 모르도다
> (방안에 켜 놓은 촛불은 누구와 이별을 했기에
> 겉으로 눈물 흐르고 속이 타들어가는 줄 모르고 있을까.
> 저 촛불도 나와 같아서, 속이 타서 없어지는 것을 알지 못하는구나.)

이개는 성삼문 등과 함께 같은 날 거열형(車裂刑 : 죄인의 다리를 두 대의 수레에 한쪽씩 묶어서 몸을 두 갈래로 찢어 죽이던 형벌)을 당하였는데, 형장으로 실려 갈 때 다음과 같은 시도 지었습니다.

> 우정(禹鼎)처럼 중하게 여길 때에는 사는 것도 또한 소

중하지만

홍모(鴻毛)처럼 가벼이 여겨지는 곳에는 죽는 것도 오

히려 영광이네

새벽녘까지 잠자지 못하다가 중문 밖을 나서니

현릉(顯陵 : 문종의 능)의 송백이 꿈속에 푸르고나

* 우정 : 하나라 우왕이 9주의 쇠를 거두어 9주를 상징하여 만든 아홉 개

　　　　의 솥

* 홍모 : 기러기의 털, 즉 아주 가벼운 물건의 비유

　이개는 충신으로 죽어가는 것을 오히려 영광으로 여겼던 것이지요. 또 다

른 사육신 박팽년의 시조도 있습니다.

　　　가마귀 눈비 맞아 희는 듯 검노매라

　　　야광명월(夜光明月)이야 밤인들 어두우랴

　　　임 향한 일편단심이야 변할 줄이 있으랴

　　　(까마귀가 눈비를 맞으면 희어지는 것 같지만 곧 도로 검어진다.

　　　그러나 밤에 뜨는 밝은 달은 밤이라고 어두워지지 않는다.

　　　임금을 향한 충성된 마음은 변할 리 있겠는가.)

　이 시조는 밀고자 김질이 세조의 명을 받고 감옥에 갇힌 박팽년을 찾아가

서, 술을 권하며 이방원의 '하여가'로 회유하려 하자 그 답가로 지은 것이

라 합니다. 또 하나의 '단심가'인 셈이지요. 세조를 까마귀로 나타내고, 단

• **단종의 장릉 안에 있는 배식단** 단종을 위해 목숨 바친 충신 268위 영령에 제사를 지내는 제단이다.(강원 영월군 영월읍)

종을 암흑 속에서도 빛나는 '야광명월'에 비유한 것이 백 마디의 비난보다 더 강렬한 메시지를 던져줍니다.

박팽년은 세조가 왕위에 오를 때 경회루 연못에 빠져 죽으려 하다가 성삼문의 만류로 훗날을 기약하고 충주 관찰사가 되었습니다. 그는 끝내 세조를 '나으리'라 부르고 자기를 '신(臣 : 신하)'이라 일컫지 않아, 이를 괘씸하게 여긴 세조가 박팽년이 충주 관찰사로 있을 때의 상소 뭉치를 다시 꺼내어 보니 '臣(신)'자 대신 모두 '巨(거)'자가 쓰여 있었다고 합니다. 이 정도면 세조도 소름이 돋을 만했겠지요. 세조는 이들을 처벌하면서 "당대에는 난신(難臣)이요, 후세에는 충신(忠臣)이라!"하며, 아직 왕권이 위태로운 상황이어서 그들을 벌주지 않을 수 없는 자신의 심정을 나타냈습니다.

사육신 중 한 사람인 하위지는 세조가 즉위한 해부터 받은 봉록은 따로 한 방에 쌓아 두고 먹지 않았다고 합니다. 세조의 신하로서 녹(祿)을 먹는 것을 부끄럽게 여겼던 것이지요. 그는 국문을 받으면서 세조에게 "이미 나에게 반역의 죄명을 씌웠으니 죽이면 될 것을 무엇을 더 묻겠단 말이오?"하며 대화조차 거부하며 의연히 죽음을 맞이했습니다. 하위지가 남긴 다음의 시조는 다른 사육신의 작품과는 달리 절개를 읊은 것은 아닙니다. 그러나 번잡한 세상에 별 관심 없는 그의 성품을 나타내주기는 충분합니다.

객산(客散) 문경(門扃)하고 풍미(風微) 월락(月落)할 제
주옹(酒甕)을 다시 열고 시구(詩句) 흘부르니
아마도 산인(山人) 득의(得意)는 이뿐인가 하노라
(손님들이 흩어져 돌아간 후 대문을 닫아걸고,
부드러운 바람이 불고 달도 저물고 있을 때 술항아리를 다시 열고
홀로 술잔을 기울이며 시구를 읊노라니
아마도 산에 사는 사람의 자랑은 이런 흥취뿐인가 싶더라.)

사육신 가운데 가장 많은 이야기를 남긴 이는 역시 성삼문입니다. 그는 집현전 학사로서 세종대왕이 훈민정음을 창제할 때 크게 공로를 세운 사람이지요. 그도 박팽년과 마찬가지로 세조를 끝내 '나으리'라고만 불렀다고 합니다. 팔이 잘리는 모진 고문을 당하면서도 그 자리에 있던 신숙주에게 세종과 문종의 당부를 배신한 불충을 크게 꾸짖은 일화도 유명합니다. 성삼문은 1447년 문과 중시에 장원으로 급제했는데 신숙주는 이 과거에서 3등으로 급제하였습니다. 성삼문과 신숙주는 과거 급제 동기생인 셈이지요.

수양산(首陽山) 바라보며 이제[伯夷·叔齊 :백이와 숙

제]를 한하노라

주려 죽을진정 채미(採薇)도 하난 것가

아무리 푸새엣 것인들 그 뉘 땅에 났더니

(수양산을 바라보며 백이와 숙제를 원망하노라.

차라리 굶어 죽을지언정 고사리는 왜 캐먹었을까.

아무리 푸성귀이지만 그것은 또 누구의 땅에 난 것이던가.)

　백이와 숙제는 중국 은나라 말기에 살았던 사람들입니다. 이들이 주나라로 가보니 무왕이 위패를 수레에 싣고 은나라의 주왕을 치러 나서고 있습니다. 은나라의 주왕이 너무도 포악하고 방탕하여 백성들이 고통당하고 있었기 때문입니다. 그런데 이때 백이와 숙제가 무왕의 말을 가로막고 간했습니다. "신하로서 임금을 죽인다면 인(仁)이라 할 수 있습니까?" 당시 은나라를 종주국으로 섬겼기 때문에 나온 얘기입니다. 그러나 무왕은 끝내

단종의 장릉 영월에 귀양 가 그곳에서 살해된 단종의 시신을 엄흥도라는 사람이 산 위에 몰래 매장했다. 훗날 중종 때 가매장한 이곳에 묘소가 꾸며졌다.(강원 영월군 영월읍)

은나라를 공격하여 평정하였습니다. 이후 천하가 주나라를 받들었지만, 백이와 숙제는 이를 부끄러워하고 수양산에 숨어서 고사리를 캐어먹었습니다. 주나라의 곡식은 먹지 않겠다는 생각이었지요.

　수양산은 백이와 숙제가 숨어 살았던 산의 이름이지만, 세조의 대군 때의 이름인 수양을 가리키기도 합니다. 중의적 표현이지요. 굶어 죽어도 세조가 주는 녹은 받아먹지 않겠다는 성삼문의 의지가 담겨 있습니다. 실제로 성삼문의 집을 수색해 보았더니, 세조가 왕위에 오른 후에 받은 나라의 녹은 조금도 손을 대지 않고 그대로 남아 있었다고 합니다.

> 이 몸이 죽어가서 무엇이 될고 하니
> 봉래산 제일봉에 낙락장송 되었다가
> 백설이 만건곤(滿乾坤)할 제 독야청청(獨也靑靑) 하리라
>
> (내가 죽으면 무엇이 될 것인가 하면,
> 신선이 살고 있다는 봉래산 가장 높은 봉우리에 커다란 소나무가
> 되었다가
> 흰 눈이 온 세상을 덮었을 때 나 혼자만 푸르리라.)

　이 시조는 성삼문이 죽임을 당할 때 읊은 것입니다. 그런 극한 상황에서 어떻게 이렇게 멋진 시조가 나올 수 있는 것일까요? 도저히 보통 사람이라고는 상상할 수 없는 대단한 여유를 그들은 지니고 있었던 것 같습니다. 심지어 성삼문은 마지막 형장으로 끌려갈 때도 시를 읊었다고 합니다. 시조는 아니지만 여기에 소개합니다.

북소리 둥둥 이 목숨을 재촉하는데

(擊鼓催人命 : 격고최인명)

돌아보니 지는 해는 서산을 넘네

(回首日欲斜 : 회수일욕사)

저승으로 가는 길에 주막도 없다거늘

(黃泉無一店 : 황천무일점)

이 밤은 어느 집에서 쉬어 갈 건가

(今夜宿誰家 : 금야숙수가)

복위 움직임이 실패하면서 상왕이었던 단종도 노산군으로 강등되어 영월 청령포로 귀양을 가게 되었습니다. 그런데 단종의 불행이 거기서 끝난 것이 아니지요. 1457년 경상도 순흥에 유배되었던 세조의 친동생 금성대군이 다시 한 번 단종 복위를 꾀하다가 발각되는 일이 일어났습니다. 이때 단종은 서인으로 강봉되고 기어이 죽임을 당하게 되었습니다. 그해 단종의 나이 17세였습니다. 이쯤 되니 단종을 죽음에 이르게 한 것은 세조가 아니라, 오히려 끈질기게 복위 운동을 펼친 신하들이 아니었나 하는 생각도 듭니다.

단종을 사사할 때 사약을 들고 간 사람은 금부도사 왕방연(王邦衍, ?~?)이었습니다. 왕방연은 단종이 묵고 있던 관풍헌에 도착했지만 뜰 가운데 엎드려 차마 사약을 내밀지 못하고

왕방연의 시조비 단종의 귀양지인 청령포의 강 건너 맞은 편 언덕에 서 있다(강원 영월군 남면)

망설이고 있었습니다. 나장(羅將)이 시각이 늦어진다고 재촉했고 단종이 왕방연에게 찾아온 까닭을 물었을 때도 대답을 하지 못하였다지요. 단종은 왕방연이 가져간 사약을 마시고 죽은 것이 아니라 복득이라는 하인에 의해 활시위로 목이 졸려 죽었습니다. 복득이는 그 건물을 벗어나지 못하고 벼락을 맞아 아홉 구멍에서 피를 흘리며 즉사했다고 합니다. 남이 하기 어려워하는 일을 대신해주었다고 생각했을 그에게는 정말 날벼락이었겠지요.

금부도사 왕방연은 단종을 영월까지 모시고 간 사람이기도 합니다. 다음의 시조는, 단종을 영월까지 호송하고 돌아오는 길에 지은 것으로 보입니다. 단종이 유배되었던 영월 청령포 맞은 편 언덕에 가보면 이 시조가 새겨진 커다란 시비(詩碑)를 볼 수 있습니다.

천만 리 머나 먼 길 고운 님 여의옵고
이 마음 둘 데 없어 물가에 앉았더니
저 물도 내 안 같아야 울어 밤길 예놋다
(천 리 만 리 떨어진 머나먼 곳에서 어린 임을 잃고
내 마음 둘 데 없어 냇가에 앉아 있으니
저 물도 내 마음과 같아서 울며 밤길을 흘러가는구나.)

아예 영월까지 따라가 단종 곁에서 지낸 사람도 있었습니다. 집현전 직제학이었던 원호(元昊, ?~?)는 영월 서쪽에 집을 짓고 아침저녁으로 영월쪽을 바라보고 눈물을 흘렸다고 합니다. 원호는 앉을 때는 반드시 동쪽을 향하여 앉고 누울 때는 반드시 동쪽으로 머리를 두었는데, 그 이유는 단종의 장릉(莊陵)이 그가 살고 있던 집의 동쪽에 있기 때문이었답니다. 원호도 김시습, 이맹전, 조여, 성담수, 남효온 등과 함께 생육신의 한 사람입니다. 불쌍한 임금을 걱정하며 밤잠을 못 이루던 원호는 다음의 시조를 남겼습니다.

간밤의 우던 여흘 슬피 우러 지내여다
이제야 생각하니 님이 우러 보내도다
져 물이 거스리 흐르고져 나도 우러 녜리라

(지난밤에 여울물이 슬피 울며 지나갔다.
이제 생각하니 그 물은 우리 임이 울어 보낸 것이구나.
저 물이 거꾸로 흘렀으면 좋겠다. 그러면 나도 울어서 임에게 내 마음을 보내드릴 텐데.)

05
조선,
법치 국가로 우뚝 서다

05 조선,
법치 국가로 우뚝 서다

'반란'으로 왕위에 오른 세조는 즉위한 후에도 단종 복위 운동 등으로 끊임없이 정통성에 도전을 받았습니다. 이렇게 왕 자리를 확보하기 힘들었던 세조는 즉위 초부터 무엇보다 왕권 강화에 힘을 쏟았습니다. 세조는 재상 중심으로 조정을 움직이던 의정부 서사제를 폐지하고 육조 직계제를 단행했습니다. 육조 직계제는 의정부를 거치지 않고 육조에서 일어나는 일을 왕이 직접 관장하는 제도입니다.

또 관리가 은퇴해도 다시 거둬들이지 않고 세습을 인정해주던 과전법이라는 토지 제도를 없애고 현직 관리에게만 땅을 지급하는 직전법을 실시하였습니다. 이로써 국가의 재정 안정을 꾀할 수 있었습니다. 집현전과 경연 등의 폐지로 왕의 잘못이나 대신들의 비리를 지적하던 대간의 기능이 약화되고, 왕의 비서실 격인 승정원의 기능이 강화되었습니다. 왕이 정사에 직접 나서 지시할 일이 많아졌기 때문입니다.

세조는 백성들에게 민심을 얻기 위해서 많은 힘을 기울였습니다. 전국에 암행어사를 보내 백성들을 괴롭히는 관리를 철저히 색출해냈고, 자신도 전국을 돌며 백성의 고충을 듣고 민원을 해결하는 데 힘썼습니다. 세조는 서적을 간행하는 등 문화 사업에도 많은 노력을 기울였습니다. 다양한 분야의 다양한 책을 펴냈는데, 그 중 가장 대표적인 업적은 종래의 법전을 모두 모아 종합 법전인 〈경국대전〉을 편찬하게 한 점입니다.

세조는 문화 사업뿐만 아니라 국방과 군비 증강도 소홀히 하지 않았습니다. 명나라나 왜 등에는 유화 정책을 펴서 변방의 안정을 도모하는 한편, 역모와 외침에 대비하기 위해 군사 제도 정비에도 힘을 쏟았습니다. 호패법을 정비한 것도 유사시 군사 동원이 용이하게 한 준비였지요. 지방 관리들의 반역을 막기 위해 지방의 절도사로 그 지방 출신이 아니라 중앙에서 문신을 임명하여 보냈습니다. 신숙주를 보내 두만강 건너의 야인을 소탕하는 등 북벌도 시도했고, 남이 등을 보내 서북쪽 영토를 넓히는 데도 힘썼습니다.

한 왕조의 개창자에 준하는 세조(世祖)라는 묘호를 받은 그는, 그 묘호에 걸맞게 다방면의 개혁을 통해 조선의 국가 기반을 확고히 한 강한 임금이었습니다. 그런데 재위 기간 내내 굳건한 모습을 보이던 세조는, 재위 말기에 자신의 뒤를 이을 아들을 위해 원상제를 도입했습니다.

원상제는, 왕이 지명한 세 중신(한명회, 신숙주, 구치관)이 승정원에 항상 출근하여 세자와 함께 모든 국정을 상의하게 한 제도입니다. 자신은 늙어 체력에 한계가 느껴지는데 세자(훗날의 예종)는 나약하기 짝이 없으니 나라의 장래가 심히 걱정되었던 것입니다. 왕권 강화도 중요하지만 미덥지 못한 아들에게만 나라를 맡기는 것보다는 믿을 만한 대신들에게 아들을 보필하도록 하는 것이 나라의 장래를 위해서도, 아들의 안위를 위해서도 더

나은 일이라 생각한 것입니다.

세조 자신은 건강하고 정신적으로도 강인한 사람이었지만 자식들은 아버지처럼 건강하지 못했습니다. 세조의 맏아들 의경세자는 18세에 요절하였습니다. 의경세자는 세상을 떠날 때 이미 월산대군과 자을산대군 두 아들을 두고 있었습니다. 원손 월산대군이 세손이 되었어야 했지만, 당시 월산대군은 4세의 어린 아이였으므로 11세였던 세조의 차남 해양대군이 세자로 책봉되었습니다. 어린 조카를 왕위에서 몰아낸 전력이 있는 세조는 가능하면 어린 왕이 왕위를 이어받는 것을 막고 싶었던 것이지요.

세조는 세상을 떠나기 하루 전에 해양대군이었던 예종에게 왕위를 물려주었습니다. 당시 19세였던 예종은 직접 나라를 다스릴만한 나이였지만 건강이 좋지 않다는 이유로 모후 정희왕후의 수렴청정을 받아야 했습니다. 이것이 조선 최초의 수렴청정이었습니다. 예종은 20세에 세상을 떠났고, 1년 남짓한 예종의 짧은 재위는 그나마 수렴청정과 원상 제도를 등에 업고 이루어진 것입니다.

그 짧은 예종의 재위 기간에도 커다란 사건이 있었습니다. 바로 남이·강순의 역모 사건이었습니다. 남이(南怡, 1441~1468)는 태종의 넷째 딸 정선공주의 아들로, 어린 나이에 무과에 급제한 장래가 촉망되는 청년 장수였습니다. 남이는 이시애의 난을 평정하고 1등 공신에 올랐고 야인을 토벌한 공으로 공조판서가 되기도 했습니다. 뿐만 아니라 스물여섯의 어린 나이로 병조판서에까지 오르게 되었습니다.

세조는 이런 씩씩하고 건강한 남이를 평소 무척 총애했답니다. 그에 비하면 병약하고 나랏일의 처리에도 똑 부러지지 못하는 예종은 늘 부왕의 걱정을 샀습니다. 그래서 예종은 아저씨뻘 되는 남이에게 은근히 질투를 느끼고 있었지요. 세조가 세상을 떠나자 한명회와 신숙주 등 훈구 대신들은 신흥 무인들을 숙청하기 시작했고, 그 화살은 가장 먼저 남이에게 향했습니다. 남이를 탐탁찮게 생각하는 예종의 도움을 받을 수 있었기 때문이지요.

남이는 별다른 이유 없이 병조판서에서 겸사복장으로 좌천되었습니다. 혈기 왕성하던 남이는 이에 대한 불만을 감출 수 없었습니다. 그 무렵 하늘에 혜성이 나타났습니다. 그 당시 사람들은 혜성이 뭔가 불길한 일이 일어나는 전조라고 생각했지요. 남이는 혜성을 보고 "혜성이 나타났다는 것은 묵은 것을 몰아내고 새로운 것을 받아들일 징조"라고 말했답니다. 안 그래도 남이를 노리는 사람이 우글거리던 그 시절 남이의 이런 말은 그야말로 섶을 지고 불 속으로 뛰어드는 격의 발언이었습니다.

이 말을 엿듣고 남이가 역모를 꾀했다고 고변을 한 사람은 유자광(柳子光)입니다. 그는 훗날 연산군 시절에 있었던 무오사화를 일으킨 장본인으로 다시 한 번 악인(惡人)으로 역사에 등장하는 인물이지요. 그는 이시애의 난에서 공을 세워 등용되었는데 자신과 함께 공을 세운 남이만 세조의 사랑을 독차지하는 것을 보고 시기하고 있었답니다. 유자광은 예종에게 이렇게 말했습니다.

"남이가 오늘 저녁 제 집으로 와서는 '혜성이 아직도 사라지지 않았는데 그 빛이 희면 장군이 반역하고 두 해에 큰 병란이 있다'고 말했습니다. 그러면서 마침내 주상이 창덕궁에서 경복궁으로 옮기는 때를 기다려 거사하겠다고 하였습니다."

남이에 대해 좋지 않은 감정을 가지고 있던 예종은 당장 남이를 체포할 것을 명했습니다. 그를 역적으로 만들기로 작정한 사람들에게는 남이의 일거수일투족, 말 한 마디 한 마디가 모두 역심(逆心)의 증거로 연결되었습니다. 다음은 당시 남이가 지은 유명한 한시입니다.

백두산 돌은 칼을 갈아 다 없애고
(白頭山石磨刀盡 : 백두산석마도진)
두만강 물은 말을 먹여 다 말랐네
(豆滿江波飮馬無 : 두만강파음마무)
사나이 스무 살에 나라를 평정하지 못하면
(男兒二十未平國 : 남아이십미평국)

후세에 누가 대장부라고 이르리오

(後世誰稱大丈夫 : 후세수칭대장부)

또 세조 때 이시애의 난을 진압하고 돌아올 때 지은 이런 시조도 있지요.

장검을 빠혀들고 백두산에 올라보니

대명천지에 성진(腥塵)이 잠겨셰라

언제나 남북풍진(南北風塵)을 헤쳐 볼가 하노라

(긴 칼을 빼어 들고 백두산에 올라보니

밝은 천지에 전쟁 기운이 덮였구나.

언제나 남북에 덮인 이 전쟁의 기운을 없애서 평화로운 천지를 만

들 수 있을까.)

적토마 살지게 먹여 두만강에 씻겨놓고

용천검(龍泉劍) 드는 칼을 선뜻 빼어 둘러메고

장부의 입신양명을 시험할가 하노라

(적토마 같은 명마를 살지게 먹여 두만강에 씻겨놓고

용천검 같이 잘 드는 칼을 선뜻 빼어 어깨에 둘러메고

대장부가 출세하여 이름을 날릴 수 있을지 시험해볼까 하노라.)

사심 없이 보면 무인의 기개와 우국 정신을 나타내는 멋진 작품들이었지
만 '언제나 남북풍진을 헤쳐 볼가 하노라'하는 대목은 강력한 역심의 표
현으로 간주되었습니다. 또 한시의 '사나이 스무 살에 나라를 평정하지

• **남이 장군의 집터를 알리는 비석** (서울 종로구 동숭동)

못하면 후세에 누가 대장부라고 이르리오'라는 구절은 역모의 자백이 되어버렸지요. **'대장부의 입신양명을 시험'**할 가장 빠른 방법은 바로 반란이기도 하고요.

물론 남이는 역모를 꾀하지 않았다고 버텼습니다. 하지만 매 앞에는 장사가 없지요. 그와 주변 인물들은 모진 고문과 훈구 대신들의 획책으로 끝내 역모를 자백하고 말았습니다. 공모자를 색출하는 국문은 계속되었고 꼬리에 꼬리를 물고 연루자가 늘어났습니다. 그 과정에서 여진족 출신이었던 겸사복 문효량의 입에서 급기야 영의정 강순(康純)의 이름까지 거론되었지요. 문효량은 "'한명회가 어린 임금을 끼고 권세를 부리니 큰일이다, 너는 오랑캐 출신으로 벼슬을 얻었으니 나라의 은혜를 갚아야 하지 않겠느냐, 강순도 이 일을 안다'고 남이가 말했다"라고 자백했습니다. 또 왕이 산릉에 참배갈 때 한명회를 죽이고 왕족부터 죽인 다음 왕까지 죽이고 남이가 스스로 임금이 되려 했다는 엄청난 말까지 쏟아냈습니다.

남이 역시 강순이 역모에 가담하였다고 수긍했지요. 남이가 국문을 받을 때 강순이 그 자리에 있었는데, 남이가 그에게 자신의 결백함을 증언해 달라고 간절히 요청했으나 강순이 이를 외면했답니다. 그래서 강순을 끌어들인 것이지요. 예종은 강순도 국문하라고 명하였고, 80세 나이의 강순은 고문을 견디지 못하고 자복하여 남이와 같이 참형을 받게 되었습니다.

이 사건으로 남이를 비롯하여 장래가 촉망되는 30여 명의 무인, 관료가 목숨을 잃었고 그들의 가족들은 노비로 전락했습니다. 주요 인물은 저자에서 능지처참을 당했고, 공주였던 남이의 어머니까지 역적 아들과 성 관계를 가졌다는 치욕적인 죄를 뒤집어쓰고 몸이 찢기고 그 목은 높이 걸리게 되었습니다.

훗날 임진왜란 후 남이의 역모는 유자광에 의해 조작된 사건이라고 재평가되었습니다. 유자광은 무오사화를 일으켜 선비들을 떼죽음시켰으니 간신배가 틀림없고, 남이의 역모는 간신배의 고변이니 믿을 수 없다는 논리이지요. 그러나 당시의 정황을 보면 남이가 정말 역심을 품었을 것 같다는 생각도 떨칠 수는 없습니다.

재위 14개월 만에 예종이 세상을 떠났습니다. 그런데 궁궐의 가장 높은 어른이었던 세조비 정희왕후는 그날로 새 임금의 즉위식을 갖도록 명령했습니다. 그리고 새 임금으로 의경세자의 둘째아들 자을산대군을 지목하며 다음과 같은 의견을 내놓았습니다.

"원자는 아직 포대기 속에 있고 월산대군은 본디부터 질병이 있다. 자을산대군은 비록 나이는 어리지만 세조께서 그 기상과 도량을 일컬으면서 태조에 견주기까지 했으니 그에게 상(喪)을 주관하게 하는 것이 어떻겠는가?"

새 왕이 즉위하여 처음 하는 일이 상주(喪主)가 되어 전 왕의 장례를 주관하는 일이었기에 이렇게 표현한 것이지요. 그 이전까지는 왕이 세상을 떠난 지 5~7일 후나 되어야 즉위식을 거행했었는데 정희왕후는 새 왕의 즉위식을 서둘렀습니다. 더구나 왕위 계승 서열 3위의 왕자 자을산대군을 지목한 것도 의외의 결정이었습니다. 비록 포대기 속이었지만 예종의 적자

• **서오릉에 있는 예종의 창릉** 18세에 요절한 형 의경세자를 대신하여 왕위에 올랐지만 그도 20세의 젊은 나이에 세상을 떠났다.(경기 고양시 덕양구 용두동)

제안대군이 있었고, 세조의 적장손을 꼽는다 해도 자을산대군의 형인 월산대군(月山大君, 1454~1489)이 있었기 때문입니다. 제안대군은 4세의 어린아이였기 때문에 제외되었다지만 월산대군은 당시 16세의 청년이었는데 말입니다.

정희왕후는 세조의 뜻이라고 했지만, 세조는 월산대군도 똑같이 총애했다고 하니 이도 설득력이 없었습니다. 월산대군이 질병이 있다고 했지만 어떤 질병인지 기록도 없습니다. 결국 정희왕후의 이 결정은 그녀가 자을산대군의 장인인 당대 최고 권력자 한명회와 결탁하여 만든 정치 공작이었다는 의혹을 사게 되었습니다. 아무튼 의외의 인물 자을산대군은 13세에 왕위에 올라 제9대 임금 성종이 되었습니다.

월산대군은 두 번이나 왕위 계승의 기회를 박탈당했습니다. 예종의 형인 의경세자가 세상을 떠났을 때, 그의 적장자인 월산대군이 확실한 서열

1위였는데 어리다는 이유로 이례적으로 숙부 예종에게 밀렸지요. 또 예종의 뒤를 잇는 왕을 정할 때도 별다른 이유 없이 동생에게 밀려난 것입니다.

당시 16세면 이미 관례를 치른 혈기방장한 청년이었을 텐데 월산대군이 야심에 가득 찬 사람이었다면 정말 분통 터질 일이었습니다.

왕이 못 된 것도 서럽지만 당시 왕이 되지 못한 왕자는 일생을 죽은 듯이 살아야 하는 고충까지 겪어야 했습니다. 행여나 누가 역적모의를 하다가 발각되어 특정 왕자를 왕으로 세우려 했다는 자백을 하면, 모의에 관여했든 안했든 이름이 거론된 왕자도 무사하지 못했기 때문입니다. 특히 월산대군 같은 왕자는 역모에 거론될 자격(?)이 충분히 있는 사람이었으므로 더욱 몸을 조심할 수밖에 없었습니다. 과연 그는 어떤 모습으로 여생을 보냈을까요? 월산대군의 삶의 자세가 드러나는 대표적인 시조 한 수가 전해지지요.

추강(秋江)에 밤이 드니 물결이 차노매라
낚시 드리우니 고기 아니 무노매라
무심한 달빛만 싣고 빈 배 저어 오노매라
(가을 강에 밤이 찾아오니 물결이 차가와지는구나.
낚시를 드리워도 물고기가 물지 않는구나.
아무 생각 없는 달빛만 싣고 빈 배 저어 돌아온다.)

'무심한 달빛'은 사심 없는 월산대군 자신의 마음입니다. 만일 그가 이 시조에다 '항상 빈 배만 저어야 하는 내 신세에 탄식하노라' 같은 내용을 썼다면 그의 삶도 평탄치 못했을 것입니다. 그러나 월산대군은 경거망동으로 자신의 일생을 망치는 일을 저지르지는 않았습니다. 성종이 즉위한 후 월산대군은 위로의 뜻으로 좌리공신 2등에 봉해져서 땅과 노비를 하사받았습니다. 그는 선물로 받은 땅 양화진 북쪽 언덕에 희우정(喜雨亭)이라는 정자를 짓고 시문을 읊으며 조용히 여생을 보내고 35세에 세상을 떠났습니다. 건강해서 형을 제치고 왕위에 오른 성종이 38세에 세상을 떠난 것을 보면 월산대군의 건강이 치명적인 약점은 아니었음이 분명합니다.

성종은 7년의 수렴청정이 끝나고 친정을 하게 되자 먼저 원상 제도부터 폐지하였습니다. 뿐만 아니라 훈구 세력을 견제하기 위해 신진 사림 세력을 끌어들여 세력의 균형을 꾀하였습니다. 훈구파는 세조를 왕으로 만들기 위해 공을 세운 사람들이었습니다. 그런 훈구파를 소인배라며 멸시하고 그들의 부패를 비난했던 사림파는 도학 정치(道學政治 : 왕이나 관직에 있는 자들이 몸소 성리학을 실천하여 이루는 정치)를 추구하는 선비들의 모임이었습니다. 사림파의 대표적 인물은 김종직(金宗直)이었고, 3사(三司 : 사헌부, 사간원, 홍문관)를 중심으로 세력을 확립한 이들은 성리학을 정치 이념으로 삼아 요순의 태평성대를 이루고자 했습니다. 성종은 현명하게도 이 두 세력의 대립을 이용하여 왕권 안정을 이뤄냈지요.

성종은 원래 학문을 좋아하는 왕이었습니다. 경연을 통하여 학자들과 적극적으로 학문을 토론하였으며, 성균관과 각 도의 향교에 토지와 서적을 하사하여 학문과 교육을 장려하였습니다. 성종은 국방과 민생 안정도 소홀히 하지 않았습니다. 압록강, 두만강 건너의 야인을 무찌르게 하였고, 왜구들을 외교적으로 관리하여 국경을 안정시켰습니다. 국경이 평안하면 백성들의 삶도 자연 평화롭게 되지요. 또 지방 관리가 부패하여 백성들을 괴롭히는 것을 막기 위해 지방 선비들로 이뤄진 자치기구 유향소를 활성화

• **선정릉에 있는 성종의 선릉** 〈경국대전〉을 완성하여 조선을 법치 국가로 확립한 왕이지만 폐비 윤씨 문제로 반정과 사화의 불씨를 제공하기도 했다.(서울 강남구 삼성동)

하기도 하였습니다.

성종의 가장 두드러진 업적은 역시 〈경국대전〉의 완성입니다. 〈경국대전〉은 조선의 국가 조직과 정치, 사회, 경제 활동에 대한 기본 법전으로서 오늘날의 헌법과 같은 최상위의 법전입니다. 〈경국대전〉은 1470년에 완성된 이후 법률의 개정과 수정, 보완이 계속되었지만 조선 왕조 500년의 기본 법전으로서의 자리를 지켰습니다. 이로써 조선의 정치 제도가 자리를 잡았고 조선은 유교적인 법치 국가로서 그 면모를 갖추게 되었습니다.

학문이 발달하고 세종 때부터 시작된 유교 문화가 꽃을 피웠던 태평성대를 이뤄낸 성종의 신하 사랑은 각별했습니다. 학자들을 아끼고 존중하는 왕이었던 자신의 면모를 나타낸, 성종의 시조가 있습니다. 이 시조는 신하 유호인(俞好仁)이 노모를 봉양하기 위하여 벼슬을 내놓고 낙향하려 할 때 지은 시라고 합니다. 아무리 만류해도 듣지 않으니 어쩔 수 없이 이 별주를 내리면서 읊은 시조랍니다. 시조 속에 이별의 아쉬움이 절절히 담겨 있습니다.

> 있으렴 부대 갈따 아니 가든 못할소냐
> 무단히 싫더냐 남의 권을 들었난다
> 그려도 하 애닯고야 가는 뜻을 일러라

(내 곁에 있으라고 붙잡는데도 가야만 하느냐? 안 갈 수는 없는 것이냐?
내가 괜히 싫어졌느냐, 혹은 남이 권하더냐?
나의 애간장이 타는구나! 가려거든 가는 뜻이나 말해 보아라.)

성종은 '이룰 성(成)' 자가 들어간 묘호를 받을 만큼 많은 것을 이뤄낸 임금이었습니다. 한 가지 흠이라면 재위 말기에 퇴폐적인 성향을 보였다는 점입니다. 일종의 태평성대 부작용이었던 것이지요. 그 흠의 일환으로 남긴 오점이 바로 폐비 윤씨의 문제였습니다.

성종은 대군 시절 한명회의 딸과 가례를 올렸습니다. 그녀는 성종이 왕위에 오르면서 공혜왕후로 책봉되었지만 17세에 세상을 떠나고 말았습니다. 성종은 후궁이었던 윤기견의 딸을 계비로 삼았지요. 그녀가 제헌왕후로 바로 훗날의 폐비 윤씨입니다. 한미한 집안의 딸이었던 제헌왕후는 성종의 어머니였던 인수대비에게는 처음부터 눈에 차지 않은 며느리였습니다.

더구나 폐비 윤씨는 성종의 여성 편력을 감당해내지 못했습니다. 원자(연산군)를 낳았지만 궁궐의 안주인인 왕비로서는 보이지 말아야 하는 질투심 때문에 물의를 일으키기도 했지요. 후궁들을 모함했다가 발각된 일도 있었습니다. 성종의 후궁인 엄 숙의와 정 숙용이 중전과 원자를 해치려고 모의했다는 글과 극약인 비상을 권 숙의의 집에 가져다두었는데, 놀란 권 숙의가 대비전에 바친 것이지요. 폐비 윤씨의 소행으로 밝혀져 빈으로 강등될 뻔했지만 성종의 선처로 위기를 넘겼습니다.

그 사건이 있은 지 2년 후, 윤씨는 성종의 얼굴에 손톱 자국을 내고 말았습니다. 성종이 대궐 밖까지 나가 기생집에 다닌 문제 때문에 부부 싸움을 하다가 일어난 사고였습니다. 임금의 몸에 상처를 내는 사람은 역적이나 다름없어 죽음을 면치 못하던 시대였습니다. 그러나 원자를 낳은 왕비였기에 그나마 폐서인이 되어 대궐에서 쫓겨나는 것에 그칠 수 있었습니다.

당시 많은 대신이 윤씨가 원자의 생모라는 이유로 폐출을 반대했지만 성

• **창경궁 통명전** 창경궁은, 태조를 위해 지어진 수강궁을 할머니 세조비, 작은어머니 예종비, 어머니 덕종비까지 세 명의 대비를 위해 성종이 고쳐 지은 궁궐이다.(서울 종로구 창경궁로)

종과 인수대비의 입장은 단호했습니다. 성종은 어머니의 걱정을 덜어드리는 것이 아들의 의무라는 핑계까지 댔고, 2년 전 후궁들을 모함한 일까지 죄상으로 들어서 윤씨를 내쫓았습니다. 대신들은 폐비를 만들더라도 원자의 어머니이니 별궁에 살게 하자고 주장했지만, 성종은 다시 대비의 뜻임을 내세우며 윤씨를 누추한 친정에서 살게 하고 생활비조차 대주지 않았습니다. 심지어 외부와 연락도 못하게 했으니 굶어죽으라는 조치나 다름이 없었지요.

3년 후 나라에 기근이 들고 물가가 오르자 윤씨가 정말 굶어죽을까 염려된 대신들은 윤씨를 별궁으로 옮길 것을 다시 주장했습니다. 이때 성종은 내시 안중경에게 윤씨가 어떻게 사는지 보고 오라고 하였습니다. 원자의 장래를 위해 윤씨를 다시 대궐로 데려올 생각도 있었던 것이지요. 하지만 윤씨를 폐출하는 데 앞장섰던 인수대비와 그녀를 둘러싼 성종의 후궁들은 윤씨가 대궐로 들어오는 것을 막아야 했습니다. 그래서 안중경에게 밀명을 내렸지요. 그때 윤씨는 근신하며 조용히 지내고 있었습니다. 그런데 안중경은 윤씨가 반성의 빛을 전혀 보이지 않고 호의호식하고 있다고 거짓 보고를 하였습니다.

결국 성종은 윤씨에게 사약을 내리고 말았습니다. 하지만 성종도 죄 없는 윤씨를 죽인 것이 못내 마음에 걸렸던 모양입니다. 자신이 죽은 후 100년 동안 폐비 문제를 거론하지 말라는 유명까지 남긴 것을 보면 말입니다. 그러나 세상에 완전한 비밀은 없지요. 폐비의 죽음은 연산군이 즉위하자마자 표면에 드러나게 되었습니다. 심지어는 정치적 문제로 확대되어 수많은 사람의 목숨을 앗아가고 임금까지 내몰게 하는 등, 온 조선을 뒤흔드는 사건의 발단이 되었습니다.

06
살벌하고
험한 세상을 넘어서

06 살벌하고 험한 세상을 넘어서

　조선의 제10대 임금 연산군은 성종과 폐비 윤씨의 아들로 태어났습니다. 연산군은 새어머니 정현왕후가 친어머니인 줄 알고 자랐습니다. 세자 시절의 연산군은 공부도 열심히 하고, 부왕과 새어머니에게는 물론 대비들에게도 효성이 지극한 모범적인 후계자였습니다. 19세 때 성종의 뒤를 이어 왕위에 오른 후 4년 동안 연산군은 준비된 임금으로서 손색이 없는 정치를 펼쳤습니다.

　즉위 초 폐비 문제도 불거져 나왔지만 큰 문제가 되지는 않았습니다. 연산군은 대신들과 성종의 묘지명 문제를 상의하다가 외조부 윤기견의 이름이 나오자 외조부의 이름이 '윤호' 아니냐며 계모 정현왕후의 아버지 이름을 댔습니다. 그때 폐비 윤씨가 자신의 어머니임을 알고 상심하여 끼니를 걸렀다고 했지만 그저 그렇게 넘어간 것이지요.

　연산군은 퇴폐풍조와 부패를 제거하고 관료의 기강을 바로잡기 위해 전국에 암행어사를 파견했습니다. 인재를 고루 등용하려 애썼고 국방에도 별 문제는 일어나지 않았습니다. 연산군이 학문과 학자들을 싫어했다는 기록과는 달리 신하들의 학문을 적극 장려했고, 자신도 130여 편의 시를 남기는 등 문학적 재능을 나타내기도 했습니다.

그러나 즉위 직후부터 명분과 도의를 내세우며 사사건건 간언하는 사림파 대신들에게 시달린 연산군은 차츰 그들에게 넌덜머리를 내기 시작했습니다. 연산군 2년에는 폐비 윤씨의 신주와 사당을 세우게 하고, 왕비로 추숭하는 의식을 거행하려다 대간들의 강력한 반대에 부딪쳤습니다. 대신들은 성종의 유지를 반대의 핑계로 삼았던 것이지요.

그러나 연산군은 단호한 어조로 조정 대신들의 입을 막았습니다. 그리고 윤씨를 왕비로 추숭하여 시호를 제헌왕후라 하고, 회묘를 회릉으로 웅장하게 다시 꾸몄고, 위패를 종묘의 성종 신위 옆에 나란히 모셨습니다. 물론 이런 과정에 연산군은 사림파의 만만치 않은 반대에 시달려야 했습니다. 와중에 사림파가 왕실의 권위에 도전하는 사건이 일어났습니다. 1498년 무오사화(戊午士禍)가 일어난 것입니다. 무오사화는 성종 때의 대학자였던 김종직이 쓴 '조의제문'이라는 다음의 글로부터 시작되었습니다.

"꿈에 풍채 좋은 신인이 나타나서 '나는 초 회왕의 손자 심인데, 서초 패왕 항우에게 죽임을 당하여 빈강에 빠져 잠겨 있다' 하고는 갑자기 보이지 않았다. 깜짝 놀라 잠을 깨어 생각하니 회왕은 남방의 초나라 사람이고, 나는 동이(東夷 : 동쪽 오랑캐. 중국이 우리 민족을 일컬은 말)의 사람이다. 땅이 서로 만 리나 떨어져 있고 시대가 또 한 천 년이나 떨어져 있는데 내 꿈에 나타나는 것은 무슨 징조일까? …… 마침내 글을 지어 그를 조문하노라. 나는 동이 사람이고 천 년이나 뒤에 났는데도 삼가 초의 회왕을 슬퍼하노라. …… 양처럼 거칠며 이리처럼 탐욕스럽게 관군을 함부로 죽였는데도 어찌 그 항우를 잡아 처형시키지 않았는가. …… 길러놓은 자에게 도리어 해침을 당했으니 과연 천운이 어긋났도다."

이렇게 '조의제문'은 '의제의 죽음을 애도하는 글'입니다. 의제는 중국 초나라의 항우에게 죽임을 당한 어린 황제였습니다. 김종직이, 당시 사람도 아니고 우리나라 사람도 아닌, '땅이 서로 만 리나 떨어져 있고 시대가 또한 천 년이나 떨어져 있는' 의제를 느닷없이 애도한다고 글을 쓴 이유는 무엇이었을까요? 어린 의제의 죽음을 슬퍼한다는 것은 단종의 죽음을 슬퍼한다는 얘기입니다. 단종의 죽음을 슬퍼한다는 것은 그런 일을 만든 세조가 나쁜 사람이라는 뜻이 되지요. '양처럼 거칠며 이리처럼 탐욕스럽게 관군을 함부로 죽인' 것은 수양대군이 계유정란 때 김종서를 죽인 일을 말하고, '어찌 그 항우를 잡아 처형시키지 않았는가'는 그때 단종이 수양대군을 처벌하지 않은 것을 말합니다. 또 '길러놓은 자에게 도리어 해침을 당했으니'는 단종이 수양대군을 처벌하지 않았다가 도리어 그에게 죽임을 당한 일을 일컫습니다. 김종직은 이렇게 돌려서 세조를 비난했던 것입니다. 그러나 세조는 연산군의 증조할아버지입니다. 김종직은 왕의 증조할아버지를 욕한 것입니다.

김종직은 고향에 돌아가 살다가 세상을 떠나고 '조의제문'은 조용히 그의 서랍 속에 숨어 있었습니다. 그런데 그의 제자 김일손(金馹孫)이 '조의제문'을 세상으로 끌어냈지요. 바로 〈성종실록〉의 사초에 올린 것입니다. 사초란, 실록을 만들기 위해 그 왕이 재위할 때 일어난 역사적 사건들을 모은, 실록 간행을 위한 기초 자료입니다. 이 사실을 훈구파의 이극돈, 유자광 등이 알게 되었습니다. 사림파와 앙숙 관계에 있던 유자광은 연산군에게 이 사실을 알렸고, 그동안 자신을 괴롭히던 사림파를 숙청할 기회를 잡은 연산군은 김일손과 그 주변 사람을 모두 처형했습니다. 또 사건의 원흉인 김종직은 이미 죽었기 때문에 관을 열어 목을 베는 부관참시(剖棺斬屍)형을 내렸습니다. 이 사건이 바로 무오사화입니다.

무오사화를 연산군의 폭거 중 하나라고만 보는 것은 무리가 있습니다. 물론 수많은 학자가 죽임을 당했다는 점에서 이 사건을 연산군의 '잘 한 짓'이었다고 보기는 어렵습니다. 하지만 '죄 없는' 학자들이 일방적으로 당한 일이라고 여겨서도 안 된다는 것입니다. 김일손이 '조의제문'을 사초에 넣은 것은 세조의 자손, 즉 예종, 성종, 연산군으로 이어 내려온 왕권의 정통

• **조선의 국립대학이었던 성균관** 연산군은 자신의 행동에 간섭하는 선비들을 내쫓고 성균관을 연회의 장소로 사용하기도 했다.(서울 종로구 명륜동)

성을 전면 부인하는 중대한 '선언'이었습니다. 연산군이 아니었다 할지라도 왕조 시대에 이렇게 왕권의 정통성에 맞서는 신하를 용서하고 그대로 두는 임금은 없었습니다. 이는 왕 자신 뿐 아니라 종묘사직의 근간을 뒤흔드는 도발이기 때문입니다.

무오사화 이후 연산군은 사림파의 근거지인 성균관을 아예 폐쇄해버렸습니다. 무오사화로 사사건건 간섭을 일삼던 사림 세력을 제거해버려 잔소리를 듣지 않고 조정을 마음대로 주무를 수 있었던 연산군은 사치와 향락에 빠지기 시작했습니다. 그런데 이런 사치와 향락도 연산군만의 잘못은 아니었습니다. 퇴폐적인 사치, 향락 풍조는 우리가 성군이라 칭송하는 성종 때부터 이미 시작되었고 연산군은 그 분위기를 이어간 것뿐이지요.

"오랫동안 세상이 태평하고 변경(국경)도 걱정이 없다. 오늘처럼 태평한 정치는 없었을 것이다. 편히 놀기도 하고 잔치도 베풀어 마음껏 태평을 누리는 것이 또한 가하지 않겠는가."

• **경복궁에 있는 경회루** 외국 사신의 접대와 연회를 위해 만들어진 우리나라 최대의 목조 누각이다. 연산군은 이곳을 치장하고 수시로 연회를 즐겼다.(서울 종로구 세종로)

위 글은 1505년(연산군 11년)에 연산군이 내린 전교입니다. 연산군은 성종 대를 이어 자신의 시대도 태평성대라고 믿었던 것입니다. 즉위 초에는 퇴폐풍조를 막아보려고 했지만 태평성대가 계속되니 부왕처럼 좀 놀아도 상관없다고 여겼던 것이지요. 또 연산군 때 궁궐에서 열린 수많은 잔치가 외로운 대비들을 위하여 연산군이 개최한 '효도 잔치'이거나, 대비들이 그 답례로 혹은 신하들을 위로하기 위해 열었던 잔치였다니 이 문제로 연산군만 비난할 일은 아닌 것 같습니다.

이때 궁중에 불러들인 기생들을 '흥청'이라고 했는데 여기서 '흥청망청', '흥청거리다'라는 말이 생겨났습니다. 이 말은 부정적인 의미로 사용되고 있지만, 어찌 보면 연산군은 정치적이기보다는 낭만적이고 문화적인 인물이었던 것 같습니다. 과거시험에서 논술문과도 같은 대책문을 쓰게 하는 대신, 시를 짓게 하여 인재를 뽑았던 것도 그의 낭만적인 면의 일환이라 할 수 있지요.

이유야 어찌되었든 연산군의 '흥청거림' 때문에 국가의 재정이 바닥나게 되었습니다. 그래서 연산군은 재정 확보를 위해서 공신들에게 상으로 주었던 토지와 노비들을 몰수하려 했습니다. 물론 조정 대신들은 이에 반발하여 연산군에게 연회를 줄이고 절약하라고, 연산군이 가장 싫어하는 간언을 했지요. 심지어 사림파를 몰아내고 득세한 훈구파 대신들이 왕을 무시하는 태도를 보이곤 했습니다.

연산군이 자신을 우습게 보고 제멋대로 구는 훈구 세력을 손봐줘야겠다고 벼르고 있을 무렵, 거기에 불을 지른 사람이 있었습니다. 바로 임사홍(任士洪)입니다. 그는 폐비 윤씨의 친정어머니인 신씨 부인을 연산군과 만나게 했습니다. 신씨 부인은 폐비 윤씨가 사약을 받으며 죽을 때 토한 피가 묻은 한삼을 연산군에게 보여주며, 윤씨가 얼마나 비참하고 원통하게 죽었는지 다 말해주었습니다.

우선 연산군은 윤씨의 폐출에 앞장섰던 성종의 두 후궁 정 소용과 엄 숙의를 때려죽였습니다. 연산군은 어머니뻘인 두 후궁을 밤에 대궐 뜰에 묶어놓고 마구 때리다가, 자신의 이복동생인 정 소용의 소생들(안양군과 봉안군)을 불러와 그들을 때리라 명령하였습니다. 봉안군은 묶여 있는 사람이 자신의 어머니임을 짐작하고 손을 못 대고 있었지만, 안양군은 어머니인줄 모르고 마구 때리는 참람한 광경이 벌어지기도 했습니다. 결국 이 두 왕자도 귀양 보냈다가 사사했고, 두 후궁의 시신은 찢어 젓을 담가 산과 들에 흩어버렸다고 합니다.

이런 행동을 말리는 할머니 인수대비에게 연산군은 불손한 말을 서슴지 않았습니다. 급기야 연산군은 인수대비를 머리로 들이받았고, 그 충격으로 인수대비도 세상을 떠났습니다. 결국 할머니도 연산군이 죽인 것이 되어버렸지요. 그리고 조상의 상(喪)을 입는 기간에 하루를 한 달로 계산하는 이일역월제(以日易月制)라는 제도를 도입하여 할머니 인수대비의 초상도 며칠 안에 후딱 치러버리고 말았습니다.

연산군의 복수극이 여기서 끝난 것이 아닙니다. 윤씨의 폐위와 사약을 내리는 결정에 참여했던 대신들 중에 찬성했던 사람은 물론이고, 가만히 입 다물고 방관했던 사람들까지 모두 처형했습니다. 반대했던 사람들만 간신히 살아남은 것이지요. 또 사약을 들고 폐비 윤씨에게 갔던 관리는 물론 그들의 팔촌까지 모두 화를 입었습니다.

한명회 등 이미 죽은 사람들은 부관참시하기도 하고, 일부는 쇄골표풍(碎骨飄風 : 해골을 가루로 만들어 바람에 날려버리는 형벌)에 처하고 자손들

* **서삼릉에 있는 폐비 윤씨의 회묘** 연산군이 어머니를 위해 왕비릉으로 호화롭게 꾸몄지만 중종반정 이후 회묘로 격하되었다.(경기 고양시 덕양구 원당동)

이 제사도 못 지내게 했습니다. 이들에게 씌운 죄명은 왕을 우습게 본 '불경죄'였습니다. 왕의 어머니에게 함부로 대한 것은 왕을 우습게 본 처사였다는 논리였지요. 이로써 그나마 조정에 남아 있던 훈구 세력까지, 연산군은 성가신 존재를 모두 제거해버렸습니다. 이 사건이 바로 갑자사화(甲子士禍)입니다.

다음은 무오사화에 연루되어 유배되었다가 갑자사화 때 사사된 김굉필(金宏弼, 1454~1504)의 시조입니다. 김굉필은 김종직의 제자 중 하나로 무오사화 때 붕당을 만들었다는 죄목으로 장(杖) 80대를 맞고 평안도 희천에 유배되었습니다. 2년 뒤 순천으로 옮겨져 그곳에서도 학문 연구와 후진 교육에 힘쓰고 있었지요. 그런데 갑자사화가 일어나자 무오사화 때의 죄가 다시 들먹여지면서 '무오 당인'이라는 죄목으로 극형에 처해졌습니다.

그가 쓴 시조를 보면 김굉필은 선비로서 언젠가는 속세를 떠나 자연에서 한가롭게 지내길 바라고 있었던 듯합니다. 그러나 그 꿈을 미처 이루지 못하고 화를 당하고 말았습니다.

> 삿갓에 도롱이 입고 세우(細雨) 중에 호미 메고
> 산전(山田)을 훗메다가 녹음에 누어시니
> 목동이 우양(牛羊)을 모라 잠든 날을 깨와다
> (삿갓 쓰고 도롱이 입고 가랑비가 내리는 가운데 호미를 들고
> 산 속의 밭을 매다가, 숲 속에 누워 잠이 들었는데
> 목동이 소와 양을 몰고 가는 소리가 잠든 나를 깨우는구나.)

선비들을 떼죽음시켰던 사화의 피바람이 왕족이라고 피해가지는 않았나 봅니다. 태종의 증손자였던 이총(李摠, ?~1504) 역시 김종직의 문인으로 김일손 등과 친하게 지내다가 무오사화에 연루되었지요. 그도 유배지에 있다가 갑자사화 때 다시 죄를 받아 아버지를 비롯하여 형, 동생 등 일곱 부자(父子)가 죽임을 당하는 참극을 겪었습니다. 이총은, 양화진에 집을 짓고 고기잡이를 하며 유유자적한 삶을 살고자 다음과 같은 시조를 지었습니다. 하지만 그의 생각과는 달리 세상은 그를 버려두지 않고 끝끝내 괴롭혔던 것 같습니다.

> 이 몸이 쓸 데 없어 세상이 버리오매
> 서호(西湖) 옛집을 다시 쓸고 누었으니
> 일신(一身)이 한가할지나 님 못뵈와 하노라
> (이 몸이 쓸 데 없어 세상이 나를 버려서

서호 옛집을 다시 쓸고 누었더니

내 한 몸은 한가해서 좋지만 임을 못 보는 것이 안타깝구나.)

갑자사화는 1년여의 긴 시간 동안 진행되었습니다. 그 동안 사림파, 훈구파 가릴 것 없이 조정의 쓸 만한 인재는 모두 사라져버렸습니다. 일부는 처형당해서, 일부는 목숨의 위협을 느껴서, 혹은 어지러운 세상에 환멸을 느껴서 스스로 물러나는 등 이유는 다양했지만, 연산군 곁에는 그의 친위부대만 남게 되었습니다. 연산군은 무엇이든 자기 하고 싶은 대로 다 할 수 있게 되었지요. 왕과 대신들이 함께 모여 공부하는 경연을 없애고 왕에게 간언을 하는 사간원, 홍문관 등을 없애버렸습니다. 국립대학이었던 성균관은 파티장으로, 원각사는 기생들의 집합소로, 불교 선종의 본산인 흥천사는 마구간으로 만들어버렸습니다.

1504년에는 연산군의 폭정을 비난한 한글 투서가 발견되었습니다. 주모자를 잡을 수 없었던 연산군은 한글 사용을 금지하고 한글 서적들을 불태우게 했습니다. 또 사대부의 유부녀를 농락하고 도성을 기준으로 30리 안에 있는 민가를 철거하여 사냥터로 만들기도 했습니다. 그 농락한 유부녀 중 한 사람이 승지 박원종의 누이였습니다. 그 부인은 월산대군의 부인으로서 연산군에게 겁탈을 당하고 자살까지 하게 되었습니다. 그러니 동생인 박원종이 원한을 가질 수밖에요. 박원종은 이미 연산군의 사치스러운 행동을 비판하다가 벼슬에서 물러난 상태였으니 연산군에 대해 어떤 마음을 가지고 있었는지 짐작할 수 있습니다.

박원종과 뜻을 같이 한 사람이 또 한 사람 있었습니다. 이조참판을 지냈던 성희안이었는데, 그는 연회에서 연산군의 방탕한 통치를 비판하는 시

・ **연산군과 그 가족의 묘** 재위 중 쫓겨난 왕이라 능으로 조성되지 못하고 아파트 단지 옆에 초라한 모습으로 자리 잡고 있다.(서울 도봉구 방학동)

를 지어냈다가 미관말직으로 좌천된 상태였습니다. 이렇게 주변에서 불만이 들끓고 있었지만 연산군은 이에 관심을 둘 수가 없었습니다. 이미 충신은 모두 밀려나고 연산군 주변에는 그의 그릇된 행동을 부추기는 간신들만 가득 차 있었기 때문입니다.

　1506년 성희안과 박원종 등은 반정을 일으켰습니다. 연산군의 친위부대나 다름없던 신수근, 임사홍 등을 죽이고 연산군을 사로잡아 옥새를 빼앗았습니다. 대궐을 장악한 이들은 성종의 계비이자 진성대군의 어머니인 정현왕후를 찾아가 연산군을 폐하고 진성대군으로 하여금 왕위를 잇게 한다는 교지를 내려주도록 요청했습니다. 처음에 정현왕후는 진성대군이 아니라 연산군의 세자가 왕위를 이어야 한다고 주장했지요. 하지만 반정 세력은 정현왕후를 계속 설득하여 끝내 진성대군을 왕위에 올리라는 교지를 받아냈습니다. 그들은 연산군을 왕자로 강등시켜 강화도에 유배시키고 그 다음날 진성대군이 즉위식을 갖게 하였습니다.

중종은 왕위에 올랐지만 반정 공신들에 의해 추대된 인물이었기 때문에 즉위 초기에는 별다른 힘을 발휘하지 못했습니다. 반정 공신들이 하나둘 세상을 떠나자 개혁을 요구하는 사림파의 목소리도 커지기 시작했고, 중종도 비로소 개혁의 의지를 드러낼 수 있게 되었습니다. 즉위한 지 4년이 흐른 후 중종은, 자신의 개혁 의지를 뒷받침해줄 사람으로 신진 사림 세력인 조광조(趙光祖, 1482~1519)를 조정에 불러들였습니다. 엄격한 도학 사상가인 조광조와 함께 유교적 왕도 정치를 펼쳐볼 생각이었지요.

중종은 조광조의 주장을 적극적으로 반영하여 여러 가지 개혁을 시행했습니다. 그러나 너무나 과격하고 급진적이었던 조광조의 개혁 의지는 훈구 세력의 엄청난 반발에 부딪혔을 뿐 아니라, 그를 조정에 끌어들인 중종에게서까지 배척을 당하게 되었습니다. 임금인 중종에게도 성리학적 규범에 맞는 엄격한 생활을 강요했기 때문입니다.

그러던 어느 날 궁녀 한 명이 나뭇잎을 하나 주워와 중종에게 보였습니다. 나뭇잎에는 벌레가 갉아먹은 자국이 있었는데 그 자국은 '走肖爲王(주초위왕)'이라는 글자를 만들고 있었습니다. '走肖爲王'의 '走'자와 '肖'자를 합하면 '趙'자가 되는데, 이 네 자는 "趙씨가 왕이 된다"라는 내용이었습니다. 이런 일이 우연히 일어날 리가 있겠습니까? 훈구파가 나뭇잎에 꿀로 글자를 써서 벌레들이 꿀 주변을 집중적으로 갉아먹게 하여 만든 것이지요.

훈구파는 조광조가 붕당을 만들어 국정을 어지럽힌다고 중종에게 그의 처벌을 요구했습니다. 중종은 이 나뭇잎을 증거물 삼아 조광조를 비롯한 사림 세력을 숙청해버렸습니다. 이 사건이 조선 4대 사화 중 하나인 기묘사화(己卯士禍)입니다. 이때 성균관 유생 1천여 명이 광화문 앞에서 조광조

* **조광조를 기리기 위해 건립된 심곡서원** 조광조는 선조 때 영의정에 추증되고 광해군 때 문묘에 종사되었다.(경기 용인시 수지구 상현동)

등의 무죄를 호소했지만 중종은 받아들이지 않았습니다. 중종은 이미 조광조의 지나친 도학 정치 지향에 염증을 느끼며 조광조를 몰아낼 기회를 기다리고 있었기 때문입니다.

다음에 소개된 시조에서 조광조는 자기의 뜻을 펼칠 수 있는 임금을 그리워하는 마음을 드러내고 있습니다. 그러나 물 위를 나는 제비를 보며 그런 마음을 곧 누그러뜨리고 잔잔한 심정으로 돌아가려 했습니다. 하지만 현실 세계에서는 이렇게 마음을 누그러뜨릴 수가 없었나 봅니다. 결국 그 급진적이고 과격함 때문에 그는 개혁을 다 이루지 못한 채 자신의 수명까지 재촉하고 말았습니다.

> 져 건너 일편석(一片石)이 강태공의 조대(釣臺)로다
> 문왕은 어듸 가고 빈 대만 남았는고

석양에 물차는 제비만 오락가락 하더라

(저 건너에 있는 한 조각 돌은 중국 강태공이 낚시질하던 곳이로다.

강태공의 의견을 들어 천하를 차지한 주나라 문왕은 어디 가고 빈

자리만 남았는가.

석양에 제비만이 물을 차며 왔다 갔다 하는구나.)

　중종은 민생 안정을 위해서도 많은 노력을 했고, 변방에 진을 설치하고 성곽을 보수하게 하는 한편 국경 지대의 야인들을 추방하는 등 국방에도 힘을 쏟았습니다. 그래서 치세 후반에는 나름대로 태평성대를 구가하기도 했지요. 물론 실패는 했지만 중종은 사림의 학자들을 아끼고 한때 도학 정치를 지지했던 사람입니다. 그가 신하들에게 어떤 태도로 대했는지 여실히 드러나는 시조가 있습니다. 성종 8년에 문과에 장원급제하고 부제학 벼슬을 한 김구(金絿, 1488~1534)의 시조입니다.

나온댜 금일이야 즐거온댜 오늘이야

고왕금래(古往今來)에 유(類)없는 금일이여

매일이 오늘 같으면 무삼 셩이 가시리

(좋구나 오늘이여! 즐겁구나 오늘이여!

옛날부터 지금에 이르기까지 다시없는 오늘이여!

날마다 오늘만 같으며 무슨 걱정이 있겠는가.)

오리의 짧은 다리 학의 다리 되도록애

검은 가마귀 해오라비 되도록애

향복무강(享福無疆)하샤 억만세(億萬歲)를 누리소서

(오리의 짧은 다리가 학의 다리처럼 길어질 때까지
검은 까마귀가 해오라기처럼 하얀 새가 될 때까지
영원토록 복을 누리시며 억만 년까지 사소서.)

　어느 깊은 밤 김구가 옥당에서 숙직하고 있을 때 그의 책 읽는 소리를 듣고 중종이 찾아왔다고 합니다. 중종은 "그대의 맑은 음성에 마음이 끌리기에 이렇게 찾았노라. 이런 때에 어찌 군신의 예를 가릴 것이랴. 마땅히 친구로서 사귈지어다"하며 술상을 봐오게 하였습니다. 마주 앉아 술잔을 기울이다가 왕이, 목소리가 좋아 노래도 잘할 것 같으니 한 번 불러 보라고 하니 김구가 감격해서 이 연시조를 읊었답니다. 그날의 술자리는 학문과 신하를 사랑하는 임금만이 베풀 수 있는 배려였고, 이 시조는 그 배려에 대한 답례이며 존경과 충성을 담은 메시지였던 셈이지요. 김구는 평소에도 중종을 대단히 존경하고 있었던 모양입니다. 임금의 은혜에 감사한다는 다른 시조도 눈에 띕니다.

태산(泰山)이 높다 하여도 하늘 아래 뫼이로다
하해(河海) 깊다 하여도 땅 위의 믈이로다
아마도 높고 깊플손 성은인가 하노라

(태산이 높다 하여도 하늘 아래에 있는 산에 지나지 않고
강과 바다가 깊다 하여도 땅 위에 있는 물에 지나지 않는다.
그보다 더 높고 깊은 것은 아마도 임금님의 은혜인가 한다.)

그러나 이런 김구도 기묘사화에 연루되어 10여 년 동안 유배 생활을 했습니다. 그런데 유배 기간을 다 보내고 고향에 돌아가 보니 부모님이 돌아가신 후였습니다. 김구는 아침저녁으로 부모님의 산소에 가서 통곡했고, 그 통곡이 어찌나 애절했는지 산소 주변의 풀이 다 말라 버렸다고 합니다. 결국 그는 그 애통함을 이기지 못해 병을 얻어 그 해에 세상을 떠났습니다. 이런 상황에서도 임금의 은혜에 대한 시조를 읊었을까요? 원한이나 안 가졌다면 다행이겠지요. 김구가 긴 유배 생활 동안 어떤 심정이었는지 나타내주는, 고향을 그리워하는 시조를 소개합니다.

여긔를 뎌긔 삼고 뎌긔를 예 삼고져
여긔 뎌긔를 멀게도 삼길시고
이 몸이 호접(胡蝶)이 되여 오명가명 하고져

(여기를 저기로 삼고 저기를 여기로 삼고 싶구나.

여기 저기를 멀게도 만들었구나.

이 몸이 나비가 되어 왔다 갔다 하고 싶구나.)

중종 때 이현보(李賢輔, 1467~1555)라는 시조를 잘 짓는 학자가 한 사람 더 등장합니다. 호조판서 등 여러 벼슬을 역임한 그는 만년에 고향인 경상북도 예안으로 돌아가 산수를 즐기며 편안한 마음으로 살다 89세에 세상을 떠났습니다. 자신은 귀거래(歸去來 : 관직을 사임하고 시골로 돌아감)를 실천했지만 남들은 말로만 귀거래를 외치는 것을 비난하는 시조를 쓰기도 했습니다.

귀거래 귀거래 말 뿐이오 갈 이 없네
전원(田園)이 장무(將蕪)하니 아니 가고 어찌할꼬
초당(草堂)에 청풍명월이 나명들명 기다리나니

(고향으로 돌아간다 말들만 할 뿐 가는 사람은 없네.
논밭에 잡초가 우거져 있으니 아니 가고 어찌하겠는가.
맑은 바람과 밝은 달이 초가집에 들락날락하며 나를 기다리나니.)

이현보는 자신의 고향 강가에서 한가로운 어부와 같은 삶을 영위하며 '어부 단가(漁父短歌)'라는 연시조도 지었지요.

이 중에 시름없으니 어부의 생애로다
일엽편주를 만경파(萬頃波)에 띄워 두고
인세(人世)를 다 잊었거니 날 가는 줄을 안가

(이 중에 시름없는 것이 어부의 생애로다.
조각배 한 척을 넓은 바다에 띄워 놓고
속세의 일을 다 잊었는데 날짜 가는 것을 알 리 있겠는가.)

굽어보니 천심녹수(千尋綠水) 돌아보니 만첩청산(萬疊青山)
십장 홍진(十丈紅塵)이 얼마나 가렸는고
강호에 월백하거든 더욱 무심하여라

(아래로 굽어보니 깊고 푸른 물이 흘러가고, 좌우를 돌아보니 겹겹
이 둘러싸인 푸른 산들

자연이 열 길 넘는 속세의 붉은 먼지를 얼마나 가려 주고 있는지
자연 속에 달 밝은 밤이 되면 나는 더욱 아무 관심도 없어지네.)

산두(山頭)에 한운기(閑雲起)하고 수중(水中)에 백구
(白鷗)이 비(飛)이라
무심코 다정하니 이 두 것이로다
일생에 시름을 잊고 너를 좇아 놀으리라
(산 정상에 한가로이 구름이 일어나고 물속에서 갈매기가 날아오
르네.
아무 생각 없이 반가운 것이 이 두 가지로다.
일생에 시름을 잊고 너희를 따라 놀겠노라.)

장안(長安)을 돌아보니 북궐(北闕)이 천 리로다
어주(漁舟)에 누어신들 잊은 적이 있으랴
두어라 내 시름 아니라 제세현(濟世賢)이 없으랴
(한양 쪽을 돌아보니 임금 계신 대궐이 천 리 밖에 있구나.
고깃배에 누워 있은들 임금님을 잊은 적이 있겠는가.
두어라, 내가 근심하지 않아도 세상을 잘 다스릴 어진 사람들이 없
겠는가.)

  이현보는 자연물 덕분에 속세를 완전히 잊은 듯이 노래했지만 마지막 수
를 보니 그런 것 같지도 않습니다. 고향에 돌아와 세상과 인연을 끊고 자연
만을 벗 삼아 살겠다는 시조를 지은 사대부 중에도, 온 신경을 왕이 있는

대궐 쪽에 집중하고 있던 사람이 대부분이지요. 그런 시조를 지어야 왕이 기특하게 여겨 다시 자기 곁, 곧 벼슬자리로 불러올리기도 하니까요. 이현보는 또 이런 시조도 지었습니다.

> 농암(籠岩)에 올라 보니 노안(老眼)이 유명(猶明)이로다
> 인사(人事)ㅣ 변한들 산천이야 가실소냐
> 암전(岩前)의 모산 모구(某山某邱)는 어제 본 듯하여라
> (농암에 올라서보니, 늙은이의 눈이 오히려 밝게 보인다.
> 사람들 일에는 변화가 있어도, 자연이야 변할 리가 있겠느냐.
> 바위 앞에 산과 언덕들은 어제 본 것처럼 변함이 없구나.)

　농암은 예안 분강 가에 있는 바위입니다. 이현보는 이 바위에다 초막을 지어 어버이를 위한 놀이터를 만들었는데, 물이 불으면 초막에 앉았어도 아래에서 부르는 소리가 들리지 않는다 해서 이 바위를 '귀머거리 바위(籠岩)'라고 불렀답니다. 자신의 호도 농암이라고 지었고요. 아무 근심 없이 자연을 벗 삼아 즐기는 이런 시조가 나타난 것도 중종 때가 나름대로 태평성대였음을 말해줍니다.

07
혼란 가운데
활짝 피어난 학문의 꽃

07 혼란 가운데
활짝 피어난 학문의 꽃

　조선 제13대 임금 명종은 중종과 문정왕후 사이에서 태어났습니다. 중종에게는 세 명의 왕비가 있었는데, 원비는 중종반정을 반대하여 죽임을 당한 신수근의 딸 단경왕후였습니다. 그녀는 역적의 딸이었기에 책봉 8일 만에 폐비가 되어 대궐을 나가야 했지요. 중종의 뒤를 이은 인종은 중종의 첫 번째 계비인 장경왕후의 소생이고, 명종을 낳은 문정왕후는 장경왕후가 산후병으로 세상을 떠난 후 다시 얻은 제2계비였습니다.

　경원대군(명종)이 태어났을 때 중종의 적장자인 인종은 이미 20세로 세자 책봉이 된 후였습니다. 문정왕후는 자신이 왕비의 자리에 앉아 있으면서 자신의 아들을 왕위에 올리지 못하는 것에 대해 무척 안타까워했습니다. 그래서 문정왕후는 인종의 목숨을 노리기까지 했지요.

　그런데 인종이 재위 8개월 만에 자식도 남기지 못하고 세상을 떠났습니다. 어머니의 간절한 바람 덕분이었는지 경원대군은 결국 왕위에 오르게 되었습니다. 명종은 12세의 미성년이었기 때문에 어머니 문정왕후의 수렴청정을 받았습니다. 문정왕후의 수렴청정 시기에 조정의 권력을 쥔 사람은 그녀의 동생인 윤원형(尹元衡)이었습니다. 인종의 외가와 명종의 외가는 다 파평 윤씨 집안으로, 사람들은 인종의 외삼촌 윤임(尹任) 일파를 대윤(大尹)으로, 윤원형 일파는 소윤(小尹)이라 불렀습니다.

권력을 잡은 윤원형의 소윤 일파는 대윤의 윤임이 봉성군(중종의 8남)을 왕으로 추대하려 했다고 무고했습니다. 또 인종이 세상을 떠날 때 계림군(성종의 3남)을 옹립하려 했다는 소문을 퍼트리기도 했습니다. 이로써 윤임을 비롯한 그 주변 인물들이 반역죄로 유배가거나 사사되었습니다. 이 사건이 조선의 4대 사화 중 하나인 을사사화(乙巳士禍)입니다.

당시 벼슬을 하고 있던 송순(宋純, 1493~1583)은 가는 봄을 아쉬워하는 심정을 빗대어 을사사화를 풍자한 시조를 지었습니다.

곳이 진다 하고 새들아 슬허 마라
바람에 흣날리니 곳의 탓 아니로다
가노라 희짓는 봄을 새와 므슴 하리오
(꽃이 진다고 새들아 슬퍼하지 말아라.
모진 바람에 흩날려 떨어지는 것이니 꽃의 잘못이 아니로구나.
가면서 훼방 놓는 봄을 시새워 무엇 하겠느냐.)

이 시조에서 '꽃'은 억울하게 희생된 선비들을, '새'는 나라를 근심하는 사람들을, '바람'은 사화를 일으킨 사람들을, '봄'은 민족의 운명 등을 상징하고 있습니다. 결국 "우리의 운명이 이런 상황을 만든 것인데 슬퍼해서 무엇 하겠느냐"라는 한탄과 체념의 정서가 담겨 있는 작품입니다. 이 시조가 송

- **창덕궁에 있는 선정전 내부** 선정전은 임금이 신하들과 나랏일을 논의하던 편전으로, 문정왕후의 수렴청정이 이뤄진 곳이기도 하다.(서울 종로구 와룡동)

순이 아닌 다른 사람의 작품이라고도 알려져 있는데, 작가가 확실치 않은 이유는 당시로는 '문제적' 내용이었기 때문으로 보입니다.

당시 한 기생이 어느 잔치에서 이 시조를 읊었더니 진복창이라는 이가 듣고 '남을 비방한 노래'라 놀라며 지은이가 누군지 대라고 그 기생을 추궁했다고 합니다. 물론 그 기생은 끝까지 송순의 이름을 대지 않았다고 하지요. 그러나 진복창 등은 계속 송순을 괴롭혔습니다. 송순은 그들에 의해 끝내 "사특한 언론을 편 자"라는 모함을 받고 귀양을 가게 되었습니다.

을사사화가 일어난 지 2년 후, 윤원형의 소윤 일파는 미처 제거하지 못한 대윤과 사림 세력을 마저 없애기 위해 '양재역 벽서(壁書) 사건'을 만들어 냈습니다. 경기도 과천의 양재역에 "위로는 여왕이 집정하고 아래로는 간신이 권세를 휘둘러 나라가 망하려 하는데 보고만 있을 것인가?"라는 익명의 벽보가 붙었다는 것입니다. 이 벽서는 윤임이나 대윤과는 별 상관없는 익명의 벽서였지만, 윤원형 일파는 이 사건이 윤임 일파에 대한 처벌이 미흡해서 생긴 사건이라며 남아 있는 윤임 일파를 모두 처형할 것을 주장했습니다. 아무 관련이 없는 사람들에게 엉뚱한 일을 연루시킨 정치공작이었던 것이지요.

문정왕후는 명종에게 대윤의 잔당을 처벌하라고 종용했습니다. 이때 수많은 선비가 희생당했습니다. 명종 때 이름난 학자로서 이조판서와 대제학을 지낸 김인후(金麟厚, 1510~1560)는, 자신의 막역한 친구이면서 훌륭한 인재였던 임형수가 이 사건으로 억울하게 죽임을 당한 것을 애통하게 여겨 다음과 같은 시조를 지었습니다.

엊그제 버힌 솔이 낙락장송 아니런가
적은 덧 두던들 동량재(棟樑材) 되리러니
이후에 명당(明堂)이 기울면 어느 남기 받치리
(엊그제 잘라 버린 소나무가, 굵고 크게 자란 소나무 아니었던가.
그대로 남겨 두었다면 기둥이나 대들보로 쓸 만한 큰 재목이 되었
을 텐데, 아깝구나.
이후 대궐의 건물이 기울어지면, 어떤 나무로 받칠 수 있을까.)

쓸 만한 인재를 다 죽여 버리면 나라가 위기에 처했을 때 누가 나설 수 있겠습니까? 이렇게 많은 선비가 억울하게 화를 당하는 상황에 실망하여 벼슬을 버리고 낙향하는 이도 많아졌습니다. 정말 조정을 지킬 충신이 거의 남지 않은 것이지요. 그러나 어머니와 외척의 서슬에 눌려 힘없이 지내던 명종은, 신하들이 변절하지 않고 자신에 대한 절개를 지켜 자신의 곁을 떠

나지 말 것을 소망하고 있었습니다. 그런 명종의 뜻을 알아차린 송순의 '이
심전심'과도 같은 시조가 있습니다.

　　　풍상(風霜)이 섞어 친 날에 갓 피온 황국화를
　　　금분(金盆)에 가득 담아 옥당(玉堂)에 보내오니
　　　도리(桃李)야, 꽃이온 양 마라 임의 뜻을 알괘라
　　　(바람과 서리가 뒤섞여 치던 궂은 날에 갓 피어난 노란 국화를
　　　금화분에 가득 담아서 관원들이 있는 옥당에 보내셨으니
　　　복사꽃과 오얏꽃아, 꽃인 체하고 뽐내지 마라. 서리 맞으면서 피
　　　어난 황국화의 절개를 보여주고자 하시는 임금님의 뜻을 알겠다.)

　명종은 어느 날, 옥당 관원들에게 국화를 보내며, 노래를 지어 바치라고

• **창덕궁에 있는 옥당** 옥당은 조선의 언론 기관인 홍문관의 다른 이름이다. 청렴하고 능력 있는 학자만이 옥당의 관원
　이 될 수 있었다.(서울 종로구 와룡동)

하였습니다. 관원들은 당황하여 어쩔 줄 몰라 하고 있었는데, 참찬 벼슬을 하던 송순이 옥당 관원들 대신 시조를 지어 올렸습니다. 명종이 기뻐하며 누가 지었는가 물어보고, 지은이 송순에게 많은 상을 내렸다고 합니다. 국화는 지조의 상징하는 꽃 중 하나입니다. 봄여름 좋은 계절에 피는 것이 아니라 하필 바람 서리 몰아치는 가을에 피기 때문입니다. 진짜 믿을 수 있는 사람은 어려울 때 곁에 있어주는 사람이지요. 송순이 어떤 역경에서라도, 다른 꽃처럼 피었다 사라져버리는 변절은 저지르지 않겠다고 다짐한 것이니 명종이 기뻐할 수밖에 없었겠지요.

송순은 평생 관용을 가장 중요한 덕목으로 여겨 두 아들의 이름을 '해관'과 '해용'으로 지을 정도였습니다. 그러니 수많은 선비가 맥없이 죽어나가는 그 시절에 커다란 변고를 겪지 않고 목숨을 부지할 수 있었겠지요. 모함을 받아 유배를 가기도 했지만 송순은 50년 가까이 벼슬살이를 했습니다. 80세가 다 되어서 은퇴하고 고향인 전라남도 담양에 내려가 면앙정이라는 정자를 짓고 자연과 더불어 지냈지요. 벼슬에서 물러나면서 그는 임금에 대해 걱정하는 마음을 다음과 같이 나타내었습니다.

> 늘거다 물러가쟈 마음과 의론함이
> 님 바리고 어들어로 가쟛 말고
> 마음아 너란 잇걸아 몸만 물러 갈이라
>
> (늙었다, 이제는 벼슬을 그만 두고 물러가자고 마음과 의논하니
> 마음이 대답하기를, 임을 버리고 어디로 가자는 말인가?
> 그러면 마음아, 너는 임 곁에 있거라, 몸만 물러가리라.)

이 시조는 자신과 마음속의 또 다른 자신이 대화하는 형식으로 구성되어 있습니다. 자신은 늙어서 벼슬에서 물러나지만 마음만은 임금님 곁을 계속 지키겠다는 의지를 나타내고 있지요. 아무튼 그는, 자연 속에서 살면서 '강호가(江湖歌)'를 지어서 이황과 정철에게 많은 영향을 끼쳤습니다. 송순이 지은 강호가의 대표적인 작품 하나를 더 소개합니다. 달이나 맑은 바람이나 강산 등 자연과 자신이 한 가족이 되고 동격이 되는 물아일체(物我一體)의 가치관을 아주 멋들어지게 표현한 작품입니다.

> 십 년을 경영하여 초려(草廬) 삼간 지어내니
> 나 한 간 달 한 간에 청풍(淸風) 한 간 맛져 두고
> 강산은 들일 듸 업스니 둘러 두고 보리라
>
> (십 년 동안 계획해서 조그만 초가집을 지어 놓으니
> 내가 한 칸 차지하고, 달에게 한 칸, 바람에게 한 칸 맡겨두고
> 강과 산은 들여 놓을 곳이 없으니 밖에 둘러 두고 감상하리라.)

유희춘(柳希春, 1513~1577)이라는 학자는 양재역의 벽서 사건에 연루되어서 제주도를 거쳐 함경도 종성에서 유배살이를 했습니다. 당시에는 종성이 국경 지방의 오지라 글을 아는 사람이 별로 없었는데 유희춘은 그곳에서 19년간 지내면서 여러 사람을 가르쳤다고 합니다. 종성 선비들의 입장에서는 양재역 사건 덕분에 훌륭한 스승을 얻을 수 있었던 것이지요. 유희춘은 1567년 선조가 즉위하자 석방되었고 이조참판까지 지내다가 사직하여 낙향하였습니다. 선조는 세자 시절 그를 스승으로 모셨고 즉위한 후에도 항상 "내가 공부를 하게 된 것은 희춘에게 힘입은 바가 크다"라고 하

였답니다. 다음의 시조는 유희춘이 전라감사를 지낼 때 지은 작품이라는데 임금에 대한 충성심이 절로 묻어나는 듯합니다.

> 미나리 한 펄기를 캐여서 싯우이다
> 년대 아니아 우리님끠 바자오이다
> 맛이아 긴지 아니커니와 다시 심어 보소서
>
> (미나리 한 포기를 캐어서 씻습니다.
> 다른 곳 아니라 우리 임께 바치옵니다.
> 맛이야 좋지 않겠지만 다시 씹어 보소서.)

문정왕후의 동생 윤원형에 의해 피해를 입은 학자 한 사람을 더 소개합니다. 양응정(梁應鼎, 1519~1581)은 공조좌랑으로 있다가 윤원형에 의하여 탄핵을 받고 파직당하였습니다. 그의 시조를 보면 안빈낙도를 즐긴 사람 같은데, 주변 정리가 깔끔하지 못했던지 이후로도 청렴하지 못하다는 이유로 두어 차례 탄핵당하고 파직되기도 하였습니다. 그러나 시문에는 능하여서 선조 때 여덟 문장(文章 : 문장가)의 하나로 꼽히는 사람입니다. 다음은 그의 작품입니다.

> 태평 천지간에 단표(簞瓢 : 도시락과 표주박)를 두러메고
> 두 소매 느리혀고 우즐우즐 하난 뜻은
> 인세(人世)에 걸닌 일 업스니 그를 죠하 하노라
>
> (태평스러운 세상에 도시락과 표주박을 어깨에 둘러메고
> 두 옷소매를 늘어뜨리고 우줄우줄 춤추듯이 다니는 것은

인간 세상에 걸릴 일이 없으니 그것이 좋아 그러는 것이다.)

연산군 때부터 시작된 선비들의 수난이 중종, 인종, 명종 때까지도 계속
되었지만, 이 시기에 조선시대에서 손꼽을 만한 대학자가 여러 명 나타났
습니다. 대표적인 인물이 퇴계 이황(李滉, 1501~1570)과 남명 조식(曺植,
1501~1572)입니다. 이황과 조식은 같은 해에 태어났고, 이황이 세상을 떠
난 후 14개월 만에 조식도 세상을 떠났으니 같은 시대에 살았던 것이지요.
그들이 살았던 동네도 비슷합니다. 이황은 낙동강 동쪽 예안에서, 조식은
낙동강 서쪽 지리산 일대에서 주로 지냈으니까요.

조식은 어머니의 권유로 몇 번 과거 시험을 보기는 했지만 37세에 과거를
완전히 포기하였습니다. 그가 살았던 시기에는 사화가 자주 일어났고, 반
정 등에서 공을 인정받아 벼슬에 오른 훈신, 왕의 외척 등인 척신들이 정치
를 쥐고 흔들어 그 폐해가 극심했었지요. 그래서 조식은 자신이 추구하는
학문과 세상 일이 서로 맞지 않다고 생각하고 평생을 오로지 학문과 제자
교육에만 힘쓰기로 한 것입니다.

조식이 벼슬에 나가지 않은 것에 비해 이황은 단양 군수, 풍기 군수, 홍
문관 교리, 대사성 등 몇몇 벼슬을 지냈습니다. 그런데 조식이 번번이 벼슬
을 거부하자 이황은 조식에게 벼슬하기를 권유하는 편지를 몇 차례 보내기
도 했습니다. 명종이 주부(注簿)라는 6품 벼슬을 내렸는데 조식이 이를 받
지 않자, 이황이 조식에게 "벼슬을 하지 않는 일은 의리가 없는 것이니 군
신의 큰 윤리를 어찌 폐할 수 있습니까?"라는 내용의 편지를 보냈습니다.

이 편지를 받은 조식은 눈병이 나서 벼슬을 할 수 없으니 눈병 치료약인
발운산을 구해 줄 수 없겠느냐고 답장을 보냈습니다. 하필 '눈병'을 핑계

댄 것은 이황이 세상 돌아가는 것을 제대로 못 본다고 비꼬는 것이었지요. 그러자 이황은 발운산이 아닌 당귀(當歸)를 구하는 중이라고 답장을 보냈습니다. 당귀는 약초 중 하나로서 그 이름을 그대로 풀이하면 "당연히 돌아가야 한다"는 뜻입니다. 자신도 곧 고향으로 돌아간다는 내용이었지요.

조식이 벼슬에 나가지 않았다고 해서 백성들의 삶에 무관심했던 것은 아닙니다. 벼슬은 하지 않았지만 임금에게 따끔한 조언을 아끼지 않았습니다. 이런 조언이 때로는 목숨을 건, 필사적인 내용이 되기도 했습니다. 다음은 명종 10년에 단성 현감 제수를 사양하면서 조식이 올린 상소문입니다. 그는 자신이 벼슬을 감당할 만한 인재가 아니라면서 명종의 정사에 대한 비판을 덧붙였습니다.

"전하의 국사가 잘못되고 나라의 근본이 망하여 하늘의 뜻이 떠나갔고 인심도 떠났습니다. …… 소관(小官)은 아래에서 히히덕거리면서 주색이나 즐기고, 대관(大官)은 위에서 어물거리면서 오직 재물만을 불립니다. 백성들의 고통은 아랑곳하지 않으며 …… 자전(慈殿 : 문정왕후)께서는 생각이 깊으시지만 깊숙한 궁중의 한 과부에 지나지 않으시고, 전하께서는 어리시어 단지 선왕의 한낱 외로운 후사에 지나지 않습니다. 그러니 천백 가지의 재앙과 억만 갈래의 인심을 무엇으로 감당해내며 무엇으로 수습하겠습니까? …… 전하께서 종사하시는 일이 무슨 일인지 모르겠습니다. 학문을 좋아하십니까, 풍류와 여색을 좋아하십니까? …… 군자를 좋아하십니까, 소인을 좋아하십니까? 좋아하시는 바에 따라 나라가 흥하느냐 망하느냐가 달려 있습니다."

• **문정왕후의 태릉** 생전에 막강한 권력을 행사했던 문정왕후의 태릉은 어느 왕의 능묘 못지않게 웅장한 자태를 갖추고 있다. (서울 노원구 공릉동)

"나라의 근본이 이미 망하여 하늘의 뜻과 인심이 떠났다"는 말은, 이제 명종의 정치 생명이 끝났다는 말과 같습니다. "전하께서 종사하시는 일이 무슨 일인지 모르겠습니다"라는 말은 당신은 왕으로서 대체 뭘 하고 있느냐는 말로 보입니다. 더구나 문정왕후에 대한 언급은 정말 당시로서는 목숨을 내놓지 않고는 할 수 없는 말이었습니다. 명종은 이 상소를 읽고 무척화를 냈지만 대신들의 만류로 화를 가라앉혔다고 합니다. 문정왕후 측에서도 조식을 죽이지는 못했습니다. 조식 같은 사람은 벼슬에도, 목숨에도 연연해하지 않는 사람인데 사직 상소 때문에 그를 죽였다가는 오히려 그를 영웅으로 만들 수도 있었기 때문입니다.

조식이 먼저 이황에게 편지를 보내기도 했습니다. 다음은 이황과 기대승이 '사단칠정론'으로 논쟁을 이어갈 무렵인 명종 19년, 조식이 이황에게 보낸 편지입니다.

"요즘 공부하는 자들을 보건대 손으로 물 뿌리고 비질하는 절도도 모르면서 입으로는 천리(天理)를 담론하여 헛된 이름이나 훔쳐서 남들을 속이려 하고 있습니다. 그러나 도리어 남에게서 상처를 입게 되고 그 피해가 다른 사람에게까지 미치니, 아마도 선생 같은 장로께서 꾸짖어 그만두게 하시지 않기 때문일 것입니다. 저와 같은 사람은 마음을 보존한 것이 황폐하여 배우러 찾아오는 사람이 드물지만, 선생 같은 분은 몸소 상등(上等)의 경지에 도달하여 우러르는 사람이 참으로 많으니, 십분 억제하고 타이르심이 어떻겠습니까? ……"

8년에 걸친 그 유명한 논쟁을 '헛된 이름이나 훔쳐서 남들을 속이는' 일이라 치부해버린 것입니다.

조식이 66세 되던 해, 문정왕후가 죽고 윤원형이 쫓겨난 후 명종이 다시 조식을 부르자 한양에 올라와 임금과 단둘이 만난 적이 있습니다. 이 자리에서 명종이 나라 다스리는 도리를 묻자, 선생은 정치 제도를 혁신할 것, 인재를 등용하려는 성의를 보일 것, 정치의 근본이 되는 임금 자신의 학문에 힘쓸 것 등을 건의하였습니다. 그러나 이 대화 이후 조식은, 명종이 무슨 일을 할 만한 임금이 아니라 여겨서 7일 만에 고향으로 돌아갔습니다.

조식은 일생 한 번도 벼슬에 나간 적이 없지만 임금에 대한 충성심마저 없었던 것은 아닙니다. 중종이 세상을 떠났을 때 조식이 지은 시조를 보면, 그가 임금에 대해 얼마나 애틋하게 생각하고 있었는지 알 수 있습니다.

삼동(三冬)에 베옷 입고 암혈(巖穴)에 눈비 맞아

구름 낀 볕 뉘도 쬔 적 없건마는
서산의 해지다 하니 눈물겨워 하노라
(추운 겨울철에도 베옷을 입고 바위굴에서 눈비를 맞으며 살면서
쨍한 햇볕은 물론, 구름이 낀 시원찮은 볕도 쬔 적이 없지만
그래도 그 해가 서산으로 졌다고 하니 눈물이 나는구나.)

이 시조에서 해는 중종 임금을 뜻합니다. 조식은 산중에서 조용히 살고 있었지만 임금의 별세에는 눈물을 흘렸다는 것이지요. 명종에 이어 어린 나이로 새로 왕위에 오른 선조도 즉위 초에 조식을 두 차례 불렀습니다. 그러나 조식은 벼슬에 나아가지 않고, 유명한 상소문 '무진봉사(戊辰封事)'를 올려 어린 임금이 정치를 잘 해낼 수 있는 바탕을 닦도록 간언하였습니다. 조식은 지리산 자락에 산천재(山川齋)라는 집을 짓고 자연과 더불어 여유롭게 지낼 때 다음과 같은 시조를 짓기도 했습니다.

두류산(頭流山) 양단수(兩端水)를 네 듣고 이제 보니
도화(桃花) 뜬 맑은 물에 산영(山影)조차 잠겼에라
아희야, 무릉(武陵)이 어디메뇨, 나난 옌가 하노라
(지리산의 양단수를 옛날부터 얘기로만 듣다가 이제 와 처음 보니,
복숭아꽃 떠오는 맑은 냇물에 산 그림자까지 어려 있구나.
아이야! 신선이 사는 무릉도원이 어디냐. 내 생각엔 여기가 바로
무릉도원인 것 같구나.)

조식은 벼슬에 나가지 않았지만 많은 제자를 길러냈습니다. 그 제자 중

강익(姜翼, 1523~1567)은 스승을 따라 벼슬길에 나가지 않고 오직 학문에만 열중했습니다. 이 사람은 스승의 가르침에 충실하여 자신의 제자들에게도 극기(克己)와 신독(愼獨 : 사람이 없는 곳에서도 의롭게 행동하여 양심에 부끄럽지 않게 함)을 강조하였지요. 다음에 소개하는 그의 시조들에도 말보다는 몸을 움직여 실천하는 삶을 살았던 은자의 모습이 잘 드러나 있습니다.

지란(芝蘭 : 지초와 난초)을 갓고랴하야 호믜를 두러메고
전원(田園)을 도라보니 반이나마 형극(荊棘)이다
아희야 이 기음 몰다매여 해 져믈까 하노라

(지란을 가꾸려고 호미를 둘러메고
들에 나가보니 땅이 거의다 잡초가 우거졌구나.
아이야, 이 잡초 다 못 뽑고 해 저물까 두렵구나.)

시비(柴扉)에 개 짓는다 이 산촌에 그 뉘 오리
댓잎 푸른데 봄새 울소리로다
아희야 날 추심(推尋) 오나든 채미(採薇)갔다 하여라

(사립문에서 개가 짖는다. 그러나 이 산촌에 누가 오겠느냐.
푸른 댓잎 사이에서 봄새가 우는 소리에 개가 놀랐나 보다.
아이야, 혹시 누가 나를 찾거든 고사리를 캐러 산에 갔다고 하고
돌려보내도록 하여라.)

조식의 제자들은 조정의 여러 분야에서 활약하였습니다. 특히 임진왜란

때의 의병장 중 그의 제자가 많았는데, 그들
은 국가의 위기 앞에 투철한 선비 정신을 보
여주었습니다. 그들은 사색당파 중 북인이
되었고, 광해군이 북인을 대거 등용함에 따
라 정인홍을 비롯한 조식의 제자들로 이뤄
진 세력이 조정을 독점하게 되었습니다. 그
러나 인조반정으로 광해군이 쫓겨날 때 북
인의 대부분이 숙청당했고, 조식의 학파도
이단으로 여겨지게 되었습니다. 이런 까닭
에 오늘날 이황에 비해 조식은 그 이름이 잘
알려지지 않게 된 것입니다. 학문도 그 번
성함을 유지하려면 당쟁에서 이겨야한다는
교훈 아닌 교훈을 남기고 있는 셈입니다.

이황은 시를 쓰는 것을 굉장히 중요하게 여겨 2천여 수에 달하는 한시를
남겼습니다. 그가 시를 중요하게 여긴 이유는 성리학적 도리인 이(理)를 실
현하여 성정을 다스리게 하기 위함이었답니다. 그에게 시는 학문의 완성을
위한 필수 과정이었던 셈이지요. 이황은 '도산십이곡'이라는 시조를 지었
습니다. 그의 나이 65세 때인 1565년에 지은 이 작품은 총 열두 편의 연시
조입니다. 앞의 '언지' 여섯 수는 자연 속에 살면서 성현의 도를 깨닫는 기
쁨을 읊은 시조들이고, 뒤의 '언학' 여섯 수는 학문을 꾸준히 닦고 실천할
것을 강조한 내용입니다.

그 중 잘 알려진 몇 수만 소개합니다.

이런들 어떠하며 저런들 어떠하료

초야 우생(草野愚生)이 이렇다 어떠하료

하물며 천석고황(泉石膏肓)을 고쳐 무엇하료

(이런들 어떠하며 저런들 어떠하랴.

시골에 파묻혀 있는 어리석은 사람이 이렇게 산들 어떠하랴.

하물며 고질병처럼 된, 자연을 사랑하는 버릇을 고쳐서 무엇하랴.)

연하(煙霞)로 집을 삼고 풍월로 벗을 삼아

태평성대에 병으로 늙어가네

이 중에 바라는 일은 허물이나 없고자

(안개와 노을 등 자연으로 집을 삼고 맑은 바람, 밝은 달을 벗으로 삼아서

태평성대에 병으로 늙어만 가는구나.

이 중에 바라는 일은 이후에 잘못한 일이 없었으면 하는 것이다.)

순풍(淳風)이 죽다 하니 진실로 거짓말이

인성이 어질다 하니 진실로 옳은 말이

천하에 허다영재(許多英才)를 속여 말씀할까

(순박한 풍속이 다 사라졌다고 하는 것은 참으로 거짓말이로다.

인간의 성품이 어질다고 하는 말은 참으로 옳은 말이다.

순박한 풍속이 다 없어졌다는 말로 이 세상의 수많은 영재를 어찌 속일 수가 있겠느냐.)

유란(幽蘭)이 재곡(在谷)하니 자연이 듣기 좋의
백운이 재산(在山)하니 자연이 보기 좋의
이 중에 피미일인(彼美一人)을 더욱 잊지 못하얘

(그윽한 향기의 난초가 골짜기에 피었으니 자연의 향기를 맡기 좋
구나.

흰 구름이 산마루에 걸려 있으니 자연의 경치가 보기 좋구나.

이러한 가운데 우리 임금님을 더욱 잊을 수가 없구나.)

산전(山前)에 유대(有臺)하고 대하에 유수(有水)ㅣ로다
떼 많은 갈매기는 오명가명하거든
어떻다 교교백구(皎皎白駒)는 멀리 마음하는고

(산 앞에는 대[臺 : 낚시터]가 있고, 대 밑으로는 물이 흐르도다.

떼 지어 나는 갈매기들은 오락가락 하는데,

어찌하여 희고 깨끗한 망아지는 멀리 갈 생각을 하는 것일까.)

뇌정(雷霆)이 파산(破山)하여도 농자(聾者)는 못 듣나니
백일(白日)이 중천(中天)하여도 고자(瞽者)는 못 보나니
우리는 이목총명(耳目聰明) 남자로 농고(聾瞽)같이 마
로리

(우레 소리가 산을 깨뜨릴 듯해도 귀머거리는 듣지를 못하며,

밝은 해가 하늘 높이 떠도 소경은 보지를 못하니,

우리는 귀와 눈이 밝은 남자가 되어서, 귀머거리나 소경 같이 되
어서는 안 된다.)

고인(古人)도 날 못 보고 나도 고인 못뵈
고인을 못 봐도 예던 길 앞에 있네
예던 길 앞에 있거든 아니 예고 어쩔고

(옛날의 훌륭한 어른들도 지금의 나를 못 보고, 나도 그분들을 보
지 못하네.
그 어른들을 보지는 못해도, 그분들이 걷던 길은 지금도 눈앞에 가
르침으로 남아 있네.
그분들이 걷던 올바른 길이 앞에 있는데 그 올바른 도리를 따르지
않고서 어찌할 것인가.)

당시에 예던 길을 몇 해를 버려두고
어디가 다니다가 이제야 돌아온고
이제야 돌아오나니 년듸 마음 마로리

(당시 학문에 뜻을 세우고 나아가던 길을 몇 해씩 버려두고
어디 가서 벼슬을 한답시고 딴 길을 헤매다가 이제야 돌아왔을까.
이제라도 바른 길로 돌아왔으니 앞으로는 딴 생각 하지 않으리라.)

청산은 어찌하여 만고에 푸르고
유수는 어찌하여 주야에 긋지 아니는고
우리도 그치지 말고 만고상청(萬古常靑)하리라

(푸른 산은 어찌하여 오랜 세월 동안 변함없이 푸르고
흐르는 물은 어찌하여 그치는 일이 없이 밤낮으로 흘러갈까.
우리도 저 자연과 같이 오랜 세월 늘 푸르리라.[학문을 닦는데 전

녑하리라])

우부(愚夫)도 알며 하거니 긔 아니 쉬운가
성인(聖人)도 못다 하시니 긔 아니 어려운가
쉽거나 어렵거낫 중에 늙는 줄을 몰래라
(어리석은 사람도 알고 행하니 그 아니 쉬운가.
성인도 다 행하지 못하니 그 아니 어려운가.
쉽거나 어렵거나 학문을 닦으며 늙는 줄을 모르도다.)

이황은 시조 예찬론자이기도 했습니다. "한시(漢詩)는 노래로 부를 수 없고 읊는데 그쳐야 하지만 시조는 노래로 부를 수 있어서 좋다"라고 강조하면서 말입니다. 그렇게 말은 했지만 '도산십이곡' 말고 시조는 다음에 소개하는 단 한 편을 남겼을 뿐입니다.

청량산 육륙봉(青凉山 六六峰)을 아는 이 나와 백구(白
鷗)
백구야 헌사하랴 못 믿을손 도화(桃花) ㅣ로다
도화야 떠나지 마라 어주자(漁舟子)가 알까 하노라
(청량산 열두 봉우리를 아는 이는 나와 갈매기뿐.
갈매기가 요란하게 소문을 내었겠느냐. 못 믿을 것은 복사꽃이
로다.
복사꽃아 떠나지 말아라 어부가 이곳을 알까 두렵구나.)

청량산은 이황이 어린 시절 공부하던 산인데 그의 마음의 고향이었다고 합니다. 공부에 열중할 수 있었던 어린 시절이 얼마나 아름답게 느껴졌으면 그곳을 신선이 사는 동네로 생각하고 비밀을 유지해야 한다는 시를 썼을까요?

조식은 '헛된 이름이나 훔쳐서 남들을 속이는' 일이라고 비난했지만, 8년에 걸친 이황과 기대승의 '사단칠정론' 토론은 이황의 이야기에서 빼놓을 수 없는 일화입니다. 그런데 대체 사단칠정론이 무엇이기에 이 두 학자는 그리도 끈질기게 이 문제에 매달렸을까요?

사단(四端)이란 맹자가 말한 네 가지 실천 도덕의 바탕으로, 측은지심(惻隱之心 : 불쌍히 여겨서 언짢아하는 마음)·수오지심(羞惡之心 : 불의를 부끄러워하고 남의 착하지 못함을 미워하는 마음)·사양지심(辭讓之心 : 겸손히 사양하는 마음)·시비지심(是非之心 : 옳고 그름을 가릴 줄 아는 마음) 등을 말합니다. 또 칠정(七情)은 희(喜 : 기쁨)·노(怒 : 화남)·애(哀 : 슬픔)·구(懼 : 두려움)·애(愛 : 사랑)·오(惡 : 미워함)·욕(慾 : 욕심) 등 인간이 품을 수 있는 일곱 가지 감정을 말합니다.

성리학은 인간의 본성을 연구하는 학문으로서 이 사단칠정론에 대해서는 여러 학자가 각자 자신들의 의견을 내놓기도 했지요. 이황은 "4단이란 이(理)에서 나오는 마음이고, 칠정이란 기(氣)에서 나오는 마음"이라고 했습니다. 그는 인간의 마음을 '이' 때문에 생기는 것과 '기' 때문에 생기는 것의 두 가지로 나누어야 한다고 주장한 것입니다. 사단은 선과 악이 섞이지 않은 순수한 감정이니 이의 결과로 생긴 것이고, 칠정은 선과 악이 뒤섞인 마음이니 기에 의한 것이라고 본 것이지요. 이게 바로 교과서에서 배운 이황의 대표적인 사상 '이기이원론(理氣二元論 : 이와 기라는 서로 다른 두 가지 원리로 모든 사물의 존재와 운동을 설명하는 이론)'의 중심 내용입니다.

이런 이황의 학설에 가장 적극적으로 반론을 제기한 사람은 그의 제자였던 기대승(奇大升, 1527~1572)이었습니다. 기대승은 스승 이황에게 편지를 보내 "이와 기는 관념적으로는 구분할 수 있지만 마음의 작용에서는 구분할 수 없다"라며 논박했습니다. 인간의 물질적 욕망이나 감정이 도덕적 감정과 별개로 존재하는 것이 아니라는 것이지요. 이황은 스물여섯 살이나 어린 제자의 지적에 최선을 다해 답변해주었습니다.

이런 얘기를 가지고 8년이나 토론할 것이 뭐 있었을까 하는 의아한 생각도 듭니다만, 후대 학자들은 이 토론의 결과로 이황의 사상이 보다 논리적으로 탄탄해지고 정밀해졌다고 평가합니다. 이황의 사상에서 드러난 허점을 두 사람의 토론 결과 꼼꼼히 메울 수 있었다는 것이지요. 이후 기대승의 학설은 이이(李珥)에게 이어졌고 그로써 이황의 영남학파(嶺南學派)와 이이의 기호학파(畿湖學派)가 대립하며 논쟁을 계속하게 되었습니다. 이 학문적 대립이 동인(東人)과 서인(西人)을 갈라놓는 이론적 근거가 되기도 했고요. 그러니 이 논쟁이 조선의 역사에 지대한 영향을 끼쳤다는 얘기가 틀린 말은 아닌 것 같습니다.

기대승은 독학으로 공부했지만 어려서부터 학문에 뛰어난 재주를 보였다고 합니다. 스승과 역사에 남을 치열한 토론을 나눴지만 만년에는 그도 모든 것이 허망하게 느껴졌을까요? 기대승은 사람의 삶이 무상함을 읊은 시조를 한 편 남겼습니다.

> 호화코 부귀키야 신릉군(信陵君)만 할까마는
> 백 년이 못하여 무덤우희 밧츨 가니

허믈며 여나믄 장부(丈夫) ㅣ야 일너 무삼하리오

(호화스럽고 부귀하기로야 신릉군만 할까마는

그가 죽은 지 백 년도 못 되어 그 무덤 위에 밭을 갈게 되니,

그보다 못한 다른 사람들의 경우는 오죽하겠는가?)

＊ 신릉군(信陵君) : 중국 전국시대 위나라 조왕의 아들로서 호화로운 삶
　　　　　　　을 살았던 사람

　이황의 제자 중 권호문(權好文, 1532~1587)은 이황에게 외가로 손자뻘 되는 사람이었습니다. 29세에 진사시에 합격했지만 어머니상을 당한 후 벼슬을 단념하고 자연에 들어가 살았습니다. 만년에는 덕망이 높아져서 그가 은거하고 있는 곳까지 찾아가는 문인이 많았지만 끝내 벼슬에는 나가지 않았습니다. 정말 당시에는 학자가 벼슬살이하는 것을 '엉뚱한 곳에서 헤매는 일'이라 생각했나 봅니다. 그러나 권호문도 벼슬에 나가야 하나 말아야 하나 갈등은 많이 했던 것 같습니다. 그래서 그런 심사를 말장난이 담긴 시조로 써냈던 것이지요.

하려 하려 하되 이 뜻 못 하여라
행도(行道)도 어렵고 은처(隱處)도 정(定)치 아냣다
언제야 이 뜻 결단하야 종아소욕(從我所欲)하려뇨
(하려고 노력했지만 이 뜻은 이루지 못하였다.

가는 길도 어렵고 숨어 있을 곳도 정하지 못했다.

언제나 이 뜻을 판단해서 내가 뜻하는 바를 따를 수 있을까.)

말리말리 하되 이 일 말기 어렵다

이 일 말면 일신(一身)이 한가하다

어지게 엊그제 하던 일이 다 왼줄 알과라

(말자고 아무리 생각해도 이 일을 말기는 어렵다.

이 일을 관두면 이 몸이 한가할 텐데.

엊그제까지 하던 일이 다 잘못된 일인 줄 알겠노라.)

강호에 놀자 하니 성주(聖主)를 버리겠고

성주를 섬기자 하니 소락(所樂)에 어긋나네

호올로 기로에 서서 갈 데 몰라 하노라

(자연 속에서 놀자 하니 어진 임금을 버려야겠고

임금을 섬기자니 즐기고자 하는 바와 어긋나네.

혼자 갈림길에 서서 어디로 가야할지 몰라 헤매는구나.)

이황이 세상을 떠난 지 4년 만에 제자들은 도산서원을 만들어 그의 위패를 모셨습니다. 선조는 '도산서원'이라는 사액(賜額)을 내려주었고요. 대학자 이황이 후대 학계에 끼친 영향은 지대했습니다. 그의 제자들이 또 다른 제자들을 키워내는 등 그 학풍이 꼬리에 꼬리를 물고 이어졌으니까요.

선우 협(鮮于浹, 1588~1653)은 도산서원에 찾아가 이황이 남긴 장서 수백 권을 열람한 후 일생 동안 후진 양성에 온 힘을 기울였다지요. 인조 때 이러저러한 벼슬에 여러 차례 추천되었지만 모두 사양한 채 말입니다. 그의 낭만적인 작품입니다.

간밤의 부던 바람 만정(滿庭) 도화(桃花) 다 지거다
아희는 뷔를 들고 쓰로려 하는고나
낙화인들 곳지 안니랴 쓰러무삼 하리요
(간밤에 불던 바람에 정원에 가득 피었던 복숭아꽃이 다 져버렸

구나.

심부름하는 아이는 비를 들고 꽃잎을 쓸려고 하는구나.

떨어진 꽃이라도 꽃임은 변함이 없는데 왜 쓸려하느냐.)

　학문 연구와 선현 제향을 위해 사림이 설립한 교육기관 서원이 처음 만들어진 것도 명종 때의 일입니다. 최초로 설립된 서원은 경북 풍기에 있던 백운동 서원인데, 이는 당시 풍기 군수를 지낸 주세붕(周世鵬, 1495~1554)이 세운 것입니다. 이후 백운동 서원은 후임 풍기 군수 이황의 건의로 '소수 서원(紹修書院)'이라는 사액 서원(왕으로부터 서원 이름의 현판과 노비·서적 등을 받은 서원)이 되어 국가의 공인과 지원을 받았습니다. 이것을 계기로 전국에 서원이 설립 운영되었고, 서원들은 국가에서 인정한 사학의 중심으로 향촌의 중심 기구로 그 틀을 굳히게 되었습니다. 다음은 주세붕이 지은 '오륜가(五倫歌)'라는 연시조입니다.

사람 사람마다 이 말씀 들어사라
이 말씀 아니면 사람이오 사람아니
이 말씀 닛디말오 배호고야 마로리이다
(사람마다 이 말씀 들으시오.
이 말씀 아니면 사람이라도 사람 아니니

이 말씀 잊지 말고 배우고야 말리로다.)

아버님 날 나하시고 어마님 날 기르시니
부모옷 아니시면 내 몸이 업실낫다
이 덕을 갑하려 하니 하늘 가이 업스샷다
(아버님 나를 낳으시고 어머님 나를 기르시니
부모님이 아니라면 이 몸이 없었을 것이다.
이 부모님의 덕을 갚으려 하니 끝이 없구나.)

지아비 밧갈나 간듸 밥고리 이고 가
반상(飯床)을 들오듸 눈섭의 마초이다
진실노 고마오시니 손이시나 다라실가
(남편이 밭 갈러 간 데, 밥 담은 바구니를 이고 가서
밥상을 공손히 바치느라 눈썹 높이까지 받듭니다.
남편은 진실로 고마운 분이니 손님을 대하듯 공경하여야 합니다.)

형님 자신 져즐 내 조차 머궁이다
어와 뎌 아우야 어마님 너 사랑이아
형제옷 불화하면 개 도리라 하리라
(형님이 잡수신 젖을 나도 먹습니다.
아아 저 아우야 어머니 너 사랑이야.
형제간에 화목하지 못하면 개돼지라 할 것입니다.)

늙은이는 부모 같고 어른은 형 같으니
같은데 불공(不恭)하면 어디가 다를고
날로셔 맞디어시든 절하고야 마로리이다
(늙은이는 부모님 같고, 어른은 형 같으니
같은데 공손하지 않으면 [짐승과] 어디가 다를까.
나는 그들을 맞이하면 절하고야 말 것입니다.)

　이 무렵에 등장한 뛰어난 학자 중 율곡 이이(李珥, 1536~1584)를 빼놓을
수가 없습니다. 이이는 아홉 차례나 과거에 장원급제하여 '구도장원공'이
라는 별명을 얻었을 정도로 학문에 뛰어난 인물이었습니다. 이이가 정계에
나아갔을 때는 선조 때로서 붕당 정치가 이뤄지고 있을 무렵이었습니다.
　당시 사림은 동인과 서인으로 나뉘어 있었는데, 동인은 주로 이황과 조식
의 학문을, 서인은 이이와 그의 친구 성혼(成渾, 1535~1598)의 학문을 추

율곡 이이가 시를 짓고 명상하던 화석정 임진강이 굽어보이는 강가의 언덕 위에 서 있다.(경기 파주시 파평면)

종하는 무리들이었습니다.

하지만 이이는 어느 한쪽에 치우치지 않고 늘 중재를 하려는 입장이었지요. 그는 명분과 실리 중 어느 것이 더 위에 있을 것도 없고, 중용을 취하면 명분과 실리를 함께 얻을 수 있다고 보았습니다. 그래서 백성에게 이로우면 무슨 일이든 다 할 수 있는 일이고, 나라가 평안하지 못하고 백성에게 해가 되면 해서는 안 되는 일이라 여겼습니다.

이이는 시대가 바뀌면 현실에 맞게 제도를 개혁해야 하고 이런 융통성 있는 통치를 해야만 백성들이 편안하게 살 수 있다고 주장했습니다. 국가의 재정비를 위해서는 마땅히 잘못된 제도를 바로잡아야 한다고, 즉 경장(更張)을 해야 한다고 했지요. 국가의 통치 체제 정비를 통해 기강을 확립하고 조세 제도의 개혁을 통해 백성의 고통을 덜어주어야 한다는 내용을 담은 그의 경장론은, 안타깝게도 당쟁과 임금(선조)의 소극적인 태도 때문에 거의 실현되지 못했습니다.

임진왜란이 일어나기 9년 전에 주장한 10만 양병설도 이런 맥락에서 나온 이야기로 보입니다. 그때부터 이미 북방의 오랑캐가 자주 침범하고 있었습니다. 병조판서였던 이이는 십만 명의 군대를 양성하여 장차 다가올 외적의 침입을 대비하자고 제안했습니다. 그런데 조정 대신들이 반대하고 나섰지요. 그들은 "평화로울 때 군사를 양성하면 화란(禍亂)의 단서를 만드는 일"이라는 얼토당토 않는 이유를 들었습니다. 아플 때를 대비해서 병원을 지어놓는다고 없던 병이 생기는 것은 아닌데 말입니다.

그런데 웃기는 일은 그로부터 두 달 후 북쪽의 오랑캐가 국경에 쳐들어오니, 그 일로 병조판서이던 이이가 탄핵을 받고 벼슬을 내놓아야 했다는 점입니다. 외적에 대비하자 했더니 못하게 했으면서, 외적을 못 막았다고 내

쫓으니 이때 관리들은 어찌 해야 할 바를 몰랐을 것 같습니다.

당시 조정에서 동서 간의 갈등을 조정하려는 사람은 이이 뿐이었습니다. 그래서인지 선조는 이이를 무척 아꼈습니다. 이이가 동인들의 공격으로 친구 성혼과 함께 난처한 처지에 빠지자 선조는 "지금 이후로는 나를 이이와 성혼의 당이라고 해도 좋다. 만일 이이와 성혼을 훼방하고 배척하는 자라면 반드시 죄 주고 용서하지 않을 것이다"라며 이들을 적극 지지해줄 정도였습니다.

이이는 '고산구곡가'라는 유명한 시조를 지었습니다. 구곡은 황해도 해주 수양산에 있는 계곡들로 이이가 학문을 닦던 곳입니다. 고산구곡가는 이이가 43세 때 지은 작품으로, '9곡'을 노래한 시조에 서사(序詞)를 덧붙여 총 10수의 연시조입니다.

고산 구곡담(高山九曲潭)을 사람이 모르더니
주모 복거(誅茅卜居)하니 벗님네 다 오신다
어즈버 무이(武夷)를 상상하고 학 주자(學朱子)를 하리라
(고산의 구곡담을 모르고 있다가
내가 풀 베고 집 지어 살고 있으니, 친구가 모두 찾아오는구나.
아! 주자가 읊은 무이산 구곡계를 생각하며 주자학을 공부하리.)

일곡은 어디메오 관암(冠巖)에 해 비친다
평무(平蕪)에 내 거두니 원산(遠山)이 그림이라
송간(松間)에 녹준(綠樽)을 놓고 벗 오는 양 보노라

(첫 번째로 경치 좋은 계곡은 어디인가? 갓머리처럼 우뚝 솟은 바위에 해가 비친다.

잡초 우거진 들판에 안개가 걷히니 먼 산이 그림 같구나.

소나무 사이에 술통을 놓고 벗들이 찾아오는 모습을 보겠다.)

이곡은 어디메오 화암(花巖)에 춘만(春晚)커다

벽파(碧波)에 꽃을 띄워 야외(野外)로 보내노라

사람이 승지(勝地)를 모르니 알게 한들 어떠하리

(두 번째로 경치 좋은 계곡은 어디인가? 꽃 핀 바위에 봄이 깊었구나.

푸른 파도에 꽃을 띄워 들판으로 보내노라.

세상 사람들이 이 좋은 곳을 모르고 있으니, 알게 하는 게 어떨까.)

삼곡은 어디메오 취병(翠屛)에 잎 퍼졌다

녹수(綠樹)에 춘조(春鳥)는 하상 기음(下上其音)하는데

반송(盤松)이 바람을 받으니 여름 경(景)이 없세라

(세 번째로 경치 좋은 계곡은 어디인가? 푸른 병풍 같은 절벽인 취병에 녹음이 짙어졌다.

푸른 나무에 봄 새는 위아래로 다니며 우는데

옆으로 뻗어난 소나무가 바람을 받으니, 이보다 더 시원스러운 여름 풍경은 다시 없구나.)

사곡은 어디메오 송애(松崖)에 해 넘는다

담심(潭心) 암영(巖影)은 온갖 빛이 잠겼세라
임천(林泉)이 깊도록 좋으니 흥을 겨워하노라
(네 번째로 경치 좋은 곳은 어디인가? 소나무 자라는 절벽에 해
가 진다.
바위 그림자는 깊은 물에 온갖 빛을 띠며 잠겨 있구나.
자연이 깊을수록 좋으니, 흥겨움을 이기지 못하겠구나.)

오곡은 어디메오 은병(隱屛)이 보기 좋의
수변(水邊) 정사(精舍)는 소쇄(蕭灑)함도 가이 없다
이 중에 강학(講學)도 하려니와 영월음풍(詠月吟風) 하
오리라
(다섯 번째로 경치 좋은 계곡은 어디인가? 숨어 있는 절벽인 은병
이 보기 좋구나.
물가에 있는 학문의 집은 맑고 깨끗하기가 더할 나위 없구나.
이런 곳에서 글도 가르치려니와 달과 더불어 시를 읊으면서 지내
리라.)

육곡은 어디메오 조협(釣峽)에 물이 넓다
나와 고기와 뉘야 더욱 즐기는고
황혼에 낚대를 메고 대월귀(帶月歸)를 하노라
(여섯 번째로 경치 좋은 계곡은 어디인가? 낚시질하기 좋은 계곡
인 조협에 물이 많다.
여기서 나와 물고기 중 어느 편이 더욱 즐기고 있는 걸까.

하루 종일 놀다가 해 저물면 낚싯대 메고 달빛을 받으면서 집으로
돌아가노라.)

칠곡은 어디메요 풍암(楓巖)에 추색(秋色)좋다
청상(淸霜)이 엷게 치니 절벽이 금수(錦繡) l 로다
한암(寒巖)에 혼자 앉아 집을 잊고 있노라

(일곱 번째로 경치 좋은 계곡은 어디인가? 단풍이 덮인 바위인 풍
암에 가을빛이 좋구나.

맑은 서리가 엷게 내렸으니 절벽이 수놓은 비단처럼 아름답구나.

차가운 바위에 혼자 앉아 집에 돌아가는 것도 잊고 있노라.)

팔곡은 어디메오 금탄(琴灘)에 달이 밝다
옥진금휘(玉軫金徽)로 수삼곡(數三曲)을 노래하니
고조(古調)를 알 수 없으니 혼자 즐겨 하노라

(여덟 번째로 경치 좋은 계곡은 어디인가? 거문고 소리가 나는 강
인 금탄에 달이 밝다.

옥진이 달리고 금휘가 박힌 좋은 거문고 같은 금탄 물소리에 맞추
어 서너 곡을 불러보지만

옛 곡조를 모르니 혼자 즐길 뿐이다.)

＊ 진(軫) : 거문고 줄을 죄었다 늦췄다 하는 자그마한 말뚝
＊ 휘(徽) : 줄 고르는 자리를 나타내기 위하여 거문고 앞쪽에 원형으로 박
   아 놓은 열세 개의 자개 조각.

구곡은 어디메오 문산(文山)에 세모(歲暮)커다

기암괴석이 눈 속에 묻혔세라

유인(遊人)은 오지 아니하고 볼 것 없다 하더라

(아홉 번째로 경치 좋은 계곡은 어디인가? 신기한 바위가 많은 문

산에 한 해가 저물어간다.

기이한 바위와 이상하게 생긴 돌들이 눈 속에 묻혀 있구나.

유람객들은 이곳에 와보지도 아니하고 볼 것이 없다고 하니 참 안

타깝구나.)

 가장 마지막 수의 문산은 학문의 세계를 뜻하기도 합니다. 사람들이 책

속에 담긴 학문의 세계에 가 보지도 않고 볼 것 없다고, 재미없다고 하는

상황을 안타까워하고 있습니다.

 이이의 친구 성혼도 이이와 학문의 수준을 견줄 만한 당대의 고명한 학

• 성혼 일가의 위패를 봉안하고 제자들을 기르던 파산서원 파산서원은 소수서원과 도산서원에 이어 세 번째로 세워
집 사액, 서원이다(경기 파주시 파평면)

자입니다. 이이의 권고로 한 때 경연에 나아가 강의하기도 했지만, 이이가 세상을 떠나고 얼마 안 있어 낙향하였습니다. 다음의 시조는 고향에서 살 때 성혼이 지은 작품입니다.

말없는 청산이요 태(態)없는 유수 l 로다
값없는 청풍이요 임자 없는 명월이라
이 중에 병 없는 이 몸이 분별없이 늙으리라
(말이 없는 푸른 산이요, 모양 없는 흘러가는 물이로다
값이 없는 맑은 바람이요, 임자 없는 밝은 달이라
이런 환경에서 병 없는 이 몸은 별다른 생각 없이 마음 편히 늙어
가리라.)

이렇게 역사에 남을 훌륭한 학자들과 교류하며 살 수 있었던 사람들은 얼마나 가슴 벅찬 삶을 살았을까요? 정작 이 학자들은 서로 긴밀히 지내지 않았는데, 이황·조식·이이·성혼 등 당대의 석학들과 고루 친하게 지낸 사람이 있습니다. 그 행운의 주인공은 중종의 사위이기도 한 송인(宋寅, 1517~1584)이란 사람입니다. 그러나 명필이기도 했던 그의 시조를 보면 자신을 행운아라 생각하지는 않았던 것 같습니다. 그러니 듣고도 못 들은 채 보고도 못 본 채, 다만 술을 벗 삼아 살아야 했겠지요. 아예 술에서 깨지 말기를 바라면서 말입니다.

들은 말 즉시 잊고 본 일도 못 본 듯이
내 인사(人事) l 이러홈에 남의 시비(是非) 모를노라

다만지 손이 성하니 잔(盞) 잡기만 하리라

(들은 말 즉시 잊어버리고 본 일도 못 본 듯이

나 살아가는 일이 이러하니 남이 옳고 그름을 모르노라.

다만 손이 성하니 잔 잡아 술을 마실 뿐이로다.)

한 달 서른 날의 잔을 아니 놓았노라

팔 병도 아니 들고 입덧도 아니 난다

매일에 병 없는 덧으란 깨지맒이 어떠리

(한 달 서른 날을 술 안 마신 날이 없다.

그런데 팔 병도 안 들고 입덧도 안 난다.

매일 병 없는 게 덧이라면 아예 술에서 깨지 않았으면 좋겠다.)

명필하면 절대 빼놓을 수 없는 사람이 하나 있지요. 바로 한호(韓濩, 1543
~1605)입니다. 우리가 널리 알고 있는 석봉은 그의 호이지요. 못 쓰는 필
체가 없이 다 잘 썼다는 그도 이 시대에 살아서 명종의 총애를 받았습니
다. 한호는 명나라에 가는 사신을 수행하거나 사신을 맞는 환영 잔치에 나
가 글씨 솜씨를 보이기도 했는데, 명나라 사람들이 그의 필체에 기가 죽기
도 했답니다. 그러나 그는 소박함을 지향하며 살았는지 다음과 같은 시조
를 남겼습니다.

짚방석 내지마라 낙엽엔들 못 안즈랴

솔불 혀지마라 어제 진달 도다온다

아희야 박주산채(薄酒山菜)ㄹ망정 업다말고 내여라

(짚방석을 내지마라, 낙엽엔들 못 앉겠느냐.

관솔불도 켜지 마라, 어제 졌던 밝은 달이 다시 떠오를 것이다.

아이야, 좋지 않은 술과 산나물이라도 상관없으니 없다 말고 내놓
도록 하여라.)

  명종은 어머니 문정왕후의 그늘에서 평생 제대로 기를 못 폈던 왕이지만
신하 복만은 타고 났던 모양입니다. 조선시대를 빛낸 학자의 상당수가 명
종 때 살았던 사람이니 말입니다. 1567년 명종이 세상을 떠나자 명나라에
사신으로 가 있던 이후백(李後白, 1520~1578)은 다음과 같은 시조 두 편을
써 임금의 죽음을 애도했습니다.

    설월(雪月)은 전조색(前朝色)이오 한종(寒鐘)은 고국성
    (故國聲)을
    남루(南樓)에 호올로 셔서 녯 님군 생각할차
    잔곽(殘廓)에 모연생(暮烟生)하니 그를 슬허 하노라
    (눈 위에 비친 달빛은 전 임금[명종]의 색깔이요 쓸쓸한 종소리는
    고국의 소리
    남쪽 누각에 홀로 서서 옛 임금 생각을 하고 있을 때
    남아있는 성곽에 저녁 연기 일어나니 더욱 슬퍼지는구나.)

    추상(秋霜)에 놀난 기러기 셥거온 소릐 마라
    갓득에 님 여희고 허믈며 객리(客裏)로다
    밤중만 네 울음 소릐에 잠못드러 하노라

(가을 서리에 놀란 기러기야 싱거운 소리 내지마라.

가뜩이나 임[명종]을 잃은 데다 집을 떠나와 있는 중이다.

밤중에 우는 네 울음소리 때문에 잠 못 들어 하노라.)

조선의 흔치 않은 자연철학자 화담 서경덕(徐敬德, 1489~1546)도 이 무렵 인물입니다. 서경덕은 미래를 내다보는 능력이 있었다 하는데 그래서 정치판에 나서지 않았고, 인종이 왕위에 올랐을 때도 인종의 수명이 길지 않음을 예견하고 눈물을 흘렸다고 합니다.

서경덕은 종달새가 나는 원리를 알고자 날이 저무는지 몰랐다지요. 또 차가운 땅속에서 뜨거운 온천이 솟는 이유를 음양이론으로 설명했습니다. 이런 자연 현상들의 원인을 밝히는 것이 서경덕의 철학적 관심사였습니다. 서경덕은 기를 가지고 인간과 우주를 설명했는데, 모이고 흩어짐에 따라 생겨나고 죽는다고 했습니다. 그는 우주 본질로서의 이와 기를 논하고, 이와 기의 상관 관계에서 천지 만물이 형태화하며, 음양으로 분화한다는 이기일원론(理氣一元論)을 체계화하였습니다. 인간의 죽음도 우주의 기에 환원된다는 사생일여(死生一如 : 삶과 죽음은 하나와 같음)를 주장한 그의 학문과 사상은, 이황이나 이이 등에 의해 그 독창성이 높이 평가되었습니다.

우주의 본질까지를 논하는 서경덕의 학문 세계를 이해하기는 어렵습니다. 그래서인지 그의 사상보다는 황진이(黃眞伊, ?~1530)와 관련된 일화가 더 많이 알려져 있습니다. 지족선사라는 큰 스님도 황진이의 유혹에 넘어갔는데 서경덕은 눈 하나 깜짝 하지 않았다는 것이지요. 정복하지 못한 것에 대한 경외감 때문이었는지 황진이는 '송도삼절(松都三絶)'로 서경덕, 박연폭포, 그리고 황진이 자신을 꼽았습니다.

일생을 검소하게 살았던 서경덕은 58세에 세상을 떠났습니다. 주위 사람들에게 의지하여 연못에서 목욕하고 돌아온 뒤 죽음을 맞이하는 순간에 한 제자가 "선생님 오늘 기분이 어떠십니까?"하고 물으니, "삶과 죽음의 이치를 안 지 이미 오래이니 편안할 뿐이다"라고 대답했다고 합니다. 이렇게 미인의 유혹에도 흔들림 없이, 죽음의 공포에도 두려움 없이 살았던 서경덕이었지만, 그도 인간인데 마음속에 갈등이 전혀 없었다고는 할 수 없겠지요. 다음 시조 두 편을 통해 무엇이 그의 마음을 흔들고 있는지 살펴보겠습니다.

마음아 너는 어이 매양에 져멋는다
내 늘글 적이면 넨들 아니 늘글소냐
아마도 너 좃녀 단니다가 남 우일가 하노라

(마음아, 너는 어찌하여 늘 젊었느냐?

내가 늙는데, 너라고 안 늙을 수 있겠느냐.

아마도 안 늙는다고 생각하는 너를 쫓아다니다가 남을 웃길까 걱

정이다.)

마음이 어린 후ㅣ니 하는 일이 다 어리다

만중운산(萬重雲山)에 어느 님 오리마는

지는 잎 부는 바람에 행여 귄가 하노라

(내 마음이 어리석으니, 내가 하는 일도 다 어리석구나.

구름에 겹겹이 싸인 이 깊은 산중에 누가 나를 찾아올까만

그래도 낙엽 지는 소리나 바람 소리만 나도, 행여 임이 온 게 아닌

가 생각하는구나.)

　앞의 작품에는, 마음이 청춘이라고 그에 따라 행동하다가는 늙은이가 주
책이라고 세상 사람들의 웃음거리가 될 것이라는 우려를 담았지요. 그의
마음이 아직도 젊었으니 힘껏 뛰라고 한 것은 무엇을 얻기 위함이었을까
요? 그것은 그가 못다 찾은 진리의 세계가 아니었을까요? 뒤의 작품은 서
경덕에게 글을 배우러 다니던 황진이를 생각하며 지은 것이라고 합니다.
이 시조에 나온 '만중운산'은 실제 산이라기보다는 서경덕과 황진이 사이의
넘을 수 없는 장애물을 일컫는 것이겠지요.

08
남기고 간 사랑을
그리며
잠 못 이루네

08 남기고 간 사랑을
       그리며
       잠 못 이루네

　황진이는 진사의 서녀로 태어났지만 공부를 많이 해서 글 솜씨도 뛰어났고 얼굴도 무척 고왔답니다. 15세에 동네 총각이 자기를 연모하다가 상사병으로 죽은 후 기생이 되어 여러 남자를 설레게 했지요. 그녀는 뛰어난 시조 시인으로서 표현이 기가 막힌 시조를 여러 편 남겼습니다. 우선 서경덕의 죽음을 애도한 시조를 보겠습니다.

　산은 녯 산이로되 물은 녯 물 안이로다
　주야에 흘은이 녯 물리 이실쏜야
　인걸도 물과 갓도다 가고 안이 오노매라
　(산은 전의 그 산이지만 물은 전의 그 물이 아니다.
　밤낮으로 흘러가고 있으니 옛날 물이 그대로 있을 리 있겠는가.
　사람도 물과 같아서 한 번 가면 다시는 오지 않는구나.)

유혹하기를 포기하고 서경덕의 인격에 감동해 사제(師弟)의 의를 맺었던 황진이는, 위대한 스승 서경덕의 죽음 앞에 인간의 유한(有限)함을 실감했던 것이지요. 다음은 서경덕이 자신에게 정을 주지 않자 답답한 마음을 담아 서경덕에게 보낸 시조랍니다.

청산은 내 뜻이요 녹수는 님의 정이라
녹수 흘러간들 청산이야 변할손가
녹수도 청산을 못 잊어 울어 밤길 예놋다
(푸른 산은 나의 뜻이고 푸른 물은 임의 정과 같다.
푸른 물이 흘러간다고 푸른 산이야 변할 수 있겠는가?
흘러가는 물도 자기가 놀던 산이 그리워서 울며 흘러가는구나.)

다음은 황진이 작품 가운데 가장 걸작으로 꼽히는 시조입니다. 눈에 보이지 않는 시간을 눈에 보이는 것처럼 잘라내고, 이불 아래 넣어두기까지 한다는 표현이 놀랍기만 합니다.

동짓달 기나 긴 밤을 한 허리를 둘에 내어
춘풍 이불 아래 서리서리 넣었다가
어룬님 오신 날 밤이어든 굽이굽이 펴리라
(동짓달 기나긴 밤 시간의 한가운데를 잘라내어서,
봄바람 같이 따뜻한 이불 속에 정성껏 넣었다가
정든 임이 찾아오시거든, 그걸 꺼내어 펴서 긴 밤을 즐길 수 있게
하겠다.)

임이 오신 날 밤이 너무도 짧았던 것이 원망스러웠던 것이지요. 임이 없는 동짓달 밤은 너무나 지리하고 기니, 그 밤을 잘라내어 임이 오신 날 밤 쓸 수 있다면 얼마나 좋겠습니까?

청산리(青山裏) 벽계수(碧溪水) l 야 수이 감을 자랑마라
일도 창해(一到滄海)하면 다시 오기 어려웨라
명월이 만공산(滿空山)하니 쉬어 간들 어떠리
(푸른 산 계곡을 흐르는 맑은 시냇물아, 빨리 흘러간다고 자랑하지 말아라.
한 번 넓은 바다로 흘러가면 다시 돌아오기란 어려우니라.
밝은 달빛이 빈 산에 가득 비쳤으니 잠시 쉬어 가면 어떻겠느냐?)

• **신윤복이 그린 미인도**
황진이의 모습을 상상하기 위해 흔히 제시되는 그림이다.

'벽계수'는 당시 종실(宗室)의 한 사람을, '명월'은 황진이 자신을 나타냅니다. 중의적 표현을 쓴 것이지요. 벽계수는 황진이를 만나더라도 유혹당하지 않을 것이라고 늘 큰 소리를 쳤다고 합니다. 황진이는 벽계수를 개성의 만월대로 오게 하고 이 시조를 읊었는데 벽계수는 그 소리에 도취되어 그만 타고 있던 나귀 등에서 떨어졌다고 합니다.

내 언제 무신(無信)하야 님을 언제 속였관데
월침삼경(月沈三更)에 온 뜻이 전혀 없다

추풍에 지는 잎 소리야 낸들 어이 하리오

(내가 언제 믿음을 잃고 임을 언제 속였기에

달이 기운 한밤중이 되어도 임이 올 기색이 전혀 없을까.

가을 바람에 떨어지는 나뭇잎 소리야 낸들 어떻게 하겠는가.)

어져 내 일이야 그릴 줄을 모르더냐
있으라 하더면 가랴마는 제 구태여
보내고 그리는 정은 나도 몰라 하노라

(아! 나 좀 봐라. 그토록 그리워할 줄을 몰랐단 말이냐.

가지 말라고 하면 임이 기어이 가기야 했으랴만

굳이 보내 놓고 그리워하는 이 마음은 나도 잘 모르겠구나.)

황진이는 서경덕 외에도 많은 임을 보내고, 그리워하고, 그 그리움을 예술로 승화하는 삶을 살았나 봅니다. 그 황진이에 대한 간절한 그리움을 나타낸 시조도 있습니다. 이 시조는 임제(林悌, 1549~1587)가 평안도사로 부임하는 길에 평소 교분이 있던 황진이의 무덤에서 읊은 것이라고 합니다. 이 시조 때문에 임제는 양반의 체통을 떨어뜨렸다고 논란을 불러일으켜 벼슬에서 물러났답니다. 그러나 그는 오히려 가벼운 마음으로 명산을 찾아 즐기다가 세상을 떠났다고 하니, 황진이와 벗을 삼을 자격이 충분히 있는 사람으로 보입니다.

청초(靑草) 우거진 골에 자는다 누웠난다
홍안은 어디 두고 백골만 묻혔난다

잔 잡아 권할 이 없으니 그를 슬허 하노라

(푸른 풀이 우거진 골짜기에서 자고 있는가, 누워 있는가.

젊은 얼굴은 어디 두고 백골만이 묻혀 있는가.

잔을 들어 권해 줄 사람이 없으니 그를 슬퍼하노라.)

  그런데 한 가지 재미있는 것은 임제는 한우(寒雨, ?~?)라는 다른 기생에게
도 프러포즈 하는 작품을 남겼다는 것입니다. 이 시조는 '한우가(寒雨歌)'
라고도 하는데 곳곳에 중의법이 사용되었지요. 한우는 평양 기생이었습니
다. 이 시조에서 '찬비'는 '한우'를 우리말로 바꾼 것이지요. "찬비를 맞았
으니 얼어 자야겠다"라는 말은 "한우에게 반했으니 함께 어울려 자고 싶
다"라는 표현이었습니다. 임제는 일편단심형의 선비는 아니었나 봅니다.

    북천(北天)이 맑다커늘 우장(雨裝) 없이 길을 나니
    산에는 눈이 오고 들에는 찬비로다
    오늘은 찬비 맞았으니 얼어 잘까 하노라
    (북녘 하늘이 맑다 해서 비옷을 안 가지고 길을 떠났는데
    산에는 눈이 오고, 들에는 찬비가 내리는구나.
    오늘은 찬비를 맞았으니 꽁꽁 언 몸으로 잘 수밖에 없겠구나.)

  한우는 이 시조를 듣고 즉시 답가를 한 수 지어냈습니다. 물론 임제의 속
마음을 다 알아차리고 그의 제의를 수락하는 내용으로 말입니다.

    어이 얼어 자리 무슨 일 얼어 자리

원앙침(鴛鴦枕) 비취금(翡翠衾)을 어디 두고 얼어 자리

오늘도 찬비 맞았으니 녹아 잘가 하노라

(왜 얼어 자나요, 무슨 일로 얼어 자나요.

원앙새 수놓은 베개와 비취색 이불을 어디다 두고 얼어 잔다고 하

시나요.

오늘도 찬비를 맞으셨으니 몸을 녹이며 주무세요.)

아래 시조를 보면 임제는 한량답게 기생들이 노래하고 춤추는 즐거운 곳을 열심히 찾아다녔던 듯합니다. 그러나 그가 벼슬에 뜻을 두지 않고 명산을 유람한 것은 동서(東西) 당쟁에 염증을 느꼈기 때문이랍니다. 이 기생 저 기생 동무 삼아 속 편히 돌아다는 사람처럼 보이지만 임제는 비분강개 끝에 40세를 못 넘기고 세상을 떠났습니다.

방초(芳草) 욱어진 골에 시내난 우러 넌다

가대 무전(歌臺舞殿)이 어듸어듸 어듸메요

석양에 물 차는 제비야 네 다 알까하노라

(향기로운 풀이 우거진 골짜기에 시냇물이 울며 흘러간다.

노래하고 춤추는 곳이 어디에 있는가

석양에 물을 차며 날아가는 제비야 너는 그곳을 다 알 것 같구나.)

당시의 기생들은 단지 술을 따르는 여자가 아니라 예술인들이었지요. 춤도 잘 추고 악기도 잘 다루었으며 글 솜씨가 뛰어난 기생도 많았답니다. 그녀들이 남자들을 즐겁게 해주는 요인 중 중요한 점은 '말이 통한다'는 것이

었지요. 그 시대의 양반집의 부인네들은 남편하고도 내외하며 조용히 입다물고 순종만 하도록 교육을 받았습니다. 그러니 양반들은 집에서는 점잖은 척하다가도 기생집에 와서 자신의 속내를 다 털어놓았던 모양이지요. 그래서 기생을 해어화(解語花 : 말을 이해하는 꽃)라고도 일컬었습니다. 이왕 얘기가 나왔으니 기생들이 지은 시조를 몇 수 더 소개하겠습니다.

묏버들 가려 꺾어 보내노라 님의 손대
자시는 창 밖에 심어두고 보소서
밤비에 새잎곳 나거든 날인가도 여기소서

(산에 자라는 버들을 가려 꺾어서 임에게 보냅니다.
주무시는 창 밖에 심어 두고 보세요.
밤비를 맞고 새 잎이 나거든 그것을 나라고 여겨주세요.)

• **홍랑의 무덤가에 세워진 시조비** 뒷면에는 연인이었던 최경창의 시가 새겨져 있다.(경기 파주시 교하읍)

이 시조를 지은 홍랑(洪娘, ?~?)은 선조 때의 기생입니다. 이 시조는 최경창(崔慶昌)이라는 시인에게 바친 노래입니다. 최경창이 함경도 경성에서 북평사라는 벼슬을 하고 있을 때 그곳에서 두 사람은 만났답니다. 그러다 최경창이 서울로 돌아오게 되었고, 홍랑이 쌍성(지금의 영흥)까지 따라왔다가 함관령이라는 고개에 이르렀을 때 이 시조를 지어 최경창에게 전했다고 합니다.

그로부터 3년 뒤 최경창이 병들었다는 소식을 들은 홍랑은 7일 동안 걸어서 최경창을 찾아가 간호를 하였다지요. 그런데 이때는 명종비 인순왕후가 세상을 떠난 국상(國喪) 중이라 이것이 말썽이 되었습니다. 결국 최경창은 벼슬에서 밀려나고, 홍랑은 다시 경성으로 돌아갔습니다. 두 사람 사이에 는 자식도 있었고 임진왜란 때는 홍랑이 최경창의 시 원고를 간직하여 후 대에 전할 수 있게 하였으며, 죽어서는 그의 묘 아래에 묻혔습니다. 이 정 도면 기생이지만 일부종사(一夫從事)한 셈이지요.

다음 시조는 이향금(李香今, 1573~1610)이라는 기생의 작품입니다. 그는 호가 매창(梅窓)이라 이매창이라고도 하고 계유년에 태어났으므로 계생(癸 生), 혹은 계랑(癸娘)이라고도 불립니다. 이향금은 아전의 딸로 태어나서 시도 잘 짓고 거문고 타는 실력도 뛰어나 개성의 황진이와 더불어 조선 명 기의 쌍벽을 이루었다고도 하지요.

이화우(梨花雨) 흩뿌릴 제 울며잡고 이별한 님
추풍낙엽에 저도 날 생각는가
천 리에 외로운 꿈은 오락가락한다
(배꽃이 비처럼 흩날리던 봄에 울며 잡고 이별한 임
가을이 되어 낙엽이 떨어질 때 임도 나를 생각할까.
임과 천 리나 떨어져 있는 상황에 외로운 꿈만 오락가락하는구나.)

이향금은 당대의 문인인 허균이나 유희경 등과 가까이 지냈는데, 특히 유 희경과는 여러 편의 사랑의 시를 주고받았습니다. 위의 시조는 한양으로 떠 난 유희경을 생각하며 지은 작품입니다. 유희경은 임진왜란 때, 의병을 지 휘한 공으로 벼슬을 얻어 한양으로 갔지만 그 후 소식이 끊겼답니다. 그러

• **광주호가 내려다보이는 언덕에 자리한 식영정** 정철 문학의 산실로 잘 알려진 이곳은, 유희경이 향금과 노닐던 시절을 회상하고 지은 한시로도 유명하다.(전남 담양군 남면)

나 향금은 이 시조를 짓고 수절하다가 37세에 세상을 떠났지요.

유희경이 의병을 이끌고 여기저기 다닐 때 향금은 남장을 하고 그를 찾아 나서기도 했답니다. 다음 시조는 유희경을 찾다가 허탕을 치고 돌아와 울며 지은 시조입니다. 임에게 소식마저 전할 수 없는 안타까운 심정이 고스란히 드러나 있지요.

> 기러기 산 채로 잡아 정들이고 길들여서
> 님의 집 가는 길을 역력히 가르쳐 두고
> 밤중만 님 생각 날 제면 소식 전게 하리라
> (기러기를 산 채로 잡아 정성껏 잘 길들여서
> 님의 집 가는 길을 제대로 가르쳐
> 밤중에 임 생각나면 소식 전하게 하리라.)

나이가 10대 후반이었던 향금과 40대 중반의 유희경. 지금 같으면 원조
교제로 경찰서에 잡혀갈 나이 차이이지만 이 시조들을 보면 두 사람은 뭔
가 대등한 정신적 교류가 있었던 것 같습니다. 조선 시대의 기생은 10대의
어린 나이부터 손님 앞에 나서기 시작했지요. 어린 기생들이라 해도 시를
짓는 솜씨는 만만치 않았습니다. 다음은 광해군 때 평양에서 살았던 소백
주(小栢舟, ?~?)라는 기생의 작품입니다. 당시의 평안감사 박엽이 손님과
장기를 두다가 장기 말 이름자(象, 宮, 士, 卒, 兵, 馬, 車, 包)를 넣어 노래
를 부르라 했더니 즉석에서 다음과 같은 시조를 지어냈답니다.

상공(相公)을 뵈온 후에 사사(事事)를 믿자오니
졸직(拙直)한 마음에 병들까 염려ㅣ러니
이러마 저러차 하시니 백년 동포(百年同飽)하리이다
(상공을 만난 후에는 모든 일을 믿고 지내다가
옹졸하고 곧은 내 성격에 '상공이 나를 떠나면 어쩌나?' 마음의 병
이 될까 걱정이었는데
상공께서 '이렇게 하마, 저렇게 하자'라고 하시니 백 년을 함께 살
고자 합니다.)

'상공(相公)'-'상(象)'과 '궁(宮)', '사사(事事)' – '사(士)', '졸(拙)' – '졸(卒)',
'병(病)' – '병(兵)', '이러마' – '마(馬)', '저러차' – '차(車)', '동포(同抱)' – '포
(包)'의 음을 각각 따온 것입니다. 그 재치가 놀랍지 않습니까? 운만 맞춘 것
이 아니라 박엽에 대한 자신의 애정과 믿음까지 시 속에 담았으니 더욱 감
탄스럽지요. 아마도 박엽은 손님 앞에서 우쭐했을 것 같습니다.

- **신윤복이 그린 '연당의 여인'** 생황으로도, 곰방대로도 무료함을 달래지 못하고 연못의 연꽃잎만 눈에 가득 찬, 은퇴한 기생의 쓸쓸한 모습이 생생하게 드러나 있다.

기생들은 시조를 대중화하는 데 커다란 공헌을 했습니다. 조선 초기만 해도 사대부, 남성들만 시조를 지었습니다. 그런데 조선 중기 이후 기생들을 시작으로 평민, 여성들도 시조를 창작하게 되었으니까요. 다음 글들은 시조의 대중화에 일익을 담당한, 그러나 나고 죽은 해도 분명치 않은 기생들의 절절한 작품들입니다. 조선 시대 기생은 관할 지역을 떠나지 못하도록 법으로 정해져 있었습니다. 그러니 사랑하는 임이 떠나도 따라나설 처지가 못 되었던 것이지요. 주로 사랑만 남기고 떠나버린 임을 그리는 내용들이라 읽는 사람의 마음을 애달프게 합니다.

> 매화 옛 등걸에 춘절(春節)이 돌아오니
> 예 피던 가지에 피엄즉 하다마는
> 춘설이 난분분하니 필똥말똥하여라 〈매화〉
> (전에 매화가 피었던 옛 등걸에 봄이 돌아오니
> 예전에 피던 가지에서 다시 꽃이 필 만도 하지만
> 봄눈이 어지러이 흩날리니 필지말지 모르겠구나.)

> 죽어 잊어야 하랴 살아 그려야 하랴
> 죽어 잊기도 어렵고 살아 그리기도 어려워라
> 저 님아 한 말씀만 하소라 사생결단하리라 〈매화〉
> (죽어서 잊어야 하는가, 살아서 그리워해야 하는가.
> 죽어 잊기도 어렵고, 살아서 그리워하는 것도 어렵다.
> 임이시여, 한 말씀만 해 주시면 죽기 살기로 따르겠습니다.)

한송정(寒松亭) 달 밝은 밤의 경포대에 물결 잔 제
유신(有信)한 백구는 오락가락 하건마는
어떠타 우리의 왕손(王孫)은 가고 아니 오느니 <홍장>
(한송정. 달 밝은 밤에 경포대의 물결은 잔잔하고
떠나지 않고 그 자리를 지켜 믿을만한 갈매기는 오락가락 날고 있
는데,
어찌하여 떠나버린 우리 임은 다시 오지 않을까.)

솔이 솔이라 하여 무슨 솔만 여겼더니
천심 절벽(千尋絶壁)에 낙락장송 내 긔로다
길 아래 초동(樵童)의 접낫이야 걸어볼 줄 이시랴 <송이>
(소나무, 소나무 하니 어떤 소나무로 여기는가?
천 길이나 높은 절벽 위에 솟아 있는 아름드리 소나무, 그것이 바
로 나로다. 내 비록 기생 노릇을 하고 있지만 절개를 자랑하는 낙
락장송과도 같은 뜻을 지녔으니,
길 아래 지나가는 나무꾼 아이들의 작은 낫을 함부로 이런 나무에
걸어 볼 수 있겠느냐.)

이 작품에서 '솔이'는 작가 자신의 이름인 '송이(松伊)'를 우리말로 고친
것입니다. "세상 사람들이 기생이라고 우습게 보지만 기개만은 낙락장송과
도 같으니 아무나 날 건드리지는 못할 것이다"라는 내용을 담고 있습니다.

꿈에 뵈는 님이 신의 없다 하건마는

탐탐(貪貪)이 그리울 제 꿈 아니면 어이 보리
저 님아 꿈이라 말고 자로 자로 뵈시쇼 <명옥>
(꿈에 뵈는 임은 꿈에만 나타나므로 믿을 수 없다고 하지만
때마다 그리울 때 꿈에서라도 아니면 어떻게 만나겠는가.
임이여, 꿈이라도 좋으니 자주자주 보이소서.)

산촌에 밤이 드니 먼 데 개 짖어온다
시비(柴扉)를 열고 보니 하늘이 차고 달이로다
저 개야 공산(空山) 잠든 달을 짖어 무슴하리오 <천금>
(산촌에 밤이 되니 먼 데서 개 짖는 소리가 들린다.
사립문을 열고 보니 하늘은 차고 달이 떴구나.
저 개야 빈 산에 잠든 달을 보고 짖으면 무엇하겠느냐.)

오냐 말 아니따나 싫거니 아니 말랴
하늘 아래 저 뿐이면 아마 내야 하려니와
하늘이 다 삼겼으니 날 괼인들 없스랴 <문향>
(오냐! 말라고 안 해도 싫은 것이니 말면 되지 않으랴?
하늘 아래 너뿐이면 내노라 하겠지만
하늘이 여러 사람을 만들었으니 날 사랑할 이 또 없겠느냐.)

  문향은 선조 때 정각이라는 사람과 사귀었는데 그가 문향을 버리고 떠나
자 그 실연의 아픔을 이렇게 표현한 것이지요. 절개와 지조를 최고의 미덕
으로 여기던 조선의 분위기에서 "세상에 남자가 너뿐이냐!"라고 큰 소리 친

여성이 있었다는 것이 놀랍습니다. 이 시조를 지어놓고 펑펑 소리 내어 울었을 문향의 모습과 그 애증의 감정이 눈앞에 보이는 듯합니다.

09
국토를 초토화한
임진왜란

09 국토를 초토화한 임진왜란

조선 제13대 임금 명종은 자신의 뒤를 이을 자식을 남기지 못하게 되자 덕흥군의 아들 하성군을 후계자로 꼽았습니다. 덕흥군은 중종과 그 후궁 창빈 안씨 사이에서 태어난 아들로 명종의 이복동생이지요. 하성군이 바로 제14대 임금 선조입니다. 선조는 이렇게 조선 최초로 적손(嫡孫)이 아닌 서손(庶孫)으로서 왕위를 이은 임금입니다.

하지만 선조는 많은 왕자 가운데서 선택이 될 만큼 총명한 소년이었습니다. 그래서 수렴청정을 하던 인순왕후는 즉위 이듬해 아직 미성년을 벗어나지 못한 선조에게 조정을 넘겨주었습니다. 선조는 즉위 초 매일 경연에 나가 토론하고, 밤늦도록 독서에 열중하는 등 오직 학문에 열중하였습니다. 자신의 출신이나 나이를 고려해서인지 학자들을 존경하고 겸손하게 많은 것을 배우려 노력했던 것이지요. 그래서 제자백가서를 읽지 않은 것이 없었고 성리학적 왕도 정치를 표방하였습니다.

정계에서도 훈구, 척신 세력을 물리치고 이황, 이이 등 많은 사림의 인재를 등용하였습니다. 선조가 신하들을 아끼는 마음이 잘 드러난 시조가 한 편 있습니다. 이 시조는 당시 예조판서까지 지낸 청백리 노진(盧禛)이 벼슬을 사양하고 고향으로 돌아갈 때 그 아쉬움을 담아 지은 작품입니다. 노진의 일행이 한강을 건너갈 때 선조가 이 시조를 지어 은쟁반에 담아 보냈다고 합니다.

오면 가랴 하고 가면 아니 오네
오노라 가노라니 볼 날히 전혀 업네
오날도 가노라 하니 그를 슬허 하노라
(오면 가려하고, 가면 다시 오지 않는구나.
왔는가 하면 다시 가 버리니 볼 날이 전혀 없구나.
오늘도 그대가 간다고 하니 그것을 슬퍼하노라.)

선조는 가장 먼저 과거제를 개편하고 현량과(조광조가 실시하기 시작한 추천제 인재 등용 방법)를 부활하였습니다. 또 기묘사화 때 화를 당한 조광조를 영의정으로 올려주고 억울하게 화를 입은 사람들의 한을 풀어주었습니다. 이로써 민심이 안정되고 선비들이 정치에 참여해 조정이 평화를 되찾는 듯했습니다. 그러나 그 평화는 그리 오래 가지 못했습니다. 이제 훈구파는 사라졌지만 사림파끼리 파벌을 만들어 갈등하기 시작했기 때문입니다. 이른바 붕당이 이때 생겨난 것이지요.

시절이 어수선할 무렵 선비들은 화를 피하기 위해 앞 다투어 고향으로 내려갔습니다. 그런데 조정에서 한 자리들 하던 대학자가 향리에 내려왔는데 그곳의 선비들이 가만히 둘 리가 없었지요. 그의 문하로 몰려든 것입니다.

• **동구릉에 있는 선조의 목릉** 임진왜란이라는 큰 전쟁을 치른 선조는 당쟁이라는 내부의 전쟁에도 끊임없이 시달려야만 했다.(경기 구리시 동구릉로)

낙향한 학자도 놀면 뭐 하겠습니까? 제자들을 거두어 학문을 가르치기 시작했지요. 그렇게 해서 만들어진 것이 서원입니다.

그런데 선조가 즉위한 후 선비들을 다시 조정에 불러들이기 시작했습니다. 고향에 내려갈 때는 혼자 갔지만 다시 올라올 때는 혼자 몸이 아니라 문하생들을 거느리고 올라오게 되었습니다. 하지만 한양에서 스승 혼자 벌어서 그 제자들을 먹여 살리기는 쉽지 않은 일이었지요. 해결 방법은 문하생 중에 관리를 많이 배출하여 녹봉을 받도록 하는 것이었습니다. 그래서 벼슬자리가 생기면 너도 나도 자기 사람을 거기 앉히려고 혈안이 되었지요. 이게 바로 붕당이 생기게 된 원인입니다.

처음 본격적으로 만들어진 붕당은 동인과 서인입니다. 그 계기는 이조전랑이라는 벼슬자리를 놓고 김효원과 심의겸이 대립을 한 것입니다. 이조전랑이라는 그 한 자리도 소중하지만, 특히 그 자리는 관리의 인사권을 쥐고 있는 자리이니 절대로 상대 당에 양보할 수 없는 자리였지요. 심의겸의 집은 도성의 서쪽인 정동에 있었고, 김효원의 집은 도성 동쪽 건천동에 있었기 때문에 이들을 동인과 서인으로 부르게 되었습니다.

처음에는 단순한 감정 대립이었습니다. 그런데 이것이 발전하여 학맥과 사상의 차이로 이어지고, 나중에는 정치적 반목으로까지 확대되어 조선 사회의 고질병이 되어버린 것입니다. 당시 정치적 갈등이 얼마나 심했던지 영의정에까지 올랐던 이양원(李陽元, 1526~1592)은 나라가 위기에 처할 것에 대한 절박한 걱정을 다음과 같이 시조에 담아냈습니다.

> 높으나 높은 남게 날 권하여 올려 두고
> 이보오 벗님네야 흔드지나 마르되야
> 내려져 죽기는 섧지 아녀도 임 못 볼까 하노라
>
> (높디높은 나무에다 나를 권하여 올라가게 해놓고
> 여보오 벗님들아, 흔들지나 말아주오.
> 떨어져 죽는 것은 서럽지 않아도, 임금님을 다시 못 볼까 그를 걱정한다네.)

선조에게는 또 하나의 걱정이 있었습니다. 적자(嫡子)가 없어 나이 40세가 넘도록 세자 책봉을 못하고 있다는 점이었습니다. 당시 선조에게는 아들이 열네 명이나 있었습니다. 그러나 모두 후궁에게서 태어난 서자이니 그들 중 선뜻 후계자를 정할 수 없었던 것입니다. 특히 선조는 자신이 서손 출신이라는 점에 콤플렉스를 느끼고 있었겠지요. 그래서 후계자만은 정통성에 결함이 없는 당당한 적장자를 세우고 싶었을 것입니다.

그러나 대신들은 세자 책봉 문제를 더 이상 미룰 수 없다고 재촉했습니다. 당시 좌의정이었던 정철(鄭澈, 1536~1593)은 다른 대신들과 상의하여 광해군을 세자로 내세우기로 했습니다. 정철은 서인이었기 때문에 동인인 영의정 이산해의 동의를 얻는 수고까지 아끼지 않았습니다. 그런데 선조가 인빈 김씨의 소생인 신성군을 총애한다는 것을 알고 있던 이산해는 인빈 김씨를 찾아가 정철이 무슨 일을 벌일 것인가를 귀띔해주었습니다. 정철이 광해군을 세자로 올리고 인빈 김씨와 신성군을 죽이려고 한다는 무고까지 했습니다.

인빈 김씨는 이 말을 듣고 당장 선조에게 달려가서 정철이 자기 모자를 죽이려 한다고 울고불고 했겠지요? 이런 상황을 상상도 못한 정철은 경연장에서 광해군을 세자로 옹립하자고 선조에게 주청하였습니다. 이미 화가 나서 말이 나오기만 벼르고 있던 선조는 기다렸다는 듯이 정철과 그에 동조하는 대신들을 귀양 보냈습니다. 이 사건으로 정권을 잡은 동인은 서인에 대한 대대적인 숙청을 실시했습니다. 숙청의 과정에서 동인은 또 두 파로 나뉘게 되었습니다. 정철을 사형시켜야 한다는 과격파는 북인이, 귀양만 보내면 된다는 온건파는 남인이 된 것입니다.

정철은 명종 때부터 그 능력을 인정받아 요직을 두루 거치기는 했지만, 타협을 모르는 대쪽 같은 성품 때문에 귀양과 좌천을 수없이 되풀이했습니다. 그의 강직한 성품은 가는 곳마다 논쟁을 불러 일으켰고 정쟁의 불씨가 되었습니다. 정철은 성질이 불과 같고 자신의 속내를 감추지 않고 바른 말을 함부로 내뱉었으며, 심지어 술까지 과하게 즐겼습니다. 동갑나기

• **송강 정철 시비** 이 시비들이 있는 고양시 송강마을은, 충북 진천으로 이장되기 전까지 정철의 묘가 있던 곳이다.(경기 고양시 덕양구 신원동)

였던 이이도 "제발 술을 끊고 말을 함부로 하는 버릇을 없애라"라고 조언할 정도였습니다.

　그러나 정철은 지방 수령으로서는 자신의 임무에 충실했고 백성들을 위한 어진 정치를 베풀려고 노력한 사람이었습니다. 또 그는 유배지나 지방근무 또는 고향에 은거할 때 한가한 시간을 이용하여 '관동별곡' '사미인곡' '속미인곡' '성산별곡' 등 주옥같은 작품들을 만들어냈습니다. 정철은 조정에서 물러났다가도 이내 다시 불려와 요직을 맡곤 했는데, 임진왜란 때는 유배에서 풀려나 평양에서 선조를 맞이하여 의주까지 호종(임금이 탄 수레를 모시고 따라감)하기도 했습니다. 정철은 강원도 관찰사로 있을 때에 도민들의 교화를 목적으로 지은 '훈민가(訓民歌)' 열여섯 수를 포함하여 시조만도 무려 일흔일곱 수나 남겼습니다. 먼저 훈민가 중 눈과 귀에 익은 작품 몇 편을 소개합니다.

아바님 날 나흐시고 어마님 날 기르시니
두 분곳 아니면 이 몸이 사라시랴
하늘 가튼 은덕을 어데다혀 갑사오리
(아버님 날 낳으시고 어머님 날 기르시니,
두 분이 아니시면 이 몸이 살 수 있었을까.
이 하늘같은 은혜를 어디에다 갚을 수 있을까.)

어버이 살아신 제 섬길 일란 다하여라
지나간 후ㅣ면 애닯다 어찌 하리
평생에 고쳐 못할 일이 이뿐인가 하노라
(부모님 살아 계실 때 정성껏 섬겨라.
돌아가신 뒤 아무리 가슴 아파 해도 소용없다.
평생에 두 번 다시 할 수 없는 일이 바로 생전의 효도이니라.)

오늘도 다 새거다 호미 메고 가자스라
내 논 다 매여든 네 논 좀 매어 주마
올 길에 뽕 따다가 누에 먹혀 보자스라
(오늘도 날이 다 새었다. 호미를 메고 가자꾸나.
내 논 김 다 매거든 네 논 좀 매어 주마.
돌아오는 길에는 뽕잎을 따다가 누에를 먹여 보자.)

이고 진 저 늙은이 짐 풀어 나를 주오
나는 점었거니 돌이라 무거울까

늙기도 셜웨라커든 짐을조차 지실까

(짐을 머리에 이고 등에 짊어진 저 늙은이여, 그 짐 풀어서 나에게 주십시오.

나는 젊었으니 돌인들 무겁겠습니까.

늙는 것만도 서럽다 하는데 무거운 짐까지 져서야 되겠습니까.)

네 아들 효경(孝經) 읽더니 어도록 배웠나니
내 아들 소학(小學)은 모레면 마칠로다
어느제 이 두 글 배워 어질거든 보려뇨

(네 아들이 〈효경〉을 읽고 있더니 얼마큼이나 배웠는가?

내 아들은 〈소학〉을 읽고 있는데 모레면 다 읽을 것 같네.

이 두 책을 다 배워서 어진 사람이 되는 걸 보고 싶은데 언제쯤 볼 수 있을까.)

마을 사람들아 올흔 일을 하쟈스라
사람이 되여나셔 올티옷 못하면
마쇼를 갓 곳갈 싀워 밥머기나 다르랴

(마을 사람들아, 옳은 일을 하자꾸나.

사람으로 태어나서 옳지 못하면

말과 소에게 갓이나 고깔을 씌워 놓고 밥 먹이는 것과 다를 바 있겠는가.)

남으로 삼긴 둥의 벗갓티 유신(有信)하랴

내의 왼 이를 다 닐오려 하노매라
이 몸이 벗님곳 아니면 사람되미 쉬울가
(남 가운데 친구 같이 믿을 수 있는 사이가 또 있는가.
나의 옳지 못한 일을 다 말해주려 하는구나.
내가 이런 친구 덕분이 아니면 쉽게 사람될 수 있겠는가.)

다음 시조는 임진왜란을 전후하여 어수선한 시절에 임금을 걱정하는 정
철의 충정이 담긴 작품입니다. 조선 시대 사대부의 작품에 나타난 '임'은 거
의 임금님을 말하는 것이지요. 단지 임금님만 그리워했을까요? 임금의 곁
에 갈 수 있는 벼슬자리에 대한 미련이겠지요.

내 마음 베허내어 저 달을 만들고자
구만 리 장천(長天)에 번듯이 걸려 있어
고운 님 계신 곳에 비추어나 보리라
(내 마음 베어내어 저 달을 만들어 보고 싶다.
그 달이 머나먼 하늘에 번듯이 걸려 있으면서
임금님 계신 곳을 환하게 비춰주었으면 좋겠다.)

쓴 나물 데운 물이 고기도곤 맛이 있세
초옥(草屋) 좁은 줄이 긔 더욱 내 분(分)이라
다만당 임 그린 탓으로 시름겨워 하노라
(쓴 나물과 따뜻한 물이지만 고기보다 더 맛이 있네.
초가집이라 좁지만, 그것이 더욱 내 분수에 알맞네.

다만 임금님을 그리워하는 탓으로 시름을 이기지 못하겠네.)

이 몸 허러내여 낸믈의 띄오고져
이 믈이 우러 녜여 한강(漢江) 여흘 되다 하면
그제야 님 그린 내 병이 헐할 법도 잇나니
(이 몸을 헐어내서 냇물에 띄워 보내고 싶구나.
이 물이 울며 흘러가서 임이 계시는 한양의 한강 여울이 된다면
그 때에 임 그리워하는 나의 마음의 병이 덜어질 수도 있으리라.)

　다음에 소개한 시조는 어지러운 세상에 정철이 던지는 선문답과도 같은
내용입니다. 온갖 풍파에 시달린 정철은 이때 무슨 생각을 했던 것일까요?

물 아래 그림자 지니 다리 위에 중이 간다
저 중아 게 있거라 너 가는 데 물어보자
막대로 흰 구름 가리키며 돌아 아니 보고 가노매라
(물 아래 그림자 지기에 보니 다리 위에 중이 간다.
저 중아 게 서거라, 너 어디로 가는지 물어보자.
그 중은 지팡이로 흰 구름 가리키고 돌아보지도 않고 가는구나.)

　다음 두 수는 술과 친구를 즐겼던 정철의 풍류가 담긴 작품들입니다. 그
중 뒤의 작품은 시조의 기본 형식을 변형한 것으로, 국문학사상 최초의 사
설시조입니다.

재 너머 성 권농(成勸農) 집에 술 익닷 말 어제 듣고
누운 쇼 발로 박차 언치 놓아 지즐 타고
아희야 네 권농 계시냐 정 좌수(鄭座首) 왔다 하여라
(고개 너머 성혼의 집에서 담근 술이 익었다는 말을 어제 듣고
누워 있는 소를 일으켜 안장 깔개만 얹어 눌러 타고는 성혼의 집
으로 갔다.
아이야, 너의 주인 계시냐? 정 좌수가 왔다고 말씀 드려라.)

한 잔 먹새그려 또 한 잔 먹새그려 곳 것거 산(算)노코
무진무진(無盡無盡) 먹새그려
이 몸 주근 후면 지게 우헤 거적 더퍼 주리혀 매여가나
유소보장(流蘇寶帳 : 화려한 꽃상여)의 만인(萬人)이 우
러내나
어욱새 속새 덥가나무 백장(白楊) 수페 가기곳 가면
누른 해 흰 달 가는 비
굴근 눈 쇼쇼리바람불 제 뉘 한 잔 먹쟈할고
하믈며 무덤 우헤 잰나비 파람불 제 뉘우친들 엇더리
(한 잔 먹세 그려, 또 한 잔 먹세 그려.
꽃 꺾어 꽃잎으로 몇 잔 마셨나 셈하면서 한없이 먹세 그려.
이 몸이 죽은 뒤면 지게 위에 거적을 덮어 꽁꽁 졸라매서 메고 가
거나,
화려한 꽃상여를 많은 사람이 울며 따라가거나,
억새, 속새, 떡갈나무, 백양나무 숲에 가기만 하면

누런 해, 밝은 달, 가랑비, 함박눈, 회오리바람이 불 적에 그 누가

한 잔 먹자고 하리요.

하물며 무덤 위에서 원숭이가 휘파람을 불며 놀 때에는

한 잔 못한 것을 뉘우친들 무슨 소용이 있겠는가.)

정철과 이이가 정여립(鄭汝立)으로부터 탄핵을 받았을 때, 이들을 변호하는 상소를 올렸다가 파직된 선비가 있습니다. 서익(徐益, 1542~1587)이라는 선비인데, 그는 명종이 세상을 떠난 것을 슬퍼하는 다음과 같은 시조를 썼습니다.

녹초(綠草) 청강상(晴江上)에 굴레 벗은 말이 되어

때때로 머리 들어 북향하여 우는 뜻은

석양이 재 넘어 감에 임자 글여 우노라

(푸른 풀이 우거진 비 갠 강가에 벼슬을 그만두고 자유로운 몸이

되어

때때로 머리 들어 왕이 계신 북쪽을 향해 우는 뜻은

임금님이 세상을 떠나서 그리워져 우는 것이다.)

조선은 조정이 극심한 당쟁을 하는 동안 국방에 대한 대책은 세우지 못하고 국력이 쇠약해져 있었습니다. 그런데 당시 일본은 도요토미 히데요시(豊臣秀吉)가 오랜 전국시대를 끝내고 나라를 하나로 통일한 때였습니다. 도요토미 히데요시는 불만 세력이 커지는 것을 막기 위해 '대륙 정복'이라는 구호를 내걸고 전쟁 준비를 시작했습니다. 그리고는 함께 힘을 합

쳐 명나라를 치자고 조선에 제의했습니다. 조선은 당연히 이 제의를 거부했지요.

1590년 조선 조정은 일본의 동향을 살피기 위해 통신사를 보내게 되었습니다. 그런데 이듬해에 돌아온 통신정사 황윤길과 부사 김성일은 서로 반대되는 보고를 하였습니다. 황윤길은 일본이 병선을 많이 준비하는 등 전쟁 준비를 열심히 하고 있으니 반드시 쳐들어올 것 같고 이에 대비를 해야 한다고 하였습니다. 그러나 통신부사 김성길은 도요토미 히데요시는 두려워할 만한 인물이 못 되고 전쟁 준비도 안 되어 있다고 보고하였습니다. 두 사람의 보고가 이렇게 다른 것은 황윤길은 서인이었고 김성일은 동인이었기 때문입니다. 논란 끝에 세력이 우세하던 동인의 주장대로 전란에 대비하지 않는 쪽으로 결론지어졌습니다. 괜히 전쟁 준비를 하여 민심이 흉흉해지도록 만들 필요가 없다는 이유에서였습니다.

이 와중에 양사언(楊士彦, 1517~1584)은 임진왜란이 일어날 것을 정확히 예언하였답니다. 병란이 일어날 것을 미리 알고 마초를 많이 비축했다지요. 다음은 40년간이나 관직에 있었지만 청렴한 관리였던 양사언이 남긴 아주 유명한 시조입니다.

태산이 높다 하되 하늘 아래 뫼이로다
오르고 또 오르면 못 오를 리 없건마는
사람이 제 아니 오르고 뫼만 높다 하더라
(태산이 아무리 높다고 해도 하늘 아래에 있는 산이로다.
오르고 또 올라가면 못 올라갈 리 없는데
사람들은 올라가 보지도 않으면서 산만 높다고 하더라.)

1592년 조선은 기어이 왜적의 침입을 당하고 말았습니다. 바로 임진왜란입니다. 일본은 20만 명의 병력을 이끌고 쳐들어왔습니다. 동래성에 밀어닥친 왜적은 남문 밖에 "싸우고 싶으면 싸우고, 싸우고 싶지 않으면 길을 빌리자(戰則戰矣 不戰則假道)"라고 쓴 나무패를 세웠습니다. 당시 동래부사 송상현(宋象賢, 1551~1592)은 "싸워 죽기는 쉬우나 길을 빌리기는 어렵다(戰死易 假道難)"라는 패를 내걸어 결사 항전의 뜻을 밝혔습니다. 왜적은 성을 포위하였고 송상현은 끝까지 싸우다 성이 함락되자 조복(朝服)을 입고 앉은 채 최후를 맞이하였습니다.

　　왜적이 부산포에 상륙한 이후 조선은 불과 20일 만에 한양을 내주고, 선조는 압록강을 바로 눈앞에 둔 의주까지 몽진(임금이 난리를 피하여 안전한 곳으로 가는 일)을 가게 되었습니다. 고을의 수령은 사라지고 관군도 도망치기 바빴습니다. 조선은 바야흐로 풍전등화의 위기에 놓이게 되었지요.

• **덕수궁의 석어당** 임진왜란 때 한양의 궁궐이 불타버려서 몽진 갔다 돌아온 선조는 월산대군의 사저로, 정릉동 행궁이라 불리던 이곳에 머물 수밖에 없었다.(서울 중구 정동)

그때까지 조선은 세자를 세우지 못하고 있었는데 전쟁이라는 비상사태가 발생하는 바람에 조정을 분리해야 했고, 분조(分朝)를 이끌 세자가 급히 필요하게 되었습니다. 적자가 없으므로 서장자(庶長子)인 임해군을 세자로 세워야 했지만 임해군은 성격이 포악하여 인심을 잃었다는 이유로 제외되었습니다. 선조가 총애하던 신성군도 병으로 죽었기 때문에 어쩔 수 없이 피란길에서 광해군을 세자로 책봉하였습니다.

세자인 광해군은 분조에서 병사들을 지휘하고 군량을 확보하는 등 눈부신 활약을 했습니다. 무엇보다 먼저 광해군은 백성들의 민심을 수습하는 데 힘을 쏟았습니다. 광해군의 노력에 호응한 것인지 각지에서 의병이 일어나기 시작했습니다. 의병은 대개 같은 지방 사람들끼리 뭉쳐서 조직을 이뤘고 의병장은 유생이나 전직 관리가 맡았습니다.

의병장 가운데 조헌(趙憲, 1544~1592)은 임진왜란이 일어나기 전, 적의

• **조헌의 학문과 덕행 충성심을 기리기 위해 건립한 우저서원.** 흥선대원군의 서원 철폐 때도 없어지지 않고 남아 있는 마흔일곱 개의 서원 중 하나이다.(경기 김포시 감정동)

기운이 심상치 않음을 눈치 채고 왜의 사신을 목 베든지, 아니면 자기의 목을 베라고 상소하기도 하였습니다. 임진왜란 때는 의병 1,600여 명을 모아서 금산에서 적군을 물리치려고 했지만 약속한 관군은 오지 않았고, 의병들만으로 왜적과 싸우다가 모두 전사하였습니다. 이들은 전멸했지만 이 전투에서 왜적 역시 큰 피해를 입고 금산에서 물러나, 조선은 곡창지대인 전라도를 지킬 수 있었습니다. 조헌은 불의를 보고는 참지 못하는 성격의 소유자였다고 하지만 무척 서정적인 시조 한 편을 남겼습니다.

지당(池塘)에 비 뿌리고 양류(楊柳)에 내 끼인 제
사공은 어디 가고 빈 배만 매였는고
석양에 짝 잃은 갈매기는 오락가락 하노매
(연못에 비가 내리고 버드나무에는 안개가 서렸는데
사공은 어디 가고 빈 배만 매여 있느냐.
석양에 짝 잃은 갈매기는 오락가락 하는구나.)

고경명(高敬命, 1533~1592)이라는 문신 출신 의병장도 있었습니다. 임진왜란이 일어나 한양이 함락되고 왕이 의주로 몽진하였다는 소식을 듣고, 그는 도망쳐온 관군들을 모아 의병을 조직하였습니다. 이 중 800여 명의 정예부대로 왜적을 선제 공격하려 했는데, 왜적의 반격에 겁을 낸 관군이 앞다투어 도망가니 의병들마저 사기가 떨어져 무너지고 말았습니다. 고경명은 후퇴하여 후일을 기약하자는 주위의 만류를 뿌리치고 "패전한 장수에게는 죽음이 있을 뿐이다"라며 왜적과 대항하여 싸우다가 아들들과 함께 순절하였습니다. 다음은 그가 남긴 시조들로, 그의 용맹한 기상이나 의기와 달리 매우 서정적인 내용의 작품들입니다.

> **보거든 슬뮈거나 못 보거든 잇치거나**
> **네 나지 말거나 내 너를 모로거나**
> **찰하로 내 몬져 스러저 네 그리게 하리라**
> (보거든 밉거나 못 보거든 잊히거나
> 네가 태어나지 말거나 내가 너를 모르거나
> 차라리 내가 먼저 죽어서 네가 나를 그리워하게 하리라.)

> **청사검(靑蛇劍) 두러메고 백록(白鹿)을 지즐타고**
> **부상(扶桑) 지는 해에 동천(洞天)으로 돌아가니**
> **선궁(禪宮)에 종경(鐘磬) 맑은 소리 구름 밖에 들리더라**
> (청사검을 둘러메고, 흰 사슴을 눌러타고
> 동녘 바다 해 뜨는 곳에 해가 질 때, 신선들의 마을로 돌아가니,
> 좌선하는 절집에서 울리는 쇠북과 경쇠의 맑은 소리가 구름 밖에
> 서 들려오더라.)

박인로(朴仁老, 1561~1642)라는 시조를 아주 잘 쓴 의병장도 있었습니다. 그는 위기에 처한 국가와 민족을 구해보고자 벼슬길에 나가려고 했지만 기회가 주어지지 않아서 학문 연구에 몰두하며 살았습니다. 그러면서 벼슬길로만 향하려 하는 자신을 경계하는 시조 '자경가(自警歌)'를 쓰기도 했습니다. 이 작품은 박인로 자신뿐만 아니라 스스로 반성할 줄 모르고 사리사욕만을 추구하는 세상 사람들을 경계하는 시조이기도 합니다.

명경(明鏡)에 틔 끼거든 갑주고 닷글 줄
아희 어룬 업시 다 밋쳐 알건마는
갑업시 닷글 명덕(明德)을 닷글 줄을 모르나다.
(거울에 먼지가 끼면 값을 주고 닦을 줄을
아이 어른 할 것 없이 다 알고 있건만
값 없이 닦을 수 있는 밝은 덕은 닦을 줄을 모르는도다.)

성의관(誠意關) 도라드러 팔덕문 바라보니
크나큰 한길이 넙고도 곳다마는
엇지타 진일 행인(盡日行人)이 오도가도 아닌 게오
(성의관을 돌아 들어가서 팔덕문을 바라보니,
크나큰 한 길이 넓고도 곧게 뻗어 있건만
어찌하여 하루 종일 행인이 한 사람도 없는 것인가.)

구인산 긴 솔 베혀 제세주(濟世舟)를 무어내야
길 닐근 행인을 다 건네려 하엿더니
사공도 무상(無狀)하야 모강두(暮江頭)에 바렷나다
(구인산에 있는 긴 소나무를 베어 세상을 구할 배를 만들어서
길 잃은 행인을 다 건너 주려고 하였더니
사공이 변변치 못하여 저물어 가는 강가에 버렸구나.)

박인로는 전쟁 중에 두 동생을 잃었습니다. 그래서 동생들을 그리워하는
시조도 썼지요. 그는 날마다 저녁이 되면 문 밖에 나가서 마치 살아 있는

동생들을 기다리듯 한숨을 쉬며 서 있기도 했답니다.

동기로 세 몸 되어 한 몸 같이 지내다가
두 아운 어디 가서 돌아올 줄 모르는고
날마다 석양 문외에 한숨 계워 하노라

(형제로서 세 사람의 몸이지만 한 몸처럼 가까이 지내다가

두 아우는 어디 가서 돌아올 줄 모르는가.

날마다 해 지는 문 밖에 서서 한숨을 못 이겨 하노라.)

정철, 윤선도와 함께 조선 3대 시조 시인으로 불리는 박인로는 효자이기
도 했던 모양입니다. 다음의 작품은 그가 지은 '조홍시가(早紅柿歌)'라는
연시조입니다. '조홍시'는 '일찍 빨갛게 익은 감'이라는 뜻인데 이 작품에는
관련 일화가 있습니다. 박인로가 이덕형을 찾아갔을 때, 이덕형이 그에게
홍시를 대접하였습니다. 그런데 박인로는 탐스럽게 생긴 그 홍시를 보고
부모님이 생각난 것입니다.

마침 중국의 육적이라는 사람의 이야기도 떠올랐고요. 육적은 중국 오나
라 사람입니다. 그가 여섯 살 때 원술이라는 장군을 찾아갔다가 원술이 내
놓은 귤 중에 세 개를 몰래 품속에 감췄는데 물러날 때 그 귤이 굴러 나와
발각되었습니다. 원술이 귤을 감춘 사연을 물으니, 육적이 집에 계신 어머
니께 드리려 했다고 하여 모두 그의 효심에 감격하였다고 합니다. 시조에
서는 '유자'라고 했지만 고사에서는 귤이었지요. 유자면 어떻고 귤이면 어
떻겠습니까? 귀한 음식을 보고 부모님 생각이 나서 차마 목구멍에 넘어가
지 않는 그 효심은 마찬가지이지요. 하지만 이때 박인로에게는 이미 부모

님이 계시지 않았습니다. 그러니 품어간다 해도 드릴 분이 없는 것이죠.

둘째 수에는 중국의 효자들에 대한 고사가 몇 가지 들어 있습니다. 중국의 왕상(王祥)이라는 사람은 효성이 지극했는데 친어머니가 돌아가시고 계모를 섬기게 되었습니다. 그런데 어느 날 계모가 병석에 눕더니 갑자기 생선을 먹고 싶다고 했답니다. 마침 한겨울이라 강이 얼어붙어 고기를 잡을 수 없는 때였지요. 그런데 왕상은 물속에 고기 잡으러 들어가려고 얼음을 깨기 시작하였습니다. 그때 갑자기 얼음장이 저절로 갈라지더니 한 쌍의 잉어가 뛰어 나왔답니다.

또 맹종(孟宗)은 어머니가 좋아하는 죽순을 구하기 위해 겨울철 대숲을 뒤졌고요. 당연히 죽순을 구하지 못하고 울고 있었더니 땅 속에서 죽순이 솟아나왔답니다. 노래자(老萊子)는 나이가 일흔 가까이 되었지만 부모님을 즐겁게 해드리기 위해 때때옷을 입고 어리광을 피웠다지요.

또 증자(曾子)는 때마다 술과 고기로 아버지를 봉양했습니다. 더 드시라고 권하면 아버지는 "남은 게 있느냐?"라고 물었습니다. 그러면 증자는 항상 "네, 남은 것이 있습니다"하며 더 갖다드렸습니다. 증자가 늙으니 그의 아들도 술과 고기로 그를 봉양했습니다. 아들이 더 드시라고 권하면 증자도 "남은 게 있느냐?"라고 물었습니다. 그러면 아들은 "없습니다"하면서 다시 구해다 드렸습니다.

술과 고기로 아버지를 봉양한 것은 마찬가지이지만 증자의 경우는 아버지의 몸은 물론 마음까지 편안하게 해드리는 '양지(養志)'의 경지이고, 아들은 그냥 입과 몸만 편안하게 한 경우라는 것입니다. 박인로는 이런 효자들처럼 자신도 지극한 효도를 하고 싶었던 것이지요. 하지만 부모님은 언제까지 기다려주시지 않으니 그것이 안타까울 뿐입니다.

반중(盤中) 조홍(早紅) 감이 고와도 보이나다
유자(柚子) 아니라도 품엄즉도 하다마는
품어가 반길 이 업슬새 글로 설워 하나이다
(쟁반에 담긴 붉은 감이 곱게도 보이는구나.
유자가 아니라도 가슴에 품고 갈 만도 하지만
가슴에 품고 집에 돌아가도 반가와 해 주실 분이 안 계시니 그를
서러워하노라.)

왕상(王祥)이 이어(鯉魚) 낚고 맹종(孟宗)이 죽순(竹
筍) 것거
검던 머리 희도록 노래자(老萊子)의 옷을 입고
일생에 양지성효(養志誠孝)를 증자같이 하리라
(왕상이 잉어를 잡아 계모를 봉양하고 맹종이 한겨울에 죽순을 꺾
어다 어머니께 드리듯
검은 머리 희어지도록 노래자가 때때옷 입고 어리광을 피웠듯
나도 한평생 부모님의 뜻을 받들어 증자처럼 정성껏 효도를 다 하
리라.)

만균(萬鈞)을 늘려내야 길게길게 노흘 꼬아
구만 리 장천(長天)에 가는 해를 잡아매여
북당(北堂)의 학발 쌍친(鶴髮雙親)을 더디 늙게 하리이다
(사십만 근이나 되는 많은 쇠를 늘여서 길게길게 노를 꼬아서
높고 먼 하늘에 지나가는 태양을 잡아매어

북당에서 계시는 백발의 부모님이 더디 늙으시게 하고 싶구나.)

군봉(郡鳳) 모다신 데 외가마귀 드러오니
백옥 쌓인 곳에 돌 하나 갓다마는
두어라 봉황도 비조(飛鳥)와 유(類) 새니 뫼셔논들 엇
더하리
(봉황새 여러 마리 모인 곳에 까마귀 한 마리 들어오니
흰 옥이 쌓인 곳에 돌멩이 하나가 있는 것 같지만
봉황새도 결국은 나는 새와 같은 종류이니 까마귀가 모시고 논들
어떠리.)

　그 외에도 박인로는 친구나 부부의 관계에 대하여 교훈이 될 만한 시조
도 많이 지었습니다.

벗을 사귈진댄 유신(有信)케 사귀리라
신(信) 없이 사귀며 공경 없이 지낼쏘냐
일생에 구이경지(久而敬之)를 시종(始終) 없게 하오리라
(친구를 사귀려면 믿음으로 사귀리라.
믿음 없이 사귀며 서로 공경함이 없이 어떻게 지낼 수 있겠는가.
일생에 영원히 벗을 공경하기를 처음과 끝이 다름없게 하리라.)

사람 내실 적의 부부 같게 삼겨시니
천정(天定) 배필이라 부부같이 중할소냐

백 년을 아적 삼아 여고금슬(如鼓琴瑟)하렷노라

(하늘이 사람을 만드실 때 부부를 함께 만드셨으니

부부는 하늘이 정해 놓은 배필이므로, 부부처럼 중한 것이 또 어

디 있겠는가.

한평생을 소리가 잘 맞는 북과 슬과 금처럼 서로 화합하여 살도

록 하라.)

'조홍시가'의 일화에 등장하는 이덕형(李德馨, 1561~1613)은 이항복의 친구로 잘 알려져 있는 사람입니다. 그도 임진왜란 때 눈부신 활약을 했지요. 조선에 쳐들어온 왜장 고니시 유키나가(小西行長)가 이덕형에게 충주에서 만나자고 요청하자 그는 혼자 몸으로 적진에 들어가기도 했습니다. 또 왜적이 대동강에 이르러 화의를 요청하자, 이덕형은 역시 혼자 몸으로 왜장 겐소(玄蘇)를 만나서 왜의 침략에 대해 나무랐습니다.

이덕형은 담이 크고 용감하며 외교 수단도 비상한 사람이었던 모양입니다. 친구 이항복과 함께 청원사(請援使)로 명나라에 다녀왔는데, 명나라 군대가 조선을 도와 임진왜란에 참전하게 된 것은 이 두 사람의 활약 덕분이었습니다. 정유재란이 일어났을 때 순천에 내려가 이순신 장군과 함께 고니시 유키나가의 군사를 크게 물리쳤고, 여세를 몰아 쓰시마(對馬)까지 정벌할 것을 건의하였지만 이는 이루지 못했습니다. 다음은 술을 좋아하고 호방했던 이덕형이 지은 시조들입니다.

큰 잔에 가득 부어 취토록 먹으면서

만고 영웅을 손꼽아 헤여보니

아마도 유영(劉伶) 이백(李白)이 내 벗인가 하노라

(큰 잔에 술을 가득 부어 취하도록 먹으면서

영원토록 이름을 남길 영웅을 손꼽아 가며 헤아려보니

아마도 시인 유영과 이백이 내 벗이 될 자격이 있는 것 같구나.)

달이 뚜렷하여 벽공(碧空)에 걸렸으니

만고풍상에 떨어짐직도 하다마는

지금의 취객(醉客)을 위하여 장조 금준(長照金樽)하도다

(달이 밝고 또렷하여 빈 하늘에 걸려 있으니

오랜 세월 바람과 서리를 겪었을 테니 떨어질 만도 하다마는

지금의 술 취한 사람을 위해서 좋은 술통을 오래도록 비춰주고 있

구나.)

　임진왜란에서 부서진 조선의 자존심을 그나마 회복하게 해준 영웅은 역
시 이순신(李舜臣, 1545~1598)입니다. 이순신은 옥포 해전과 한산도 해전
을 승리로 이끌면서 왜적을 남쪽으로 몰아내고 1593년 한양을 다시 찾게
해주었습니다. 이 무렵 이순신이 나라를 걱정하는 마음과 변치 않는 충성
심을 담아 쓴 시조를 소개합니다.

　한산섬 달 밝은 밤에 수루(水樓)에 홀로 앉아

　큰 칼 옆에 차고 깊은 시름하는 차에

　어디선가 일성호가(一聲胡歌)는 남의 애를 끊나니

　(한산섬 달 밝은 밤에 수자리터 망루에 홀로 앉아

큰 칼을 옆에 차고, 나라 걱정으로 깊은 근심에 잠겨 있을 즈음
어디서 들려오는 한 줄기 노래 소리는 창자를 끊은 듯 나의 마음
을 아프게 하나니.)

파죽지세로 한반도를 유린하고 올라왔던 왜적은, 의병과 수군의 활약과
명나라의 참전으로 생각보다 전쟁이 길어지자 혼란스러워하기 시작했습
니다. 반격은 물론 보급의 혼란, 전염병의 창궐로 왜적은 매우 지쳐 있었
습니다. 결국 왜적도 명과의 화의를 기대하게 되었습니다. 명나라의 사신
심유경(沈惟敬)은 오사카에 있는 왜적 본영을 다니면서 화의 교섭을 했는
데, 도요토미 히데요시는 전쟁을 끝내는 조건으로 '명나라 황녀를 일본의
후비로 삼을 것' '조선 8도 중 4도를 떼어줄 것' '조선 왕자 및 대신 열두 명
을 인질로 보낼 것' 등을 요구했습니다. 얼핏 보기에도 말이 안되는 조건

• **이순신의 위패를 봉안한 충렬사** 선조의 명으로 지어진 충렬사는 일제강점기에 왜경에 의해 위패가 부서지고 제사가
중단되는 수난을 겪기도 했다.(경남 통영시 명정동)

이었지만 심유경은 이 제안을 수락하였고, 왜는 그 약속을 믿고 조선에 있던 병력을 철수하고 포로로 잡았던 조선의 두 왕자, 임해군과 순화군을 돌려보냈습니다.

심유경은 본국 명나라에서 이 조건들이 받아들여지지 않을 것임을 알고 있었습니다. 그러나 무조건 화의를 성립시키기 위해 헛된 약속을 한 것입니다. 그는 명나라에 가서도 사실과는 다른 얘기를 하여, 도요토미 히데요시를 국왕으로 책봉하고 일본이 명나라에 조공을 바치는 것을 허락한다는 엉뚱한 내용의 답장을 받아 왜적에게 전달했습니다. 당연히 도요토미 히데요시는 분노했겠지요. 왜적은 다시 조선을 침략하기로 결정하였고, 심유경은 황제를 속인 죄로 명나라에서 처형되었습니다.

명나라와 왜의 화의가 깨지면서 1597년에 정유재란이 일어났을 때, 이순신은 원균의 모함으로 옥에 갇히게 되었습니다. 이순신은 조정을 기만하고 임금을 무시한 죄, 적을 토벌하지 않고 나라를 저버린 죄, 다른 사람의 공을 빼앗고 모함한 죄, 방자하여 꺼려함이 없는 죄 등 무시무시한 죄들을 뒤집어쓰고 죽을 위기에 처했습니다. 우의정 정탁의 변호로 간신히 죽음은 면했지만 이순신은 권율의 휘하에서 백의종군을 해야 했습니다.

이순신 대신 삼도수군통제사가 된 원균이, 이순신이 애써 키워놓은 수군과 함대를 모두 잃고 자신도 전사하자 선조는 이순신을 다시 수군통제사로 임명하였습니다. 이순신은 120명의 수군과 열세 척의 배를 가지고 다시 바다로 나가 명량 해전에서 133척의 일본 함대와 만나 대승을 거뒀습니다. 곧이어 도요토미 히데요시가 병사하고 그의 유언에 따라 왜적은 본국으로 철수하였습니다. 그런데 이순신은 단 한 명이라도 적을 살려 보낼 수 없다며 노량 앞바다에서 총공세를 가했지요. 하지만 그날 전장에서 이순신은 "싸움이 급하니 내가 죽었다는 말을 삼가라"라는 유언을 남기고 전사하였습니다.

7년에 걸친 전쟁이 끝난 후 조선은 엄청난 변화를 겪게 되었습니다. 인명 피해는 물론이고 농경지가 황폐화하는 등 재산 피해도 이루 말로 다 할 수 없을 정도로 컸습니다. 이에 선조는 민심을 안정시키는 데 전력을 다했지요. 훈련도감을 설치하여 군사 훈련을 강화하고 전쟁에서 공을 세운 사람들에게 논공을 시행했습니다. 그런데 선조는 나라를 위기에서 구한 의병에 대해 그다지 우대하지 않았다고 합니다. 의병의 활약을 드러낼수록 관군이 형편없었다는 것이 강조되기 때문이지요.

심지어는 전쟁이 끝나자마자 일어난 역적모의에 의병장들을 연루시켜 처형하기도 하여 그들을 믿고 따르던 백성들에게 큰 충격을 안겨주기도 했습니다. 그렇게 억울한 사연을 가진 사람 중 하나가 김덕령(金德齡, 1567~1596)입니다. 그는 담양에서 의병을 일으켜 남원까지 치고 들어갔을 때,

• **의병장 김덕령을 모신 사당 충장사** 본당으로 들어가는 익호문은 상복을 입은 듯 하얗게 칠해져 있다. 사당 뒤쪽에는 김덕령과 그 가족의 묘가 있다.(광주 북구 금곡동)

왜적이 그를 두려워해서 대적하지 못했다고 할 정도로 용맹한 장수였습니다. 그런데 1596년에 일어난 이몽학의 반란 때 관군에 붙잡혔고 모진 고문으로 옥중에서 죽었습니다. 이때 이몽학과 내통했다는 혐의를 받게 된 것이지요. 훗날 영조 때에 그 무고함이 알려져 병조판서로 추증되고 의열사에 배향되었지만, 이것으로 이미 죽어버린 사람의 억울함을 풀어줄 수 있었을까요? 이 시조는 김덕령이 감옥에서 죽기 직전에 억울한 심정을 노래한 것입니다.

춘산의 불이 나니 못다 핀 꽃 다 븟는다
져 뫼 져 불은 끌 물이나 잇거니와
이 몸의 내 업슨 불이 나니 끌물 업서 하노라

(봄 산에 불이 나니 미처 피지 못한 꽃이 다 타 죽는구나.
저 산의 저 불은 끌 수 있는 물이나 있지만
내 몸에서는 연기도 없는 불이 나니 끌 물이 없어 안타깝구나.)

이 작품에서 '춘산의 불'은 임진왜란을, '못다 핀 꽃'은 용감히 싸우다 전사한 젊은이들을 비유하고 있습니다. 김덕령은 이 시조를 통해, 전쟁은 젊은이의 피로 승리할 수 있지만, 정치 싸움은 해결할 방법조차 없음을 개탄하고 있습니다.

10
중립의 줄타기에서 떨어져버린 광해군

10 중립의 줄타기에서 떨어져버린 광해군

선조가 48세 되던 해, 첫 번째 왕비 의인왕후가 세상을 떠났습니다. 2년 후 선조는 19세의 새 왕비를 맞았습니다. 바로 인목왕후입니다. 이때 광해 군은 20대 후반으로, 새어머니 인목왕후보다 나이가 열 살 가까이 더 많았 습니다. 젊은 새어머니를 모시는 것도 쉽지 않았을 텐데 4년 후 그 새어머 니가 남동생을 낳자 광해군은 더 곤란한 지경이 되었습니다. 새로 태어난 영창대군은 적자이고 자신은 서자였기 때문입니다.

조정은 북인이 다시 소북파와 대북파로 나뉘어 복잡하고 어수선한 상태 가 되었습니다. 영창대군을 지지하는 소북파는, 광해군이 차남이고 서자 여서 명나라로부터 고명을 받지 못했다며 그를 세자로 인정하지 않았습니 다. 선조 역시 광해군이 고명을 받지 못했다는 이유로 문안조차 받지 않으 려 한 적도 있습니다. 선조도 내심 광해군을 몰아내고 적자 영창대군을 세 자로 앉히고 싶은 마음이 굴뚝같았던 것입니다. 영창대군이 선조의 나이 50세가 넘어 얻은 늦둥이니 눈에 넣어도 아프지 않을 정도로 예뻤을 것인데다, 선조는 자신이 적통이 아닌 데 대한 콤플렉스를 가지고 있었기에 이런 마음이 더욱 심했을 것입니다.

그러나 자신의 죽음이 머지않았음을 깨달은 선조는 병석에서 광해군에게 왕위를 물려주겠다는 선위 교서를 내렸습니다. 그런데 소북파였던 영의정 유영경이 이 교서를 공표하지 않고 자기 집에 감춘 것입니다. 왕의 임종 직전에 내린 절박한 교서를 정승이 감추다니요. 정말 어이없는 일이었습니다. 그러나 이런 행위는 곧 대북파에게 발각되었고, 유영경의 죄를 묻는 과정에서 선조가 세상을 떠났습니다.

유영경은 얼른 인목대비에게 쫓아갔습니다. 그리고 영창대군을 왕위에 올리고 수렴청정을 하라고 대비에게 종용했습니다. 그러나 인목대비는 유영경의 손을 들어주지 않았습니다. 선왕의 뜻을 따라야 했고, 어린 영창대군이 이미 세자 자리에 있던 장성한 형을 제치고 왕이 된다는 것은 현실성이 없다고 판단했기 때문입니다. 그래서 광해군이 선조의 뒤를 이어야 한다는 언문 교지를 내렸습니다.

1608년 광해군이 왕위에 올랐을 때까지 명나라에서는 광해군을 조선의 세자로 인정해주지 않았는데 왕으로의 인정은 더욱 어려워 보였습니다. 명나라가 광해군을 인정하지 않은 이유는 큰아들인 임해군이 있다는 점이었습니다. 당시 명나라 황제 신종은 다른 왕자를 염두에 두고 장자의 황태자 책봉을 미루고 있었답니다. 명나라 대신들은 장자가 아닌 광해군을 조선 왕실의 세자로 인정해주면 신종의 주장을 막기 어렵다고 본 것이지요.

이런 상황에서 광해군에게 임해군은 눈엣가시였겠지요. 그런데 상황 파악이 안 된 임해군은 왕위를 도둑맞았다면서 불평불만을 늘어놓고 다녔습니다. 그러다 임해군은 기어이 모반죄로 귀양을 가게 되었고, 유배지 강화도에서 대북파 이이첨의 사주를 받은 강화 부사에 의해 살해당했습니다. 이렇게 해서 광해군은 비로소 선조의 장자가 되었고, 이런 일련의 과정에서 막대한 뇌물을 챙긴 명나라에서는 광해군을 조선의 왕으로서 인정해주었습니다.

이렇게 어렵게 왕위에 오른 광해군은 임진왜란으로 파탄에 이른 국가 재정을 확보하고 흐트러진 조정의 기강을 바로잡는데 최선을 다했습니다. 이원익(李元翼), 이항복(李恒福), 이덕형(李德馨) 같은 초당파적 입장을 가진 데다 백성의 신망도 높은 대신들을 등용하여 그 의지를 실행하였습니다. 그 덕분인지 재위 초기에는 당쟁이 조금 사그라드는 듯 했습니다.

이렇게 안정된 조정을 기반으로 삼아 광해군은 전쟁으로 도탄에 빠진 백성들을 구제하기 위한 여러 가지 정책을 실시했습니다. 대동미(大同米)의 출납을 위해 선혜청을 설치하고 대동법(왕실이나 관청에서 필요한 공물을 현물이 아닌 쌀로 받아들이는 제도)을 실시한 것이 그 대표적인 예입니다. 이로써 백성들의 세금 부담을 크게 줄여줄 수 있었던 것이지요. 또 전란으로 불타버린 궁궐들을 재건하여 왕실의 권위를 되찾는데도 힘을 썼습니다.

그러나 이때 광해군에게 또 한 가지의 시련이 닥쳤습니다. 여진족 누르하치가 후금(後金)이라는 나라를 건국하고 조선과 명나라를 압박하기 시작한 것입니다. 당시 국력이 기울어가던 명나라는 조선에 원병을 보내달라고 요청했습니다. 명나라는 망해가고 있다고는 하지만 여전히 무시할 수 없는 존재였습니다. 거기다 조선은 명나라에 빚을 지고 있었지요. 임진왜란 때 명나라가 원군을 파병해주었다는 사실은 조선이 절대 저버릴 수 없는 은혜였습니다.

그러나 광해군은 후금 역시 함부로 적대시할 수 없다고 판단했습니다. 여진족을 '견양(犬羊 : 개와 양, 즉 짐승)'이라 부르고 누르하치를 '노추(老酋 : 늙은 두목)'라고 불렀지만 그 세력이 만만치 않다는 것은 확실하게 인식하고 있었던 것입니다. 광해군이 이런 진퇴양난의 고민에 빠져 있을 때 이이첨을 비롯한 대신들은 명나라에 원병을 보낼 것을 적극 주장했습니다. 은혜를 저버릴 수 없다는 명분이었지요. 광해군은 어쩔 수 없이 파병을 결정했지만 난국을 헤쳐 나가기 위해 지혜를 발휘했습니다. 믿을만한 신하였던 강홍립(姜弘立)을 도원수로 임명하고 "명군 지휘부의 명령에 일방적으로 따르지 말 것"을 지시한 것입니다.

이 전쟁에서 명나라는 10만 명에 이르는 병사가 전사했고 후금에게 크게 패하였습니다. 이 과정에서 강홍립은 무모한 싸움을 할 필요가 없다며 후금에 항복했습니다. 강홍립이 오랑캐에게 항복했다는 소식이 조선에 전해지자 그의 처자를 죽이라는 상소가 빗발쳤습니다. 그러나 광해군은 오히려 그 가족에게 물품을 하사하고 편히 지낼 수 있게 해주었습니다. 명나라는 강홍립이 고의로 항복했다며 원군을 다시 보내라고 강요했습니다. 이에 광해군은 후금과 싸우다 전사한 김응하(金應河, 1580~1619)를 추모하는 사당을 세우고 영의정으로 추증하는 등 조선군이 얼마나 치열하게 싸웠는지 선전하며 상황을 무마했습니다.

실제로 김응하는 처절한 전투를 벌이다 장렬히 전사하였습니다. 그는 강홍립과 함께 3천 명의 군사로 수만 명의 후금군을 대적하게 되었습니다. 끝까지 외로운 전투를 벌이다가 결국 그 많은 수를 이겨내지 못하고 패배하며 자신도 전사한 것이지요. 그가 자신의 위국충절(爲國忠節)을 나타낸 시조가 있습니다.

십년 가온 칼이 갑리(匣裏)에 우노메라
관산(關山)을 바라보며 때때로 만져 보니
장부의 위국공훈(爲國功勳)을 어느 때에 드리올고
(10년 동안 갈아온 칼이 칼집에서 울고 있다.
산 위의 관문을 바라보며 때때로 만져볼 뿐이다.
나라를 위한 장부의 공훈을 어느 때에나 임금께 드릴 수 있을까.)

• **광해군 묘 입구** 왕 자리에서 쫓겨난 광해군의 무덤은 화려하게 꾸며지기는커녕 진입로도 따로 마련되지 않은 산비탈에 쓸쓸하게 자리하고 있다.(경기 남양주시 진건면)

십 년 동안 칼을 갈았다는 것은 임진왜란의 왜적에게 복수하기 위함이었을 것입니다. 그런데 김응하는 왜적에 복수도 못하고 남의 나라 전쟁에 휘말려 명분 없는 죽음을 당하였지요. 하지만 그의 죽음이 가치가 전혀 없었던 것은 아닙니다. 광해군의 난처한 입장을 조금이나마 해결해주었으니 말입니다. 어쨌든 임금에 대한 충성은 달성한 셈입니다.

이렇게 광해군은 명나라와 후금 사이에서 어느 쪽으로도 치우치지 않는 중립의 실리 외교를 펼쳐나갔습니다. 그런데 이런 광해군의 정책이 명나라를 어버이의 나라로, 후금을 오랑캐의 나라로 여기던 대신들에게는 이해할 수 없는 일, 있을 수 없는 일로 여겨졌지요.

1613년에는 광해군을 폐모살제(廢母殺弟)의 패륜아로 만든 운명의 사건이 일어났습니다. 이름하여 '칠서의 옥'입니다. '칠서(七庶)'란 일곱 명의 서자를 일컫는 말입니다. 당시 서자들은 과거도 볼 수 없고 따라서 벼슬길도 막혔으니, 돈 많은 명문가의 서자들은 어울려 다니며 술이나 마시며 울분을 달래는 것 외에는 할 일이 없었습니다. 이 사건에 연루된 일곱 명의 서자도 재상의 서자까지 낀 명문가의 자제들이었습니다. 그런데 그들은 문경세재에서 상인을 죽이고 수백 냥을 약탈한 강도 사건의 범인으로 잡히게 되었습니다.

그런데 이 사건은 단순 강도 사건으로 끝나지 않았습니다. 모진 고문 때문에 정신줄을 놓아버렸는지 일곱 서자는 입에 올려서는 안 될 엄청난 말을 했습니다. 광해군을 몰아내고 영창대군을 추대하는 거사의 자금으로 훔친 돈을 쓰려 했다는 자백을 한 것입니다. 영의정을 지낸 적이 있는 박순의 서자 박응서가 광해군에게 상소를 올리는 형식으로 자백이 이루어졌습니다. 내용인즉 사회 혼란을 일으키기 위해 명나라 사신을 살해한 적이 있고, 군자금을 모아 거사를 일으켜 성공하면 영창대군을 왕으로 모시고 인목대비로 하여금 수렴청정을 하게 하려 했다는 것이었습니다. 아무리 궁지에 몰린다한들 이런 자백을 하다니요. 그들은 이제 그만 혹독한 고문에서 벗어나 편안한 죽음의 품으로 가기로 작정했던 듯 싶습니다.

이 자백 이후에도 여러 가지 음모가 누에 입에서 실이 나오듯이 줄줄줄 달려 나오기 시작했습니다. 인목대비의 아버지 김제남이 자신들의 우두머리이며, 인목대비 또한 역모에 가담했다는 얘기부터 김제남과 인목대비가 의인왕후의 유릉에 무당을 보내 저주했다는 얘기도 나왔습니다. 의인왕후는 선조의 원비로서 광해군을 양자로 삼았던 사람입니다.

이렇게 역모를 꾸미고 왕과 그 어머니까지 능멸한 것으로 알려진 사람들이 목숨을 부지할 수 있었겠습니까? 김제남은 사사되고 영창대군은 폐서인이 되어 강화도에 위리안치(圍籬安置 : 가시로 울타리를 만들어 그 안에 가둠) 되었습니다. 이 사건을 계축년에 일어났다 하여 '계축옥사'라고 합니다. 영창대군은 이듬해 대북파의 명을 받은 강화 부사 정항에 의해 증살되었습니다. 아홉 살짜리 영창대군을 방에 가두고 불을 뜨겁게 때서 질식하여 죽게 한 것입니다.

이때 인목대비와 영창대군 주변 인물들뿐만 아니라 선조로부터 "영창대군을 잘 부탁한다"라는 부탁을 받은 일곱 명의 대신(유교 칠신 : 遺敎七臣)을 비롯하여 수많은 사람이 옥에 갇혔습니다. 유교 칠신 중 한 사람이었던 신흠(申欽, 1566~1628)은 이 사건으로 춘천에 유배되었습니다. 그 무렵 지은 시조에는 답답하고 외로운 그의 심정이 잘 드러나 있습니다.

산촌에 눈이 오니 돌길이 묻쳤세라
시비(柴扉)를 여지 마라 날 찾을 이 뉘 있으리
밤중만 일편명월(一片明月)이 긔 벗인가 하노라
(산골 마을에 눈이 내리니 돌길이 다 눈에 묻혀 버렸구나.
사립문을 열지마라. 길이 막혔는데 나를 찾아올 손님이 있겠느냐.
다만 밤마다 떠오르는 한 조각 밝은 달만이 내 벗인 것 같구나.)

냇가의 해오랍아 무스 일 서 있는다
무심한 저 고기를 여어 무슴하려는다
아마도 한 물에 있거니 니저신들 어떠리
(냇가에 해오라기는 무슨 일로 서 있느냐?

무심히 노니는 저 고기를 엿보아서는 무엇 하려느냐?

다 같은 물에서 살고 있으니, 아예 잊고 내버려두면 어떻겠느냐?)

　여기서 '해오라기'는 정쟁을 일으키려는 사람들을, '고기'는 그들의 표적
이 되는 사람들을 비유하고, '한 물'은 같은 나라를 나타내고 있습니다. 같
은 나라 백성들이니 공연히 당쟁하지 말고 화목하게 살자는 것이지요. 신
흠은 벼슬에서 물러났지만 당쟁을 일삼는 어지러운 정치 현실을 보면서 나
라 걱정에 하루도 마음 편할 날이 없었습니다. 그래서 그 풀리지 않는 근심
을 노래로써 풀어보고자 하는 바람을 시조에 담기도 했습니다.

　　노래 삼긴 사람 시름도 하도 할사
　　일러 다 못 일러 불러나 푸돗던가
　　진실로 풀릴 것이면 나도 불러 보리라
　　(노래를 처음으로 만들어낸 사람은 시름이 무척 많았나보다.
　　말로 다 할 수가 없어서, 노래로 불러서 근심을 풀어보려 했던가.
　　진실로 노래를 불러 근심이 풀릴 수 있다면 나도 불러 보겠다.)

　신흠은 훗날 인조 때 영의정까지 지냈지만 현재 남아 있는 여러 편의 시
조는 모두 춘천 유배 시절에 지은 것이랍니다.

　　술 먹고 노는 일은 나도 왼 줄 알건마는
　　신릉군(信陵君) 무덤 위에 밭가는 줄 못 보신가
　　백 년이 역(亦) 초초(草草)하니 아니 놀고 어찌하리

(술 먹고 노는 일은 나도 잘못인 줄 알고 있지만

신릉군처럼 죽은 지 오래 되면 그 무덤 위에 밭가는 것을 보지 못

하였소?

백 년을 산다 해도 역시 풀잎과 같이 짧은 인생이니, 아니 놀고 어

찌 하겠소.)

* 신릉군 : 중국 전국시대의 위나라 공자. 어질고 선비를 예로써 대접하
　　　　　니 수많은 선비가 그의 휘하로 몰려들어 식객이 삼천 명에 달
　　　　　했다.

술이 몇 가지요 청주와 탁주ㅣ로다

다 먹고 취할선정 청탁(淸濁)이 관계하랴

달 밝고 풍청(風淸)한 밤이어니 아니 깬들 어떠리

(술의 종류가 몇 가지인가? 청주와 탁주, 두 가지로다.

다 먹고 취할지언정 청주와 탁주를 가릴소냐.

달 밝고 맑은 바람이 부는 밤이니, 술에서 깨지 않은들 어떨소냐.)

곳 지고 속닙 나니 시절도 변하거다

풀 소게 푸른 버레 나뷔 되야 나다난다

뉘라셔 조화를 자바 천변만화(千變萬化) 하난고

(꽃 지고 속잎이 돋으니 시절도 바뀌었다.

풀 속에 있던 푸른 벌레가 나비가 되어 날아다닌다.

누가 조화를 부려서 이렇게 자연이 끝없이 변화하게 하는가.)

• **경희궁 숭정전** 경희궁은 정원군의 집이었는데 왕기가 서렸다 하여 광해군이 빼앗아 지은 궁궐이다. 정원군의 아들이 왕이 되었으니 왕기가 서렸다는 것이 헛말은 아닌 듯하다.(서울 종로구 신문로)

정적을 제거하려는 대북파의 행동은 여기서 그치지 않았습니다. 그들의 또 다른 표적이 된 사람은 능창군이었습니다. 능창군은 선조의 다섯 번째 서자 정원군의 아들로서 한때 선조의 총애를 받아 세자가 될 뻔했던 신성군의 양자였습니다. 이런 배경도 마음에 걸렸지만 "정원군의 집에 왕기가 서린다"든지 "인빈의 묏자리가 좋다"든지 혹은 "능창군이 제왕감이다"라든지 하는 항간의 소문들이 광해군을 더욱 긴장하게 만들었습니다. 이런 분위기에서 '신경희의 옥'이라는 사건이 터졌습니다. 신경희는 수안 군수였는데 모반을 하려 했다는 것입니다. 그는 능창군을 왕으로 추대하려 했다고 자백했습니다. 이에 당시 17세이던 능창군은 큰 화를 당할 것이 두려워 자결을 하고 말았습니다. 이 능창군의 형이 바로 후일 반정을 일으켜 인조가 된 능양군입니다. 이 사건이 반정으로까지 이어지게 된 것이지요.

이 무렵 구용(具容, ?~?)이라는 하급 관리는 억울하게 죽은 능창군을 생각하여 다음의 시조를 지었습니다. 여기서 '우리의 왕손'이라 일컫은 사람이 바로 능창군입니다.

> **벽해(碧海) 갈류(渴流) 후에 모래 되어 섬이 되어**
> **무정(無情) 방초(芳草)는 해마다 푸르르되**
> **어떻다 우리의 왕손은 귀불귀(歸不歸)를 하느니**
> (푸른 바닷물이 다 말라 버린 후에 모래가 모여 섬이 되고
> 그 모래톱에 아무 생각이 없는 풀이 해마다 다시 푸르르곤 하는데
> 어찌하여 우리의 왕손은 한 번 가고는 다시 돌아오지 못하는가.)

대북파는 능창군을 죽이는 데서 만족하지 않았습니다. 아들의 죽음에 서릿발 같은 한을 품고 있을 인목대비가 버젓이 대궐 안에 살고 있었기 때문입니다. 1618년 대북파는 인목대비까지 쫓아내려고 작정했습니다. 5년 전 계축옥사를 들먹이며 폐모론을 들고 나선 것이지요. 인목대비를 폐서인으로 만들어야 한다는 주장이 제기되자 조정 대신들은 찬성과 반대편으로 나뉘어 격렬하게 대립하였습니다.

이때 광해군은 동생을 죽이는 '살제(殺弟)'에 어머니를 가두는 '폐모(廢母)'의 패륜적 무리수를 더해 반정이라는 운명적 사건의 빌미를 제공하게 되었습니다. 광해군은 폐모론에 반대한 신하들을 유배시키고, 인목대비의 존호를 폐한 다음 서궁(지금의 덕수궁)에 유폐시킨 것이지요. 하지만 명나라에서 폐서인의 고명이 내려오지 않아 인목대비는 대비의 신분을 계속 유지하게 되었습니다.

인목대비의 폐모론에 강력히 반대한 사람 중에는 오성 이항복(李恒福,

* 서울 한복판에 있지만 개구리, 도룡뇽, 맹꽁이가 서식한다는 **백사실 계곡** 이항복의 별장이 있던 곳이어서 그의 호 '백사'를 딴 지명이라는 말도 있다.(서울 종로구 부암동)

1556~1618)도 있었습니다. 그는 임진왜란 때 다섯 번이나 병조판서에 오를 만큼 선조의 두터운 신임을 받은 충신이었습니다. 광해군 때에도 영의정의 자리에까지 올랐지만, 조정에서 옳은 말을 하다가 여러 차례 물러났다 복귀했다를 되풀이하는, 파란만장한 삶을 살았습니다. 이항복은 임해군을 죽이는 것도 반대했고 계축옥사 때도 대북파의 만행에 항의했으며, 폐모론에 반대하다가 결국은 함경도 북청으로 유배되어 그곳에서 세상을 떠났습니다.

이 시조는, 그가 북청으로 유배 가는 길에 관북 지방으로 넘어가는 철령 고개에서 지은 것이라고 합니다. 그는 유배를 가는 길에서도 임금을 원망하는 것이 아니라 왕실과 나라의 앞날을 근심하였습니다. 자신의 그런 충정어린 마음이 비라도 되어서 깊은 대궐 안 임금님에게 전달되기를 바라는 간절한 바람이 이 시조에 가득 담겨 있습니다. 훗날 궁인에게서 이 시조의 유래를 들은 광해군은 눈물을 흘리며 슬퍼했다고도 합니다.

　　철령 높은 봉(峰)에 쉬어 넘는 저 구름아
　　고신(孤臣) 원루(寃淚)를 비 삼아 띄워다가
　　임 계신 구중심처에 뿌려본들 어떠리
　　(철령 높은 봉우리를 쉬었다가 넘어가는 저 구름아,
　　이 외로운 신하의 억울한 눈물을 비처럼 띄워다가
　　임금님 계신 깊은 대궐 안에 뿌려 보면 어떻겠는가.)

　귀양을 가면서도 임금을 걱정하던 그의 충성심은 다음의 작품에도 잘 나타나 있습니다.

　　강호에 기약을 두고 10년을 분주하니
　　그 모른 백구(白鷗)는 더디 온다 하려니와
　　성은이 지중(至重)하시매 갚고가랴 하노라
　　(자연에 묻혀 살려고 그 전에 10년을 바쁘게 살았는데
　　그런 바쁜 마음을 모르는 갈매기는 더디 온다 하지만
　　임금님의 은혜가 무척 깊으니 그 은혜를 갚고 가려고 하노라.)

　그러나 세상은 그의 충성을 제대로 알아주지 않았습니다. 그러니 이항복은 한숨밖에는 나오는 게 없었겠지요.

　　시절도 져러하니 인사(人事)도 이러하다

이러하거니 어이 져러 아닐소냐

이런쟈 져런쟈 하니 한숨 계워 하노라

(시절이 이렇게 어수선하니 사람들 일도 다 마찬가지다

사람들 하는 일이 이러하니 세상이 어찌 어지럽지 않겠는가.

이렇다 저렇다 모두 싸움만 하니 한숨만 계속 나오는구나.)

이항복과 절친한 친구로 알려진 한음 이덕형도 폐모론에 반대하다가 삭탈관직이 된 후, 고향으로 물러가 식음을 전폐하고 나랏일을 걱정하다가 병으로 세상을 떠났습니다. 유명한 죽마고우였던 두 사람은 같은 뜻을 주장하다가 비슷하게 최후를 맞은 것이지요.

이신의(李愼儀, 1551~1628)도 폐모론을 반대하는 상소를 올렸다가 회령으로 유배되고 다시 흥양으로 옮겨 귀양살이를 했습니다. 인조반정으로 귀양에서 풀려나 형조참판에 올랐지만 정묘호란 때 인조를 호종하여 강화로 가다가 병을 얻어 수원에서 세상을 떠났습니다. 다음은 '단가 육장(短歌 六章)'이라는 연시조로 이신의가 5년 동안 귀양살이를 하던 중에 지은 작품들이라고 합니다.

장부의 하올 사업 아는가 모르는가.

효제충신(孝悌忠信)밖에 하올 일이 또 있는가

어즈버 인도(人道)에 하올 일이 다만 인가 하노라

(장부가 해야 할 일을 아는가 모르는가.

부모에게 효도하고 형에게 순종하며 임금에게 충성하고 벗에게 신의를 지키는 일밖에 할 일이 또 있는가.

아! 사람의 도리로 할 일이 다만 이것뿐인가 하노라.)

남산에 많던 솔이 어디로 갔단 말고
난(亂) 후 부근(斧斤)이 그다지도 날랠시고
두어라 우로(雨露)곧 깊으면 다시 볼까 하노라

(남산에 많던 소나무는 모두 어디로 갔단 말인가.
전란 후 크고 작은 도끼가 그렇게도 날쌔졌단 말인가.
두어라 세월이 흐르면 다시 볼 수 있을 것이다.)

창밖에 세우(細雨) 오고 뜰 가에 제비 나니
적객(謫客)의 회포는 무슨 일로 끝이 없어
저 제비 비비(飛飛)를 보고 한숨겨워 하나니

(창밖에 가랑비 오고 뜰에 제비가 나는데
귀양살이 하는 사람의 회포는 무슨 일로 끝이 없어
저 제비 나는 것을 보고 한숨겨워 하나니.)

적객에게 벗이 없어 공량(空樑)의 제비로다
종일 하는 말이 무슨 사설하는지고
어즈버 내 풀어낸 시름은 널로만 하노라

(귀양살이 하는 사람에게 벗이 없어 대들보 위의 제비로 벗을 삼
는다.
하루 종일 하는 말이 무슨 말인지 알 수 없구나.
아! 내 풀어낸 시름은 네 덕분에 위로하노라.)

인간에 유정(有情)한 벗은 명월밖에 또 있는가
천 리를 멀다 아녀 간 데마다 따라오니
어즈버 반가운 옛 벗이 다만 녠가 하노라

(사람에게 다정한 벗은 밝은 달밖에 또 있는가.

천리를 멀다 않고 간 데마다 따라오니

아! 반가운 옛 벗이 너뿐인가 하노라.)

설월(雪月)에 매화를 보려 잔을 잡고 창을 여니
섞인 꽃 여윈 속에 잦은 것이 향기로다
어즈버 호접(蝴蝶)이 이 향기 알면 애끊일까 하노라

(눈 오는 계절에 매화를 보려고 잔을 잡고 창을 여니

눈 섞여 가냘프게 피어난 꽃 속에 향기가 진동하는구나.

아! 나비가 이 향기 알면 애닳아 하겠구나.)

　이신의는 이 단가 속에 귀양살이가 단기간에 끝나지 않으리라는 우려와
정계에 복귀할 수 있으리라는 기대감을 함께 나타내고 있습니다. 다음 네
수는 역시 이신의의 작품으로 소나무, 국화, 매화, 대나무를 예찬한 '사우
가(四友歌)'입니다.

바회예 셧난 솔이 름연(凜然)한 줄 반가온뎌
풍상(風霜)을 격거도 여외난 줄 전혜 업다
얻디타 봄비츨 가져 고티줄 모르나니

(바위에 서 있는 소나무가 늠름하고 의젓한 것이 반갑구나.

바람과 서리를 겪어도 여위는 일이 전혀 없구나.
어찌하여 봄빛을 받아도 모양이 바뀌지 않는가.)

동리(東籬)의 심은 국화 귀한 줄 뉘 아느냐
춘광(春光)을 번폐하고 엄상(嚴霜)에 혼자 퓌니
어즈버 청고(淸高)한 내 벗이 다만 넨가 하노라
(동쪽 울타리에 심은 국화가 귀한 줄 누가 아느냐.
따뜻한 봄 햇살을 마다하고 늦가을 서리 가운데 혼자 피니
아! 맑고 고결한 내 벗은 다만 너뿐인가 하노라.)

꽃이 무한(無限)하되 매화를 심근 뜻은
눈 속에 꽃이 퓌여 한 빛인 것이 귀하도다
하물며 그윽한 향기는 아니 귀코 어이리
(꽃이 많지만 그 중에서도 매화를 심은 뜻은
눈 속에 꽃이 피어 눈과 같이 흰빛인 것이 귀하기 때문이다.
하물며 그윽한 향기 또한 참으로 귀하구나.)

백설이 잦은 날에 대를 보려 창을 여니
온갖 꽃 간 데 없고 대숲이 푸르러세라
엇디한 청풍을 반겨 흔덕흔덕 하느냐
(흰 눈이 자주 내리는 겨울에 대나무를 보려 창을 여니
온갖 꽃은 간 데 없고 대숲만 푸르구나.
어찌하여 대나무만 맑은 바람을 반기며 잎이 흔들흔들 하는가.)

이때 폐모 논의에 아예 불참하여 파직을 당한 김광욱(金光煜, 1580~1656)이라는 사람이 있습니다. 김광욱은 폐모 논의를 위한 정청(庭請)에는 참가하지 않아 삭직되었고, 그를 핑계로 아예 관직에서 물러나 고향 밤마을(율리 : 栗里)에 묻혀 시조를 지으며 여유롭게 살았습니다. 이때 지은 열일곱 수의 시조가 '율리유곡'이라는 제목으로 남아 있습니다. 그 중 부귀공명을 다 떨치고 고향에 돌아온 홀가분한 심정과 자연에서의 그의 삶을 엿볼 수 있는 시조 몇 수를 소개합니다.

공명(功名)도 잊었노라 부귀도 잊었노라
세상 번우(煩憂)한 일 다 주어 잊었노라
내 몸을 내마저 잊으니 남이 아니 잊으랴

(이름 날리는 것도, 부자 되고 벼슬 높아지는 것도 잊었다.
이렇게 세상 복잡한 일은 모두 잊었다.
나 스스로 나를 잊으니, 어찌 남이 나를 기억할 수 있을까.)

헛글고 싯근 문서(文書) 다 주어 후리치고
필마 추풍에 채를 쳐 돌아오니
아무리 매인 새 놓인다 이대도록 시원하랴

(흐트러지고 말썽 많은 문서 다 집어 던지고
한 필 말을 타고 가을바람 맞으며 채찍질하여 집으로 돌아오니
아무리 매였던 새가 놓였다한들 이다지도 시원할 수 있으랴.)

세(細)버들 가지 꺾어 낚은 고기 꿰어 들고

주가(酒家)를 찾으려 단교(斷橋)로 건너가니

왼 골에 행화(杏花) 져 쌓이니 갈 길 몰라 하노라

(가는 버들가지를 꺾어 낚은 고기를 꿰어 들고

술집을 찾으려고 끊어진 다리를 건너가니

온 골짜기에 살구꽃이 떨어져 쌓이니 갈 길을 몰라 하노라.)

뒷집의 술쌀을 꾸니 거친 보리 말 못 차다

즈는 것 마구 찧어 쉬 빚어 괴어내니

여러 날 주렸던 입이니 다나 쓰나 어이리

(뒷집에서 술쌀을 꾸어 왔는데 거친 보리가 채 한 말도 못 되더라.

주는 것을 마구 찧어 손으로 빚고 술을 괴어 내니

여러 날 술에 굶주렸던 입이라, 술이 맛있든 맛없든 아니 먹고 어

찌하겠는가.)

　철원 부사로 재직할 때 계축옥사에 연루되어 위기를 맞았지만 무혐의로
풀려났던 김장생(金長生, 1548~1631)도 폐모 논의가 일어나자 관직을 포
기하고 고향으로 돌아가 버렸습니다. 훗날 정묘호란이 일어났을 때 의병을
모집하는 등 나라를 구하기 위해 앞장섰지만, 인조가 자신의 생부인 정원
군(定遠君)을 왕으로 추존하려 하자 그 부당함을 강력히 주장하며 다시 고
향으로 들어가 이후로는 벼슬길에 나서지 않았습니다. 다음의 시조는 폐모
논의 당시 낙향했을 때 지은 작품입니다.

　대 심거 울을 삼고 솔 갓고니 정자(亭子) ㅣ 로다

백운 더핀 듸 날 인난 줄 제 뉘 알리

정반(庭畔)에 학 배회하니 긔 벗인가 하노라

(대나무 심어 울타리 삼고, 소나무 가꾸니 그것이 바로 정자로다.

흰 구름이 덮인 깊은 산 속에 내가 사는 것을 누가 알겠느냐.

뜰 가에 학이 왔다갔다 하니 그것이 벗인가 하노라.)

앞서 광해군이 즉위 초 당파를 초월하여 등용했던 인재 이원익(李元翼, 1547~1634)은 영의정에까지 올랐지만 폐모론에 반대하다가 홍천으로 유배되었습니다. 그는 정유재란 때에 억울하게 무고를 당한 이순신을 두둔하여 사형을 면하게 해준 사람이기도 합니다. 또 인조반정 뒤 폐위된 광해군을 처형하자는 주장에 극력 반대하여 광해군도 무사할 수 있게 해주었습니다. 그는 대동법을 건의하였고 불합리한 조세제도를 고쳐 국민의 부담을 덜어주었습니다. 청백리인데다 성격까지 원만하여 백성들은 물론 정적들에게

• 이원익이 노후를 보냈던 관감정 청백리 이원익을 위해 인조가 지어준 집이다. '관감'은 '모든 백성이 그의 정신을 보고 느껴야 한다'는 뜻이다.(경기 광명시 소하동)

도 호감을 샀던 인물입니다. 다음은 이원익의 관조와 달관의 태도가 잘 나타나 있는 작품입니다.

> 녹양(綠楊)이 천 만산(千萬事)들 가는 춘풍 매어두며
> 탐화봉접(探花蜂蝶)인들 지는 꽃을 어이 하리
> 아무리 사랑이 중한들 가는 임을 어이 하리
> (푸른 버들가지가 천 갈래 만 갈래의 실같이 드리웠으나, 흘러가는
> 봄바람을 어찌 매어두며
> 꽃을 찾아다니는 벌과 나비인들 지는 꽃을 어찌하겠는가.
> 아무리 사랑이 중하다 하더라도 떠나가는 임을 어찌하겠는가.)

• **이정구의 업적을 새겨놓은 신도비**(경기 용인시 모현면)

한학 사대가(四大家)의 한 사람인 이정구(李廷龜, 1564~1635)는 이런 저런 여러 사건의 소용돌이 속에서 스스로 어떻게 처신해야 할지 갈등하며 광해군에 대한 실망을 시조로 나타냈습니다.

> 님을 미들 것가 못 미들슨 님이시라
> 미더온 시절도 못 미들 줄 아라스라
> 밋기야 어려오랴마는 아니 밋고 어이라
> (임[광해군]을 믿겠는가, 못 믿을 것이 임이로다.
> 이제껏 믿어온 시절에도 못 믿을 것으로 알고 있었다.
> 믿기야 어렵지만 그렇다고 아니 믿고 어떻게 하겠는가.)

광해군 재위 시절 얼마나 세상이 어지러웠는지 그 밑에서 벼슬하는 동생들을 걱정한 시조를 지은 사람이 있습니다. 앞날을 미리 내다보는 능력이 있었던 이시(李蒔, 1569~1636)는 셋째 아우 강(莊)이 광해군의 조정에서 정언(正言)이 되었다는 소식을 듣고 급히 "지금은 정언직에 나아갈 때가 아니다"라는 편지를 보냈답니다. 그래도 동생이 자기 말을 따르지 않자 이시는 시조를 지어서 풍자적으로 훈계했고, 폐비 논의가 일자 "자기를 망치고 조상을 욕되게 함은 정녕 슬픈 일이 아닌가? 세파에 휩쓸리어 천륜을 무너뜨리고 법도를 어지럽히는 논의는 하지 말라"라고 타이르기도 했다지요.

결국 아우 이강은 형의 말을 듣지 않고 벼슬을 하다가 인조반정이 일어나 참혹한 화를 당했습니다. 이후 이시는 14년간 두문불출하고 지내다 세상을 떠났습니다. 그는 평소에 저서를 많이 냈지만 만년에 "글은 우리 집을 패망시킨 원수이다"라며 그 저술을 손수 불태워버렸습니다. 그래서 그의 학자로서의 면모를 알 수 있는 저서는 거의 없지만 동생을 위해 지었다는 다음의 시조 '오로가(烏鷺歌)'와 몇 편의 시조가 전해지고 있습니다.

가마괴 디디는 골애 백로야 가디 말아
희고 흰 깃헤 거믄 때 무칠셰라
딘실로 거믄 때 무티면 씨을 길히 업사리라
(까마귀가 발을 디디는 곳에 백로야 가지 마라.
너의 희고 흰 깃에 검은 때를 묻힐까 두렵구나.
진실로 검은 때가 묻으면 다시는 씻을 길이 없을 것이다.)

이 시조 '오로가'에서 '오(烏)'는 까마귀이고 '로(鷺)'는 백로입니다. 까마귀는 당시 대북파를, 백로는 아우들을 상징하는 것이지요. "흰 깃에 검은 때를 묻히면 씻을 길이 없다"라는 얘기는 대북파의 패륜적 논의에 휩쓸리게 되면 도덕적으로 회복하기 어려운 불명예를 입게 될 것이라는 충고였습니다. 아니나 다를까 인조반정이 일어나서 동생은 혹형을 당하고 이시도 연좌되었지만, 그의 스승인 정구(鄭逑)가 이 시조와 편지를 증거물로 내밀며 변호하여 이시는 화를 면할 수 있었답니다.

이런 살벌한 세상에 가장 마음을 졸이며 살아야 했던 사람들은 바로 종친이었습니다. 왕에게 확실하게 충성을 맹세하지 않으면 언제 역적이라는 화살이 날아올 지 모르기 때문입니다. 선조와 정빈 홍씨 사이에서 태어난 경창군(慶昌君) 이주(李珘)는 여러 종친을 거느리고 광해군에게 가서 인목대비를 폐할 것을 청하였답니다. 자신들이 살아남기 위해서는 확실한 태도를 보여야 했기 때문입니다. 다음의 시조는 경창군의 손자인 유천군(儒川君) 이정(李濎)의 작품입니다. 날마다 술에 취해 세상 일을 모르는 척 사는 것이 왕이 되지 못한 왕족의 운명이었던 듯싶습니다.

어제도 난취하고 오늘도 또 술이로다
그제 깨었던지 그끄제는 나 몰래라
내일은 서호에 벗 오마니 깰동말동 하여라

(어제도 몹시 취했는데 오늘도 또 술이구나.
그저께 깨어 있었는지 그그저께는 어쨌는지 모르겠구나.
내일은 서호에 벗이 온다하니 깰 날이 있을지 알 수 없구나.)

항상 역사는 승리한 자가 쓰도록 되어 있지요. 그래서 패배한 자는 역사

속에 항상 악인이나 부족한 인물로 남게 마련입니다. 인조반정으로 승자가 된 사람들이 쓴 역사에는 광해군의 부인인 문성군부인 유씨의 친정 집안 사람들이 온갖 부정과 비리를 저질렀다고 쓰여 있습니다. 그러나 문성군부인의 친정아버지이며 광해군의 장인이었던 유자신(柳自新, 1541~1612)에 대해서는 그 평가가 호의적입니다. 그는 왕의 장인이 되었음에도 평소와 다름없이 겸손하고 조심할 줄 알았으며 권문세가로 행세하는 일이 없었다고 합니다. 다음에 실린 유자신의 시조를 보면 사심 없는 그의 마음가짐을 짐작할 만합니다.

> 추산(秋山)이 석양을 띄고 강심(江心)에 잠겼는데
> 일간죽(一竿竹) 두러메고 소정(小艇)에 안자시니
> 천공(天公)이 한가히 녀겨 달을 조차 보내도다
> (노을 띤 가을 산이 강물에 비치는데
> 낚싯대 드리우고 작은 배에 앉아 있으니
> 하늘이 한가하게 여겨 달빛까지 비춰주는구나.)

광해군은 인조반정에 의해 폐위되었습니다. 반정의 명분은 명에 대한 의리를 저버리고 사대를 하지 않았다는 점과 '폐모살제'였습니다. 동생을 죽이는 것을 잘했다고 할 수는 없지만 태종이나 세조 등 쫓겨나지 않은 임금들의 행적에 비하면 그리 대단한 일도 아니었습니다. 폐모살제는 또 그렇다고 쳐도 사대하지 않았다는 것은 정말 국제 정세를 제대로 파악하지 못한 어리석은 사람들의 판단이었습니다. 인조는 즉위하자마자 명나라를 섬기고 청나라를 무시하다가 병자호란이라는 치욕스러운 역사를 초래했으

• **덕수궁의 즉조당** 서궁(덕수궁) 석어당에 유폐되어 있던 인목대비가 인조에게 즉위하도록 허락한 곳이다. 즉조당은 인조가 즉위한 후 붙여진 이름이다.(서울 중구 정동)

니 말입니다.

심지어 인조반정이 일어나기 전엔 해마다 풍년이 들어 그런 일만 아니었으면 태평성대를 누릴 수 있는 흔치 않은 시기였습니다. 그런 좋은 때, 세자 때부터 전란 극복을 위해 온 힘을 쏟고 백성을 보살필 줄 알았던 영민한 왕 광해군을 맥없이 왕 자리에서 쫓겨나게 한 원인은 무엇이었을까요? 그것은 대북파가 조정 세력을 독점함으로써 곳곳에 정적을 만든 것이 모두 광해군의 책임으로 돌아왔기 때문입니다. 물론 대북파의 장막에 가려 세상 돌아가는 형세를 균형 있게 보지 못한 잘못은 광해군에게도 있겠지요.

아무튼 반정은 일어났고 광해군의 조카 능양군은 경운궁으로 가서 11년 동안 유폐되어 있었지만, 대궐의 가장 큰 어른인 인목대비에게 옥새를 바쳤습니다. 인목대비는 광해군 폐립의 교지를 내리고 경운궁 즉조당에서 능양군을 즉위시켰습니다. 그가 바로 조선 제16대 임금 인조입니다.

11
견디기 어려운
민족의 치욕,
병자호란

11 견디기 어려운 민족의 치욕, 병자호란

　이복형 연산군을 몰아낸 후 왕이 된 중종은 아무 것도 모르고 있다가 반정 세력에 의해 추대되었지만, 큰아버지 광해군을 몰아내고 왕이 된 인조는 자신이 직접 무장하고 반정에 앞장섰습니다. 인조가 된 능양군은 형 능창군의 자살과 그로 인한 아버지의 죽음으로 광해군을 원수로 생각하고 있었던 것이지요. 반정을 주도한 사람들 중 하나인 이귀는 반정을 일으키기 1년 전에 평산 부사로 있었는데, 평산 지방에 호랑이가 자주 나타나니 호랑이를 사냥하는 군사들이 무장을 한 채로 도 경계를 넘나들 수 있도록 해 달라고 상소를 올렸습니다. 무장한 채로 한양까지도 갈 수 있게 준비를 한 것이지요. 거사 당일에 조정에서 이들의 계획을 눈치 채고 체포령을 내렸습니다. 그래서 거사를 더 이상 미룰 수 없게 되었지요.

　1623년 3월 13일 새벽녘 700명의 반정군은 홍제원(지금의 서울 홍제동)에 집결했습니다. 창덕궁으로 향하여 진격하다가 개울물에 칼을 씻으며 결전의 의지를 다졌습니다. 그래서 그곳에 세워진 정자의 이름이 '칼을 씻은 정

* 인조반정 때 창덕궁을 향하던 반정군이 칼을 씻으며 결전을 다짐했던 세검정(서울 종로구 신영동)

자'라는 뜻의 세검정(洗劍亭)이 되었습니다. 그런데 반정군 대장을 맡기로 한 김류(金瑬)가 나타나지 않았습니다. 당연히 반정군은 동요했겠지요. 그때 대신 대장으로 나선 사람이 이괄(李适)입니다. 이괄이 흩어지려는 반정군의 대열을 정비하고 있을 무렵 김류가 나타났습니다. 자신의 거취를 망설이고 있었던 것입니다. 김류가 다시 총대장을 맡아 비로소 반정군은 창덕궁으로 진격할 수 있었습니다.

광해군은 안국방에 있는 의관의 집에 숨어 있다가 반정군에 붙들렸습니다. 반정에 성공한 능양군은 왕실의 웃어른 인목대비에게 옥새를 바쳤습니다. 인목대비는 경운궁 즉조당에서 광해군을 폐하고 능양군으로 하여금 왕위를 잇게 한다는 교지를 내렸습니다. 왕위에 오른 인조는 서른여섯 가지나 되는 광해군의 죄목을 들어 반정의 정당함을 백성들에게 알리려 했습니다. 그러나 백성들은 느닷없는 국왕의 폐위 소식에 몹시 불안해했습니다.

그래서 인조는 백성들의 추앙을 받는 이원익 등 남인 세력을 등용하고 각종 토목 공사를 중지하는 한편, 이런 저런 이유로 빼앗긴 농민들의 땅을 되찾을 수 있도록 해주었습니다.

그런데 인조는 즉위 이듬해 커다란 위기에 처하게 되었습니다. 이괄의 난이 일어난 것입니다. 이괄은 반정 때 늑장을 부린 김류 대신 흩어지려는 군사를 다잡아 반정을 성공으로 이끈 중요한 인물이었습니다. 그러나 반정의 논공행상에서 이괄은 2등 공신에 그치고 말았습니다. 하마터면 반정을 실패로 만들 뻔한 김류는 1등 공신이 되었는데 말입니다.

불만은 있었지만 이괄이 처음부터 역심을 가지고 있었던 것은 아닙니다. 그는 평안 병사로 임명된 후 임지인 영변에서 군사를 훈련시키며 국방에 힘쓰고 있었지요. 그런데 다른 반정 공신들이 이괄을 의심하여 역모 혐의로 체포하려 했답니다. 이괄은 한양에서 아내와 동생이 능지처참 당했다

• **인조반정 때 반정군이 도성으로 들어가기 위해 통과한 창의문** 사대문(四大門) 사이에 있었던 사소문(四小門) 중 서북쪽 문이며 '자하문'이라고도 불린다.(서울 종로구 부암동)

는 소식을 듣고 분개하여 폭풍처럼 한양으로 밀고 내려왔습니다. 순식간에 반군이 한양 근처까지 몰려오자 인조는 공주로 몽진을 떠나게 되었습니다. 한양을 점령한 이괄은 선조의 아들 흥안군 이제를 왕으로 세웠습니다. 이괄은 왕을 쫓아내고 새 왕을 세우는 흔치 않은 경험을 두 번이나 하게 된 것입니다.

얼마 지나지 않아 반군은 진압되고 인조는 곧 한양에 돌아왔지만 내란으로 인한 몽진은 조선 역사상 처음 있는 일이라 조정은 한동안 충격에서 벗어나지 못했습니다. 백성들도 왕이 무슨 일이 있으면 언제라도 자신들을 버리고 도성을 떠날 수 있다고 생각하게 되어 민심은 왕과 집권층에서 멀어졌고, 조정의 권위와 그에 대한 신뢰가 땅에 떨어지게 되었습니다.

이괄의 난 때 팔도 도원수로서 난을 평정했던 장만(張晩, 1566~1629)은, 어지러운 세상에서의 벼슬살이가 얼마나 힘든 것인지에 대한 심정을 시조에 담았습니다.

풍파에 놀란 사공 배를 팔아 말을 사니
구절양장(九折羊腸)이 물도곤 어려왜라
이후란 배도 말도 말고 밭 갈기만 하리라
(바다에서 풍파를 겪고 놀란 사공이 배를 안타겠다고 배를 팔아 말을 사 타보았더니
구절양장같이 꼬불꼬불한 길을 가기가 물보다 더 어렵구나.
이후에는 배도 말도 다 그만 두고 농사짓기만 하겠다.)

여기서 '배'는 문관을, '말'은 무관을 비유한 것입니다. 장만은 문관이었다

가 무관이 된 사람인데, 당쟁이 심한 조정에서는 문관이건 무관이건 모두 어렵더라는 얘기입니다. 그래서 이후로는 벼슬을 떠나 농사를 지으며 살고 싶다는 내용입니다. 그러나 장만은 벼슬을 떠나지 못하고 정묘호란 때까지 무장으로 활약하였습니다.

　이괄의 난을 진압할 때 활약했던 정충신(鄭忠信, 1576~1636)은 이괄과 친분이 두터운 관계였답니다. 그래서 체포되었으나 결백이 입증되어 풀려났고, 황주와 안산에서 반군을 무찔러서 진무공신 1등으로 봉해졌습니다. 이항복으로부터 글을 배운 정충신은 훌륭한 시조를 남겼습니다.

　　공산(空山)이 적막한데 슬피 우는 저 두견아
　　촉국(蜀國) 흥망은 어제오늘 아니어든
　　지금에 피나게 울어 남의 애를 끊나니
　　(텅 빈 산 속이 고요한데 슬피 우는 저 두견아,
　　촉나라 황제가 죽어 그 넋이 두견새가 되었다지만 촉나라가 흥하
　　고 망한 것은 어제 오늘 일이 아닌데,
　　세월이 흘러버린 지금 목에 피나게 울어서 남을 슬프게 만드느냐.)

　인조는 재위 기간에 세 번이나 몽진을 떠났습니다. 조선 임금들은 아버지 성묘를 위해서도 80리(지금의 100리, 40km) 밖으로는 안 나가려 했습니다. 이런 전통 가운데 세 번의 몽진은 인조의 재위 기간이 얼마나 파란만장했는지 말해주는 듯합니다.

　이괄의 난에 이어 두 번째로 몽진을 떠난 것은 정묘호란 때문이었습니다. 광해군은 여진족이 세운 후금과 명나라 사이에서 중립 외교를 펼쳐 충돌의

위기를 넘겼습니다. 그러나 인조는 즉위하자마자 친명배금(親明排金) 정책을 취했습니다. 후금은 명나라를 마지막으로 정리하는 단계에서 조선이 배후의 위협이 된다고 생각했습니다. 거기다가 이괄의 잔당이 후금으로 도망가서 광해군의 폐위와 인조반정의 부당함을 호소했습니다.

후금은 1627년 정묘년에 광해군의 복수를 핑계로 3만의 군사를 이끌고 조선에 쳐들어왔습니다. 이 전란이 정묘호란입니다. 이때 조정을 둘로 나누어(분조 : 分朝) 인조와 조정 대신들은 강화도로, 소현세자는 전주로 피신했습니다. 강화도에서 계속 싸울 것인지 아니면 화의를 할 것인지 격렬하게 토론하다가, 후금이 먼저 화의를 제의해오자 인조는 화해하자는 주화론을 채택했습니다. 그래서 후금은, 명나라를 적대하지 않으면 후금과 형제 관계를 맺겠다는 조선의 약속을 듣고 군사를 돌렸습니다.

조존성(趙存性, 1554~1628)은 소현세자의 분조에서 호조참판을 지낸 사람입니다. 임진왜란 때 선조를 모시고 몽진을 떠났던 그는, 광해군의 생모 추존에 반대하여 파직 당했습니다. 그는 정묘호란이 끝나는 것을 보지 못하고 병으로 세상을 떠났습니다. 다음에 소개한 시조 네 수는 '아희야'하고 부르며 시작하는 작품이라 '호아곡사조(呼兒曲四調)'라고도 불립니다. 조존성은 임진왜란에, 이괄의 난에, 정묘호란에 임금과 세자를 이리저리 피란시키느라 정신없이 살면서 현실에서는 겪지 못한, 자신이 간절히 바라는 세상을 노래했나 봅니다.

아희야 구럭망태 어두 서산에 날 늦거다
밤 지난 고사리 하마 아니 늙으리야
이 몸이 이 푸새 아니면 조석(朝夕) 어이 지내리

(아이야, 구럭이든 망태기든 찾아서 메어라. 서산에 해가 벌써 기우는구나.

어제 뜯지 않고 남겨 놓은 고사리가 벌써 쇠지 않았겠느냐.

내가 그런 산나물이 아니면 어떻게 아침저녁 먹을거리를 장만하겠느냐.)

아희야 죽조반(粥朝飯) 다오 남무(南畝)에 일 많아라
서투른 따비를 늘 마조 잡으려뇨
두어라 성세궁경(聖世躬耕)도 역군은(亦君恩)이시라

(아이야, 죽일망정 아침 식사 가져오너라. 논밭에 할 일이 많구나.

내가 농사꾼이 아니므로 솜씨가 서투르니, 따비를 누구와 마주잡을까?

두어라, 태평 시절에 서투르나마 농사지을 수 있는 것도 역시 임금님의 은혜로다.)

아희야 되롱 삿갓 찰화 동간(東澗)에 비 지거다
기나긴 낚대에 미늘 없는 낚시 매어
저 고기 놀라지 마라 내 흥겨워 하노라

(아이야, 도롱이와 삿갓을 준비하여라. 동쪽 산골짜기에 비가 내리는구나.

기나긴 낚싯대에 미늘 없는 낚시를 매달고 물에 드리우는 것이니

고기야 놀라지 마라. 내가 흥겨워할 뿐이지 너를 해치지는 않을 테니 말이다.)

아희야 소 먹여 내어 북곽(北郭)에 새 술 먹자

대취한 얼굴을 달빛에 실어 오니

어즈버 희황상인(羲皇上人)을 오늘 다시 보와다

(아이야, 소에게 여물 먹여 타고는 북촌에 가서 새로 익은 술 실

컷 마시자.

술에 크게 취한 얼굴에 달빛을 받으며 돌아오니,

아! 먼 옛날 중국 복희씨 시대에 행복한 백성의 모습을 오늘 다시

보는 것 같구나.)

　　1636년 후금은 국호를 청나라로 바꾸고 형제 관계가 아닌 군신 관계를 맺
어 공물과 군사 3만 명을 보내라고 요구해왔습니다. 청 태종은 왕자를 인
질로 보내 그동안의 잘못을 사죄하지 않으면 조선을 공격하겠다고 협박했
습니다. 조선이 이 제의를 거부하자 청나라는 12만 명의 군사를 이끌고 조

• **남한산성의 남문인 지화문** 병자호란 때 인조는 청나라의 제지로 정문인 남문을 통과하지 못하고 서문으로 성에서 나
와 항복 의식을 하였다.(경기 성남시 중원구 은행동)

선을 침략했습니다. 이것이 바로 병자호란입니다. 청나라 군대는 불과 열흘 만에 한양을 점령했고 인조는 세 번째 몽진을 해야 했습니다. 왕자들과 비빈들을 먼저 강화도로 피란시키고 자신도 세자와 함께 강화도로 들어가려 했지만, 이를 청나라에서 미리 알고 강화도 가는 길을 막아버렸습니다.

인조는 할 수 없이 길을 돌려 남한산성으로 향했습니다. 남한산성은 광해군이 후금의 침략에 대비하여 쌓기 시작했던 성입니다. 광해군은 중립외교를 펼치면서도 만일의 경우를 대비하고 있었던 것이지요. 남한산성의 창고에는 쌀과 잡곡을 합하여 1만6천여 석이 있었는데, 이는 군병 1만 명의 한 달 치 양식에 불과했습니다. 남한산성에서는 화해를 하자는 주화파와 절대 화해할 수 없으니 끝까지 싸우자는 척화파가 다시 또 격돌하게 되었습니다.

그러고 있는 동안 청 태종은 인조에게 수차례에 걸쳐 편지를 보냈습니다. 가르치고, 화내고, 달래고, 어르는 내용의 편지였습니다. 인조는 청 태종의 비위를 크게 거스르지 않는 범위에서 그가 그냥 군사를 돌리기를 이런저런 이유를 대서 간청했지만, 끝내 항복할 수밖에 없는 상황이 되었습니다. 강화도가 함락되고 비빈과 왕자, 종실과 대신들의 가족이 모두 체포되었다는 소식에 48일 만에 항복을 결심한 것입니다. 이때 청 태종으로부터 마지막 편지가 왔습니다. 항복의 조건을 적은 편지였습니다.

"황제는 조선 국왕에게 가르쳐 깨우치노라. 이제 지나간 죄는 다 버리고 규례를 다시 정하니 네가 만일 허물을 뉘우치고 덕을 잊지 아니하여 자손을 길이 이어갈 계획을 세운다면 명나라가 준 고명(誥命 : 중국 황제가 준 임명장)과 인신(印信 : 왕의 도장)을 돌려주어라. 그런 후 명나라와 교통을 끊고 문서에 우리 연호를 쓰고, 네 아들들을 볼모로 내어주고, 여러 대신 중 아들이 있는 사람은 아들을, 아들이 없는 사람은 아내를 볼모로 삼을 것이다. 짐이 명나라를 칠 때 네가 수만 명의 군사를 기약을 어기지 말고 보내야 하고, 조총과 화살은 스스로 준비하고 군사가 돌아갈 때 음식을 베풀어 군사를 위로해야 할 것이다. …… 네가 황제의 신하를 만날 때 예절을 명나라에 하는 것과 같이 하고 내외의 여러 신하와 같이 혼인하여 화친을 굳게 하고, 새로운 성이나 옛 성을 쌓거나 고치지 말라. 짐이 이미 죽은 몸을 살리고 종사(宗社 : 종묘와 사직, 즉 조선)를 완전케 하였으니 너의 자자손손 신의를 어기지 말라. 너희 나라가 교묘하게 남을 속이는 일을 반복하므로 이렇게 하노라.”

이 편지의 끝에는 황금을 비롯하여 사슴 가죽, 쌀, 삼베, 하다못해 다람쥐 가죽까지, 청나라에 해마다 바쳐야 하는 조공 물품이 적혀 있었습니다.

인조는 항복이라는 표현을 쓰고 싶지 않아 ‘하성(下城 : 성에서 내려감)’이라 하였고, 이후의 공식 기록에는 ‘정축하성’이라 쓰여 있습니다. 그러나 인조의 항복 과정은 생각보다 훨씬 처절했습니다. 최명길(崔鳴吉)이 “국왕은 늘 입는 곤룡포를 입어도 되

• 인조가 청나라 태종에게 항복의 예를 올렸던 곳에 세워진 삼전도비 원래 삼전도비는 청태종의 공덕을 기리는 송덕비였다.(서울 송파구 잠실동)

겠는가? 또 남문에서 나와도 되겠는가?"하고 물어보니 청나라 사람은 "임금 등은 평복인 푸른 옷을 입어야 하고 죄가 있는 자이니 정문으로 나오면 안 되고 서문으로 나오게 하라"라고 요구했습니다. 인조는 이런 절차를 통해 지금의 서울 송파 삼전도에 나가서 단 위에 앉아 있는 청나라 태종에게 세 번 절하고 아홉 번 머리를 조아리는 '삼배구고두'의 예를 바치며 항복의 절차를 밟았습니다. 또 화의의 대가로 조선은 소현세자와 봉림대군 등 수많은 인질을 청나라에 보내야 했습니다.

홍익한은 병자호란 때 삼학사의 한 사람으로서, 조선에 모욕적인 화의 조건을 가지고 온 청나라 사신을 죽이려 시도하기도 했습니다. 그는 끝까지 척화(청나라와의 화해를 반대하는 것)를 주장했다가 선양으로 잡혀갔습니다. 청나라가 온갖 방법으로 회유했지만 그는 끝내 절개를 굽히지 않고, 윤집·오달재와 함께 그곳에서 살해되었습니다. 홍익한이 얼마나 그 상황을 원통해했는지, 그리고 자신의 나라를 위하는 마음이 오히려 부족하다고 얼마나 자책했는지 다음의 시조를 통해 알 수 있습니다.

수양산 내린 물이 이제(夷齊)의 원루(寃淚)되어
주야불식(晝夜不息)하고 여흘여흘 우는 뜻은
지금의 위국 충성을 못내 슬허 하노라

(중국 은나라의 백이와 숙제가 지조를 지키고자 숨어 살았던 수양산에서 흘러내리는 물이 그들의 원통한 눈물이 되어서
밤낮으로 쉬지 않고 흘러가며 소리 내어 우는 뜻은
지금의 나라 위한 충성심이 옛날과 다름을 슬퍼하는 것이다.)

또 다른 척화론자 김상헌(金尙憲, 1570~1652)은 남한산성에서 선전후화론(先戰後和論 : 앞서 싸우고 나중에 화해하자는 주장)을 강력히 내세웠습니다. 대세가 항복 쪽으로 굳어지자 최명길이 작성한 항복 문서를 찢고 통곡하기도 했다지요. 항복 이후 식음을 전폐하고 자결을 기도하다가 실패한 뒤 산에 들어가서 두문불출하였습니다. 후에 청나라로부터 위험 인물로 지목되어 선양에 끌려가 이후 4년 동안 갇혀 있었는데, 그곳에서도 청나라 사람들에게 끝까지 저항했답니다. 다음 시조는 그가 청나라로 끌려갈 때 지은 것입니다.

가노라 삼각산아 다시 보자 한강수야
고국산천을 떠나고자 하랴마는
시절이 하 수상하니 올동말동하여라

• **병자호란 때의 삼학사 오달제 윤집, 홍익한을 기리기 위해 세운 현절사** 이들은 끝까지 항복하지 않고 청나라에 끌려가 순절하였다.(경기 광주시 중부면)

(나는 간다 삼각산아, 다시 보자 한강수야.

누구든 고국산천을 떠나서 안 돌아오고 싶은 사람이 있겠냐마는

시절이 하도 뒤숭숭하니 다시 돌아오게 될지 모르겠구나.)

'삼각산'과 '한강수'는 한양의 상징입니다. 돌아올 기약이 없이 조국을 떠나는 마당에 다시 한 번씩 그 이름을 불러 봄으로써 조국에 대한 애절한 사랑을 표현한 것입니다.

김상헌의 형 김상용(金尙容, 1561~1637) 역시 만만한 인물은 아니었습니다. 병자호란 때 왕족을 시종하고 강화로 피란 갔다가 강화성이 함락되자 남문루에서 화약을 터트려 자결하였으니까요. 다른 사람들이 그와 함께 죽으려 하자 그는 모두 물러가라 외쳤습니다. 그러나 몇 사람은 끝내 물러가지 않고 그와 함께 폭사했지요. 충절을 지키느라 세상을 버린 그이지만 다음과 같은 함축적 의미가 담뿍 담긴 아름다운 시조를 남기기도 했습니다.

사랑이 거즛말이 님 날 사랑 거즛말이
꿈에 와 뵈단 말이 긔 더욱 거즛말이
날 가치 잠 아니오면 어늬 꿈에 뵈리오
(사랑은 거짓말. 임이 날 사랑한다는 것은 거짓말,
꿈에 찾아와 보이겠다는 말은 더욱 거짓말,
나처럼 잠 안 오면 어느 꿈에 보일까.)

오동(梧桐)에 듯는 빗발 무심이 듯건마는
나의 시름 하니 닙닙히 수성(愁聲)이로다

이 후야 입 넙은 남기야 시믈 줄이 이시랴

(오동잎에 떨어지는 빗발은 무심히 떨어지건만

내가 시름이 많으니 잎사귀마다 슬픈 소리로 들리는구나.

이 후에는 슬픈 소리를 내는 잎 넓은 나무는 심지 않겠다.)

욕심난다 하고 몹쓸 일을 하지 말라

나는 잊어도 남이 내 모습 보느니라

한 번을 악명을 얻으면 어느 믈로 씻으리

(욕심난다 하여 몹쓸 일을 하지 말라.

나는 잊어도 남이 내 모습을 기억하느니라.

한 번을 악명을 얻으면 어느 물로도 씻을 수 없다.)

김상용은 유교적 윤리를 무척 중요하게 생각한 사람이었나 봅니다. 다음은 그가 지은 '오륜가(五倫歌)'입니다. 오륜은 유교의 기본 덕목이지요.

어버이 자식 사이 하날 삼긴 지친(至親)이라

부모곳 아니면 이 몸이 이실소냐

오조(烏鳥)도 반포(反哺)를 아니 부모 효됴하여라

(어버이 자식 사이는 하늘이 만든 가장 가까운 사이라.

부모가 아니면 이 몸이 있을 수 있겠는가.

까마귀도 어미새에 먹이를 물어다줄 줄 아니 그보다 나은 인간은

반드시 효도해야 한다.)

부부라 해온 거시 남으로 되어이셔
여고금슬(如鼓瑟琴)하면 긔 아니 즐거오냐
그러코 공경곳 아니면 즉동금수(卽同禽獸)하리라
(부부라는 것이 남남끼리 만났지만
북과 거문고, 비파처럼 조화롭게 살면 즐겁지 않겠느냐.
그렇게 공경하지 않으면 짐승과 다를 바가 없다.)

형제 두 몸이나 일기(一氣)로 난화시니
인간의 귀한 거시 이 외예 또 잇난가
갑주고 못 어들 거슨 이뿐인가 하노라
(형제는 두 몸이지만 한 부모의 정기를 나눠 태어난 것이니
인간 가운데 귀한 사람이 형제 외에 또 있을까?
돈을 주고도 못 얻을 것은 형제뿐인가 하노라.)

벗을 사괴오데 처음의 삼가하야
날도곤 나으니로 갈해여 사괴여라
종시(終始)히 신의를 딕희여 구이경지(久而敬之)하여라
(벗을 사귈 때는 처음 만났을 때처럼 조심하고
나보다 나은 사람을 가려서 사귀어라.
처음부터 끝까지 믿음을 지켜서 오래도록 공경하며 지내라.)

님군을 셤기오데 정(正)한 길노 인도하야
국궁진췌(鞠窮盡瘁)하야 죽은 후의 마라사라

가다가 불합(不合)곳 하면 믈너간들 엇더리

(임금님을 섬길 때는 바른 길로 인도하여

몸을 굽히고 병들도록 일하다가 죽으면 그만두어라.

하지만 도중에 서로 뜻이 맞지 않으면 물러가도 상관없으리라.)

병자년에 우의정에 올랐다가 훗날 영의정까지 지낸 홍서봉(洪瑞鳳, 1572 ~1645)은, 소현세자 일행이 인질로 선양으로 잡혀가는 상황을 시조로 옮겼습니다.

이별하던 날에 피눈물이 난지 만지

압록강 내린 믈이 푸른빛이 전혀 없네

배 위에 허여센 사공이 처음 보롸 하더라

(임금께 작별 인사를 드리고 떠나던 날 피눈물이 났는지 어떠했는지

압록강 흐르는 물에 푸른빛이 전혀 보이지 않네.

배 위의 머리가 허옇게 센 사공도 이런 일은 처음 본다 하더라.)

주화론자인 그의 눈에도 왕자들이 임금에게 이별을 고하는 자리는 피눈물이 쏟아지는 자리로 보였을 것입니다. 압록강 물이 푸른빛을 잃은 이유는 아마도 그 피눈물 때문이 아니었을까요? 그는 청나라에서 돌아온 소현세자가 갑자기 세상을 떠난 후 세손이 그 뒤를 잇는 것이 도리임을 내세워, 봉림대군을 세자로 책봉하려는 인조의 뜻을 반대하기도 하였습니다.

그렇게 피눈물을 흘리며 이별한 왕자들과 소중한 아들들을 떠나보낸 아버지 인조의 마음을 짐작할 수 있는 작품들도 있습니다. 선양으로 잡혀간 지 3년

뒤, 소현세자는 인조에게 갓방석과 함께 다음의 한시를 지어 보냈습니다.

몸은 낯선 땅에 있어 못 가는
(身留異域未歸人 : 신유이역미귀인)
내 집은 서울 장안 한강 기슭
(家留長安漢水濱 : 가유장안한수빈)
달 밝고 깊은 밤중 꽃잎에 눈물짓고
(月白夜心花落泣 : 월백야심화락읍)
바람 맑은 연못 위엔 버들잎이 푸른데
(風淸池面柳絲新 : 풍청지면류사신)
꾀꼬리 울음소리 고향 꿈을 깨우며
(黃驪嗅起遙西夢 : 황려후기요서몽)
제비 찾아와서 경회루의 봄을 알리네
(玄鳥來傳慶會春 : 현조래전경회춘)
온 종일 누대에서 노래하고 춤추던 곳
(盡樓臺歌舞地 : 진누대가무지)
고향을 돌아보니 눈물이 쏟아지네
(不堪回首淚漸巾 : 불감회수누점건)

멀리 떠난 자식을 그리워하는 아버지의 마음은 왕이라 해서 다를 바는 없
겠지요. 인조는 아들이 보낸 이 시를 보고 애통함을 금하지 못하고 다음과
같은 시조를 지었습니다. 종장이 길어진 변형 시조입니다.

내라 그리거니 네라 아니 그릴넌가

천리만향(千里萬鄕)에 얼매나 그리난고

사창(紗窓)의 슬픠 우난 뎌 뎝동새야 블여귀(不如歸)라

말고라 내 안 둘 데 업새라

(내가 너를 그리워하는데 넌들 어찌 그립지 않겠는가.

천 리 밖 이역 땅에서 고국을 얼마나 그리겠는가.

창밖에서 슬피 우는 저 접동새야, 돌아가지 못하다고 하지 말아라.

안타까운 내 마음 둘 곳이 없구나.)

훗날 효종이 되는 봉림대군(鳳林大君, 1619~1659)도 아버지를 그리워하는 시조를 여러 편 썼습니다. 이 시조는 소현세자와 함께 인질로 잡혀갈 때의 심경을 읊은 것입니다. 안 그래도 심란한데 날씨까지 궂으니 마음을 추스르기 더 어려웠겠지요.

청석령(靑石嶺) 지나거다 초하구(草河口)ㅣ 어디메오

호풍(胡風)도 차도찰샤 궂은비는 무스일꼬

뉘라서 내 행색 그려다가 임 계신데 드릴꼬

(이제 청석령을 지나가니, 초하구는 어디쯤일까?

오랑캐 땅에 몰아치는 바람이 차기도 한데, 왜 궂은비까지 내리는 걸까?

누가 초라한 내 행색을 그려다 임금님 계신 곳에 갖다드릴까.)

선양에서 지내는 동안 아버지에 대한 간절한 그리움도 시조로 표현했습

니다.

> 앗가야 사람되랴 온 몸에 깃이 돋쳐
> 구만 리 장천(長天)에 푸드득 솟아올라
> 임 계신 구중궁궐을 굽어볼까 하노라
> (아깝다! 내가 왜 사람이 되었을까. 온몸에 날개가 돋아나서
> 높은 하늘로 푸드득 솟아올라
> 아바마마가 계신 대궐을 굽어보았으면 좋으련만.)

 인질로 잡혀간 왕자들의 안위를 걱정하는 것은 아버지 뿐만은 아니었습니다. 일반 백성들도 왕자들을 그리워하고 그래야만 하는 상황에 대해 분노해 했습니다. 이정환(李廷煥, 1613~1673)은 병자호란 이후 벼슬에도 나가지 않고 두문불출했지만, 당시의 상황을 개탄한 시조 열 수를 '비가(悲歌 : 슬픈 노래)'라는 제목으로 지어서 남겼습니다. 마지막 수에서 어리석다고 한 사람은 바로 자기 자신인 듯합니다. 어리석게 컴컴한 방에서 '비가'나 읊고 있어봤자 무엇하겠느냐는 것이지요. 그래서 어디 가서 탁주나 얻어 마셔야겠다고 했지만 그래도 이 노래 열 수는 우리에게 남겨주었네요.

> 한밤중 혼자 일어 묻노라 이내 꿈아
> 만 리 요양을 어느 듯 다녀 온고
> 반갑다 학가선용(鶴駕善容)을 친히 뵌듯 하여라
> (한밤중에 혼자 일어나서 묻노라, 나의 꿈이여.
> 만 리 이국땅인 선양을 언제 다녀왔느냐?

그러나 반갑구나, 꿈속에 본 왕자님들이지만 생시에 직접 만나 뵌
듯하다.)

풍설 섞어 친 날에 물노라 북래사자(北來使者)야
소해 용안(小海容顔)을 얼마나 추우신고
고국에 못 죽는 고신(孤臣)이 눈물겨워 하노라

(바람과 눈이 몰아치던 날 선양에서 온 사람에게 물어 보노라.
인질로 끌려가신 세자의 얼굴빛이 얼마나 추워 보이더냐?
고국에서 죽지 못하고 남아 있는 외로운 신하가 안타까움에 눈물
겨워 하노라.)

후생 죽은 후에 항왕을 뉘 달래리
초군(楚軍) 삼년에 난고(艱苦)도 그지업다
어느제 한일(漢日)이 밝아 태공(太公) 오게 할고

(초나라 후생이 죽은 후에 누가 항우를 달랠 수 있을까.
초나라 군대는 3년 동안 전쟁을 치르느라 고생이 끝이 없다.
어느 때 한나라의 날이 밝아 왕자를 돌아오게 할까.)

박제상(朴堤上) 듁은 후에 님의 실람 알 리 업다
이역 춘궁(春宮)을 뉘라셔 모셔오리
지금에 치슬령 귀혼(歸魂)을 못내 슬허 하노라

(신라의 박제상 죽은 후에 임의 시름 알 사람 없다.
멀리 떨어진 곳에 인질로 잡혀간 왕자를 누가 모셔올까.

지금 박제상 부인의 망부석이 있는 치술령에 혼이 돌아와 못내 슬
퍼하노라.)

모구(旄丘)를 돌아보니 위(衛) 사람 알 리 업다
세월이 자로 가니 칡줄이 길엇세라
이 몸이 해어진 갓옷을 기워줄 이 업서라
(언덕을 돌아보니 호위하는 사람이 알 리 없다.
세월이 빨리 흘러가니 칡줄처럼 명은 긴데
나의 헤진 갓옷을 기워줄 사람이 없구나.)

조정을 바라보니 무신(武臣)도 하 만하다
신고(辛苦)한 화친을 누를 두고 한 것인고
슬프다 조구리(趙廏吏) 이미 죽으니 참승(參乘)하리 업
세라
(조정을 바라보니 무신은 매우 많건만
병자호란의 힘들었던 화친은 누구를 두고 한 것인가.
슬프다, 마부[길잡이가 될 만한 충신]가 죽으니 임금을 모시고 호
위하여 수레에 같이 탈 사람이 없구나.)

구중(九重) 달 발근 밤의 성려(聖慮) 일정 만흐려니이
역풍상에 학가(鶴駕)인들 이즐소냐
이 밖에 억만창생을 못내 분별하시는도다
(대궐의 달 밝은 밤에 임금님의 마음도 복잡할 것이다.

남의 나라에서 시련을 겪고 있는 왕자들을 잊을 수 있겠는가.
그 밖에 백성에 대한 근심까지 하시는구나.)

구렁에 낫는 플이 봄비에 절로 길어
알을 일 업스니 절 아니 좋을소냐
우리는 너희만 못하야 실람겨워 하노라

(구렁에 나는 풀은 봄비에 절로 자라나며
알아야 할 일이 없으니 그것이 좋지 않은가.
우리는 너희만 못하여 근심을 견딜 수가 없구나.)

이거사 어린 거사 잡말 마라스라
칠실(漆室)의 비가(悲歌)를 뉘라서 슬퍼하리
어듸서 탁주 한 잔 얻어 이 실람 플가 하노라

(이것아 어리석은 것아 잡말 하지 말아라.
컴컴한 방에서 부르는 슬픈 노래를 누가 슬퍼하리.
어디서 탁주 한 잔 얻어 이 시름 풀까 하노라.)

　정온(鄭蘊, 1569~1641)은 광해군 때 인목대비 폐모론을 반대하다 제주로
유배되었다가 인조반정에서 풀려난 사람입니다. 병자호란 때 남한산성에
서 청나라와의 화의가 성립되는 것을 보고 자살을 기도했습니다. 주위의
간호로 다시 살아나게 되자, 나라의 은혜에 보답 못함을 안타깝게 여기고
처자를 볼 낯도 없다면서 산으로 들어가고 말았는데, 다음의 시조는 이 때
지은 것으로 추측됩니다.

책 덮고 창을 여니 강호에 배 떠 있다

왕래(往來) 백구는 무슨 뜻 먹었는고

앗구려 공명도 말고 너를 좇아 놀리라

(독서하다가 책장을 덮고 창문을 여니, 물가에 배가 떠 있구나.

오가는 갈매기는 무슨 뜻을 품고 저렇게 왔다갔다 하는 걸까?

아서라! 나도 이름을 떨치려는 생각일랑 버리고 갈매기와 함께 놀

아 보련다.)

　이명한(李明漢, 1595~1645)도 정온과 마찬가지로 인목대비의 폐모론에 참여하지 않았다는 이유로 파면된 사람입니다. 병자호란 때 척화를 주장하고 선양에 끌려갔다가 이듬해 볼모로 잡혀간 소현세자와 함께 돌아왔습니다. 명나라와 밀통하는 글을 썼다 하여 다시 청나라에 잡혀갔다가 풀려나 집으로 돌아왔지만, 세상을 비관하여 벼슬길에 나서지 않았습니다. 다음의 시는 이명한이 청나라에 볼모로 잡혀 있을 시절에 쓴 작품들입니다.

　꿈에 다니는 길이 자취곳 날작시면

임의 집 창밖이 석로(石路) ㅣ 라도 닳을로다

꿈길이 자취 없으니 그를 슬어 하노라

(꿈속에서 다니는 길에 오고간 흔적이 난다면

임[임금]의 집 창밖의 길이 돌길이라 하더라도 다 닳을 것이다.

그러나 꿈속에 다니는 길에 아무런 흔적도 없으니, 그것을 슬퍼하

노라.)

울며 잡은 소매 떨치고 가지 마소
초원 장제(草原長堤)에 해 다 져 저물었다
객창(客窓)에 잔등(殘燈)을 돋우고 새와보면 알리라

(헤어지기 싫어서 울며 잡은 소매를 떨치고 가지 마시오.

까마득히 먼 둑길에 벌써 해가 다 저물었소.

객주집 창가에서 타다 남은 등불을 돋우고 밤을 새워 보면 이별의
심정을 알 것이오.)

서산에 일모(日暮)하니 천지에 가이 업다
이화에 월백하니 님 생각이 새로왜라
두견아 너는 눌을 그려 밤새도록 우나니

(서산에 해가 지니 하늘과 땅이 끝없이 넓구나.

배꽃이 달빛을 받아 더욱 희니 임 생각이 새롭게 나는구나.

두견새야 너는 누구를 그리며 밤새도록 우느냐.)

초강(楚江) 어부들아 고기 낙가 삼지 마라
굴삼려(屈三閭) 충혼(忠魂)이 어복리(漁腹裏)에 드럿
나니
아모리 정호(鼎壺)에 살문들 닉을 줄이 이시랴

(초나라 양자강에서 고기 잡는 어부들아 고기 낚아 삶지 마라.

그 강물에 몸을 던져 죽은 삼려대부 굴원의 충성스런 넋이 고기 뱃
속에 들어가 있으니

아무리 솥에 넣고 삶더라도 익지 않을 것이다.)

여기서 초강 어부는 청 태종을, 굴삼려 충혼은 볼모로 잡혀간 조선 민족을 상징하고 있습니다. 다음의 시조들도 이명한의 작품이지만 고향으로 돌아온 후 지은 것들이어서 앞의 시조들과는 느낌이 많이 다르지요.

반(半)남아 늙어시니 다시 졈듯 못하여도
이후나 늙지 말고 매양 이만 하엿고져
백발아 네나 짐작하여 더듸나 늙게 하여라

(인생의 반을 살아 이미 늙었으니 다시 젊어지지는 못하여도
이후에나 늙지 말고 늘 이만 하였으면 좋겠다.
백발아, 네가 짐작해서 천천히 늙을 수 있도록 하여라.)

사랑이 엇떠더냐 둥고더냐 모지더냐
길더냐 져르더냐 발일넌냐 자힐너냐
각별(各別)이 긴 줄은 모로대 끝단 듸를 몰나라

(사랑이 어떻더냐 둥글더냐 네모지더냐,
길더냐 짧더냐 발로 재야하겠느냐 자로 내야 하겠느냐.
각별히 긴 줄은 모르겠지만 끝간 데는 모르겠구나.)

볼모로 잡혀간 사람들의 문제는 왕자들에 국한된 것은 아니었습니다. 청나라로 끌려간 포로들을 데려오는 문제는 병자호란 후 조선의 커다란 사회 문제가 되었습니다. 청나라는 신분에 따라 차등을 두어 돈을 받고 사람들을 풀어주었습니다. 그런데 부녀자들의 경우 그 문제가 더욱 심각했습니다. 가문의 체면이 있으니 돈을 치르고 아내를 데려 오긴 했지만 오랑캐

의 나라에서 분명 순결을 잃었을 것이라 생각되는, 즉 더럽혀진 여자를 다시 데리고 살 수 없었던 것이지요. 그런데 이것이 사회 문제로 확대되자 조정에서는 사대부들에게 이혼을 하지 못하도록 엄명을 내리기도 했습니다.

임진왜란 때 포로가 되어 잡혀간 조선인 146인을 데리고 돌아왔던 신계영(辛啓榮, 1577~1669)은, 병자호란 때도 포로로 잡혀간 사람들을 대가를 지불하고 귀환시키는 속환사(贖還使)가 되어 선양에서 속환인 600여 명을 데리고 왔습니다. 후에 볼모로 잡혀간 소현세자를 맞으러 부빈객(副賓客)으로도 선양에 간 것을 보면, 그에게는 잡혀간 사람들을 데려오는 특별한 재주가 있었던 것 같기도 합니다. 다음은 신계영이 지은 늙음을 한탄하는 노래입니다.

아해 제 늘그니 보고 백발을 비웃더니
그더대 아해들이 날 우슬 줄 어이 알리
아해야 하 웃지 마라 나도 웃던 아해로다
(어릴 때 늙은이 보고 흰머리를 비웃었는데
벌써 아이들이 날 웃을 줄 어이 알았으리.
아이야 웃지 마라 나도 전에 늙은이를 보고 웃던 아이였다.)

늙고 병이 드니 백발을 어이 하리
소년 행락(少年行樂)이 어제론닷 하다마난
어데가 이 얼굴 가지고 녯 내로다 하리오
(늙고 병이 드니 백발을 어이 하리.
어린 시절 즐겁게 지내던 때가 어제 일인 것 같지만

어디 가서 이 얼굴 가지고 옛날의 내로다 할 수 있을까.)

  인조의 치욕스러운 항복 소식은 백성들에게도 엄청난 충격을 안겨주었습니다. 벼슬은 하지 않았지만 임진왜란 때 의병을 일으키는 데 가담해 군량을 관리했던 김득연(金得研, 1555~1637)은, 삼전도의 치욕을 전해 듣고 분한 마음에 병을 얻어 항복한 다음 해 세상을 떠났습니다. 다음 시조를 보면 그가 78세였던 1633년까지만 해도 편안한 삶을 살 수 있었던 것 같습니다. 그렇게 천수를 누리던 김득연을 분사(憤死)하도록 만든 책임은 누구에게 있는 것일까요?

> 칠십 년 다 지낸 후에 또 팔 년에 다다르니
> 한가한 이 내 몸이 수역(壽域) 중에 늙어간다
> 오늘날 또 봄을 만나 격양가(擊壤歌)를 하노라
> (칠십 년 다 지낸 후에 또 여덟 살을 더 먹으니
> 한가한 이 내 몸이 오래 살았다고 할 만한 나이 중에 늙어간다.
> 오늘날 또 한 살을 더 먹어 봄을 만나 발을 구르며 부르는 즐거움
> 의 노래를 부르노라.)

  병자호란 때 아무 것도 못 하고 그냥 무기력하게 당하고만 있었던 것은 아닙니다. 조선에는 임경업(林慶業, 1594~1646)이라는 용맹한 장수가 있었지요. 그는 평안도 영변 부사를 지내며 백마산성을 수축하여 외적에 방비했고, 병자호란 때는 적의 진로를 일부 차단시켰습니다. 청나라 군에 의해서 남한산성이 포위되자, 그는 국경을 넘어 청나라의 도읍지 선양을 치

려고 하다가 실패하기도 했습니다.

임경업은 1643년 명나라에 망명하여 평로장군으로 청나라 공격에 나섰다가 포로가 되었는데, 김자점 등이 조선으로 송환시켜 인조의 친국을 받게 하였습니다. 조국을 배반하고 남의 나라에 들어가서 국법을 어겼다는 죄와, 당시 일어난 모반 사건에 연루되었다는 죄로 임경업은 죽임을 당하고 말았습니다. 다음은 관우와 같은 용장을 본받고 싶은 임경업의 마음가짐을 엿볼 수 있는 그의 시조입니다.

> 역발산 기개세(力拔山氣蓋世)는 초패왕의 버금이요
> 추상절(秋霜節) 열일충(烈日忠)은 오자서의 우이로다
> 천고(千古)에 늠름한 대장부는 한수정후(漢壽亭候)ㄴ가
> 하노라
> (힘이 산을 뽑아내고 기개가 세상을 덮치는 데는 초패왕 항우의 다음이요,
> 가을 서릿발 같은 절개와 불타는 태양 같은 충성심은 오자서보다 낫도다.
> 수천 년에 걸쳐 늠름한 대장부라 할 만한 사람은 한수정후 관우뿐이라 생각한다.)

이 무렵의 시조를 이야기하면서 빼놓을 수 없는 사람이 있습니다. 바로 고산(孤山) 윤선도(尹善道, 1587~1671)입니다. 성균관 유생이었던 윤선도는 당시의 집권당 대북파인 이이첨 무리의 전횡을 신랄하게 비판하는 상소를 임금에게 올렸습니다. '병진소(丙辰疏)'라 불리는 이 상소에 대해 이이첨의

사주를 받은 승정원과 삼사에서는 "한없이 더러운 비방을 받고 누명을 부당하게 뒤집어썼으니 그대로 있을 수 없다"라며 윤선도를 파면하라고 주장하였습니다. 이에 광해군은 윤선도를 함경북도 경원으로 유배 보냈습니다. 다음은 경원에 유배되어 있을 때 지은 '견회요(遣懷謠)'라는 연시조입니다.

슬프나 즐거오나 올다하나 외다하나
내 몸의 해올 일만 닥고 닫글 뿐이언뎡
그 밧긔 녀나믄 일이야 분별할 줄 이시랴

(슬프나 즐거우나 옳다 하나 그르다 하나
내 몸의 할 일만 닦고 또 닦을 뿐이고
그 밖의 다른 일은 상관할 필요 있겠는가.)

내 일 망녕된 줄을 내라하야 모랄손가
이 마음 어리기도 님 위한 타시로쇠
아매 아마리 닐러도 님이 혜여 보쇼셔

(내가 저지른 일이 망녕된 줄을 나라고 모르겠는가.
이 마음 어리석기도 임 위한 탓이로다.
아무리 다른 사람이 뭐라고 말해도 임이 헤아려 무엇이 옳은지 생각해보세요.)

추성진(楸城鎭) 호루(胡樓) 밧긔 우러네난 뎌 시내야
므음 호리라 주야(晝夜)의 흐르난다
님 향한 내 뜻을조차 그칠 뉘를 모러나다

(경원의 추성진 호루 밖으로 울며 흐르는 저 시내야.

무엇하러 밤낮으로 흐르느냐.

임 향한 내 뜻을 따라 그칠 줄을 모르는구나.)

뫼한 길고길고 믈흔 멀고멀고

어버이 그린 뜯은 만코만코 하고하고

어듸셔 외기러기난 울고울고 가나니

(산은 길고길고 물은 멀고멀고

어버이 그리워하는 뜻은 많고도 많은데

어디서 외기러기는 울고울고 가는가.)

어버이 그릴 줄을 처음븟터 아란마난

님군 향한 뜯도 하날히 삼겨시니

진실로 님군을 니자면 긔 불효인가 녀기롸

(어버이 그리워하는 줄을 태어날 때부터 알았지만

임금님 향한 뜻도 하늘이 만든 것이니

진실로 임금님을 잊으면 그것도 불효인가 여기라.)

  윤선도는 이 무렵 유배지에서 아버지의 부음을 접했습니다. 아버지는 윤
선도가 병진소를 올린 탓에 삭탈관직 되었다가 몇 년 후 세상을 떠난 것입
니다. 아버지가 상소문 올리는 것을 간곡히 말렸지만 윤선도는 젊은 혈기
에 일을 저질렀지요. 결국 윤선도는 아버지에게 자식이 유배되는 못 볼 꼴
을 보였고, 아버지의 명도 재촉한 것이니 불효를 저지른 셈이 되었습니다.

・ **윤선도의 생가 터에 세워진 비석** 만년의 윤선도는 한양보다는 주로 고향인 전남 해남과 보길도에서 많은 시간을 보냈다.(서울 종로구 동숭동)

그래서 더 회한이 많았겠지요.

윤선도는 인조반정이 일어난 후 유배에서 풀려나 고향 해남에 머물러 있을 때 병자호란이 일어났다는 소식을 들었습니다. 급히 의병을 모아 배를 타고 강화로 가던 중 강화가 함락되었다는 이야기를 듣고 낙담하여 돌아가는 길에, 전라남도 완도군의 보길도를 발견하게 되었습니다.

전쟁이 끝난 후에도 윤선도의 벼슬길은 순탄하지 않았습니다. 병자호란 때 왕을 호종하지 않았다 하여 유배되는 등 몇 차례 모함에 의한 좌천과 파직, 또는 자진 사직을 거치면서, 윤선도는 고향인 해남과 보길도, 한양을 왔다갔다 하며 살았습니다. 수많은 관직을 지냈지만 윤선도가 진정으로 꿈꾸는 삶은 보길도에서의 한가로운 삶이었을 것입니다. 다음 시조는, 그의 나이 50대 후반에 고향에서 살면서 지은 '만흥(漫興)'이라는 연시조입니다.

산수간(山水間) 바위 아래 띠집을 짓노라니

그 모른 남들은 웃는다 한다마는

어리고 향암(鄕闇)의 뜻에는 내 분인가 하노라

(자연의 바위 아래 풀로 지붕을 이은 소박한 집을 짓고 살려하니

그 뜻을 모르는 남들은 비웃지만

나같이 어리석고 시골에 사는 사람의 생각에는, 이것이 내 분수에

맞는 일인가 한다.)

보리밥 풋나물을 알맞춰 먹은 후에

바위 끝 물가에 슬카지 노니노라

그 남은 여남은 일이야 불을 줄이 있으랴

(보리밥 풋나물처럼 소박한 식사를 알맞게 한 다음에

바위 끝 물가에서 실컷 노니노라.

그 밖의 다른 일이야 부러워할 까닭이 있겠는가.)

잔 들고 혼자 앉아 먼 뫼흘 바라보니

그리던 임이 오다 반가움이 이러하랴

말씀도 우음도 아녀도 못내 좋아하노라

(술잔을 들고 먼 산을 바라보니

그리워하던 임이 찾아온다 해서 이렇게 반가우랴.

말도 안 하고 웃지도 않지만 나는 산을 좋아한다.)

누고셔 삼공(三公)도곤 낫다 하더니 만승(萬乘)이 이만

하랴

이제 혜어든 소부 허유ㅣ 약돗더라

아마도 임천(林泉) 한흥(閑興)을 비길 곳이 없세랴

(누가 자연이 삼정승의 벼슬보다 낫다고 하더니, 만승을 거느린 천
자라고 이렇게 좋을까.

이제 생각해 보니 중국의 소부와 허유가 매우 현명했더라.

아마도 자연에서 즐기는 한가로운 흥취는 비교할 데가 없는 것 같
구나.)

내 셩이 게으르더니 하날히 아라실샤

인간 만사를 한 일도 아니 맛뎌

다만당 다토리 업슨 강산을 딕희라 하시도다

(내 천성이 게으르다는 것을 하늘이 아셨는지

인간 세상의 많은 일 중 하나도 내게 아니 맡기고

다만 서로 갖겠다고 다툴 사람 없는 자연을 지키라 하셨도다.)

강산이 좋다 한들 내 분(分)으로 누웠느냐

임군 은혜를 이제 더욱 아노이다

아무리 갚고자 하여도 해올 일이 없세랴

(강산이 좋다고 해도 내 분수로 이렇게 평안히 누워 있겠는가.

이 모든 것이 임금님의 은혜인지를 더욱 알겠구나.

그 은혜를 아무리 갚으려 해도 내가 할 수 있는 일이 없구나.)

허유는 중국 요나라 때의 사람인데, 요 임금이 그에게 왕위를 물려주기 위해 외딴 숲 속까지 찾아와 설득하였습니다. 그러자 허유는 친구인 소부를 찾아가서 자신이 요 임금으로부터 들은 얘기를 전해 주었습니다. 그러자 소부가 매우 불쾌하게 여기면서 "자네의 이름이 세상에 알려졌으니 이제 자네는 내 친구가 아닐세"라고 허유에게 말했습니다. 허유가 물러가자 소부는 탐욕스런 말을 들었다고 강으로 달려가 귀와 눈을 씻었답니다.

그 때 한 농부가 소를 끌고 강가에 와서 물을 먹이려다 귀를 씻고 있는 소부를 보고는 왜 귀를 씻느냐고 물었지요. 소부가 자초지종을 얘기하니 농부는 그 더러운 물을 소에게 먹일 수 없다며 소를 끌고 상류로 올라갔답니다. 윤선도는 이런 옛이야기를 들어가며 속세를 떠나 자연에서 사는 아름다움을 노래했지만, 결국 임금님의 은혜를 노래에서 빠트리지 않았습니다. 임금님에 대한 그리움은 곧 속세에 대한 미련인데 말입니다.

이런 시조 덕분인지 윤선도는 효종에게 거듭 부름을 받았습니다. 그러나 효종이 세상을 떠나자 윤선도는 송시열과 예송 논쟁을 거듭하다가, 결국 서인에게 몰려서 74세의 늙은 몸으로 함경남도 삼수와 전라남도 광양에서 8년간의 귀양살이를 겪어야 했습니다. 그의 나이 81세에야 유배에서 놓여나 자신의 이상향인 보길도 부용동에 들어가 5년 만에 세상을 떠났습니다. 그 가운데 윤선도는 일흔일곱 편의 시조를 남겼습니다. 특히 윤선도의 시조는 우리말을 아주 아름답게 사용한 뛰어난 작품들입니다. 우선 단시조 두 편을 꼽아보겠습니다.

비 오난 데 들희 가랴 사립 닷고 쇼 머겨라
마히 매양이랴 잠기 연장 다사려라

쉬다가 개난 날 보아 사래 긴 밧 가라라

(비 오는데 들에 나가겠는가 사립문 닫고 소 여물이나 먹여라.

늘 이렇게 쉬겠느냐, 쉴 때 농기구 보살펴라.

쉬다가 갠 날 보아 사래 긴 밭을 갈아라.)

구즌 비 개단말가 흐리던 구름 걷단말가

압내희 기픈 소히 다 맑앗다 하나산나

진실로 맑디옷 맑아시면 갓긴 시서 오리라

(궂은 비 개었는가, 흐리던 구름이 걷혔는가.

앞쪽의 냇물 깊은 연못 다 맑았다 하느냐.

진실로 맑디맑다면 갓끈 씻어 오리라.)

　　윤선도가 지은 그 많은 시조 가운데 자연물을 다섯 벗으로 묘사한 '오우
가(五友歌)'와, 자연 속에 사는 자신의 모습을 어부라 하여 그 한가로운 삶
을 그린 '어부사시사(漁父四時詞)'는 시조문학사에서 빼놓을 수 없는 중요
한 작품입니다. 먼저 '오우가'부터 감상하겠습니다.

　　내 벗이 몇이나 하니 수석(水石)과 송죽(松竹)이라

동산에 달이 오르니 긔 더욱 반갑고야

두어라 이 다섯 밖에 또 더하여 무엇하리

(내 벗이 몇이나 될까 헤아려 보니 수석과 송죽이 친구로다.

막 동쪽 산에 달이 떠오르니, 그것이 더욱 반갑구나.

두어라, 이 다섯 가지 외에 또 더 있은들 무엇하겠는가.)

구름 빛이 좋다 하나 검기를 자로 한다
바람 소리 맑다 하나 그칠 적이 하노매라
좋고도 그칠 뉘 없기는 물뿐인가 하노라
(구름의 빛깔이 좋다고 하지만, 자주 검어지곤 한다.
바람 소리가 맑다고 하지만 그칠 적이 많다.
좋고도 그칠 적이 없는 것은 물뿐인가 한다.)

꽃은 무슨 일로 피면서 쉬이 지고
풀은 어이하여 푸르는 듯 누르나니
아마도 변치 아닐손 바위뿐인가 하노라
(꽃은 무슨 일로 피면 쉽게 져 버리고
풀은 어째서 푸른 듯하다가 이내 누렇게 변하는가?
아마도 변하지 않는 것은 바위뿐인가 한다.)

더우면 꽃 피고 추우면 잎 지거늘
솔아 너는 어찌 눈서리를 모르는다
구천(九泉)에 뿌리 곧은 줄을 글로 하여 아노라
(더워지면 꽃이 피고, 추워지면 잎이 지는 것이 당연한 이치인데
소나무야 너는 어찌하여 차디찬 눈서리를 모르고 살아가느냐?
눈서리를 모르는 걸 보아 깊은 땅속에 있는 네 뿌리가 곧은 줄을
알겠다.)

나무도 아닌 것이 풀도 아닌 것이

곧기는 뉘 시키며 속은 어이 비었는다
저렇고 사시에 푸르니 그를 좋아하노라
(나무도 아니고 풀도 아닌 것이
곧기는 누가 그렇게 시켰으며 속은 어째서 비었느냐?
저렇듯 사시사철 푸른빛을 띠고 있으니 나는 그것을 좋아한다.)

　다음은 '어부사시사'입니다. '어부사시사'는 춘하추동 각 열 수씩 총 40수
가 전합니다. 그 중 잘 알려진 작품 몇 수만 소개합니다. '어부사시사'는 다
른 시조와 달리 초장과 중장 사이, 중장과 종장 사이에 여음구를 넣었습니
다. 형식이 조금은 낯설게 보이는 '어부사시사'도 이 여음구를 제외하면 분
명 3장6구의 시조입니다. 이 중 중장과 종장 사이에 공통적으로 들어간 '지
국총 지국총'은 노 젓는 소리를, '어사와'는 노를 저으며 내는 '어여차' 소리
를 표현한 것이라고 합니다. 글쎄요. 노 젓는 소리가 '지국총 지국총'하고
들리는 지는 기회 닿는 대로 유심히 들어볼 일입니다.

우는 것이 뻐꾸기가 푸른 것이 버들숲가
이어라 이어라
어촌 두어 집이 냇속에 날락들락
지국총 지국총 어사와
말가한 깊은 소(沼)에 온갖 고기 뛰노나다
(울고 있는 것이 뻐꾸기인가? 푸른 것은 버들숲인가?
배 저어라, 배 저어라.
배가 나아가니 어촌의 두어 집이 안개 속에서 들락날락한다.

맑고도 깊은 연못에서 온갖 고기가 뛰노는구나.)

동풍이 건듯 부니 물결이 고이 인다
돛 달아라 돛 달아라
동호(東湖)를 돌아보며 서호(西湖)로 가자스라
지국총 지국총 어사와
앞 뫼히 지나가고 뒷 뫼히 나아온다
(동풍이 잠시 불어오니 물결이 곱게 일어나는구나.
돛 달아라, 돛 달아라.
동쪽 호수를 돌아보면서 서쪽 호수 쪽으로 가자꾸나.
앞산이 지나가고 뒷산이 나타나는구나.)

연잎에 밥 싸 두고 반찬을랑 장만 마라
닻 들어라 닻 들어라
청약립(靑蒻笠)은 써 있노라 녹사의(綠簑衣) 가져 오냐
지국총 지국총 어사와
무심한 백구는 내 좇는가 제 좇는가
(연잎에다 밥만 싸 놓고 반찬은 장만하지 마라.
닻 들어라, 닻 들어라.
삿갓은 쓰고 있으니 비옷인 도롱이 가져 와라.
아무 생각 없는 갈매기가 주변을 날고 있으니 내가 갈매기를 따르
는 것인지, 갈매기가 나를 따르는 것인지 알 수 없구나.)

물외에 좋은 일이 어부 생애 아니러냐
배 떠라 배 떠라
어옹(漁翁)을 웃지 마라 그림마다 그렸더라
지국총 지국총 어사와
사시(四時) 흥이 한 가지나 추강(秋江)이 으뜸이라
(속세를 벗어나 사는 것이 어부의 생활이 아니겠느냐.
배 띄워라, 배 띄워라.
늙은 어부를 비웃지 마라. 그림마다 어옹이 그려져 있더라.
네 계절의 흥겨움이 다 비슷하지마는, 그 중에서 가을 강물의 흥
취가 으뜸이더라.)

수국(水國)에 가을이 드니 고기마다 살쪄 있다
닻 들어라 닻 들어라
만경창파에 슬카지 용여(用餘)하자
지국총 지국총 어사와
인간을 돌아보니 멀도록 더욱 좋다
(강촌에 가을이 찾아드니 고기가 다 살쪄 있구나.
닻 들어라, 닻 들어라.
넓고도 맑은 물 위에서 실컷 놀아보자꾸나.
속세를 돌아다보니 멀수록 더욱 좋구나.)

간 밤에 눈 갠 후에 경물(景物)이 달랐고야
이어라 이어라

앞에는 만경유리(萬頃琉璃), 뒤에는 천첩옥산(千疊玉山)

지국총 지국총 어사와

선겐가 불겐가 인간이 아니로다

(간밤에 눈이 갠 후에 보이는 경치가 아주 달라졌구나.

배 저어라, 배 저어라.

앞에는 유리같이 잔잔한 바다, 뒤에는 옥같이 깎아 세운 산들이 겹

겹이 서 있구나.

여기가 신선이 사는 곳인가, 부처가 사는 곳인가? 어쨌든 인간 세

계는 아니로다.)

윤선도가 늘 자연에서 사는 즐거움만을 노래한 것은 아닙니다. 자연을 소
재로 삼아 당시의 세상과 관련지어 노래한 작품들도 있습니다.

월출산이 놉더니마난 믜운 거시 안개로다

천왕 제일봉을 일시예 가리와다

두어라 해 퍼딘 휘면 안개 아니 거드랴

(영암 월출산이 높다더니만 그보다 미운 것이 안개로다.

지리산 천왕봉을 단번에 가려버렸구나.

두어라 햇살이 퍼지면 안개가 걷히지 않겠느냐.)

창승(蒼蠅)이 쓸뎌시니 파리채는 놓았으되

낙엽이 늣거오니 미인은 늙을 게고

대숲에 달빛이 맑으니 그를 보고 노노라.

(쇠파리 떼가 다 쓰러졌으니 파리채는 내려놓았지만

어느새 낙엽이 지니 임금께서도 늙으실 것이다.

그러나 대숲에 달빛이 맑게 비치니, 그것을 바라보며 즐기겠다.)

앞의 작품에서 천왕봉은 임금을, 그 봉우리를 가리는 안개는 간신을 상징하고, 뒤의 작품에서 창승(쇠파리 떼)은 간신배를, 미인은 인조 임금을 상징합니다. 간신배가 다 물러갔으니 다행이지만 세월이 흐르면 슬프게도 임금이 늙겠지요. 그러나 그런 것 생각하면 다 무엇하겠습니까? 그저 대숲만 보며 잊고자 했던 것이지요.

12
북벌의 기상은 어디 가고
사대주의만 남았나

12 북벌의 기상은 어디 가고 사대주의만 남았나

병자호란에 조선이 패한 후 봉림대군은 소현세자와 함께 청나라에 볼모로 잡혀가 8년 간 머물렀습니다. 청나라에서 두 왕자는 명나라를 공격하는 군대에 징발되어 여기저기 끌려 다니는 등 온갖 고생을 하였습니다. 봉림대군은 인질로 잡혀 있는 동안 형인 소현세자를 보호하기 위해 형 대신 여기저기로 끌려 다녔습니다. 그런 과정에서 청나라에 대한 원한을 소현세자보다 더 마음깊이 새기게 되었겠지요.

인조는 병자호란이 끝난 뒤에도 청나라의 강압적인 간섭에서 벗어날 수가 없었습니다. 안 그래도 치욕스러운 항복에 이를 갈고 있던 인조에게 이런저런 간섭이 이어지는 것은 청나라에 대한 원한을 더욱 깊게 만들었습니다. 그러나 청나라에 인질로 가서 유럽으로부터 밀려들어온 선진 문물에 심취한 소현세자는 생각이 달랐습니다. 게다가 명나라의 마지막 정예부대가 청나라에 항복하는 것을 직접 목격한 소현세자는 조선의 살 길은 명나라가 아닌 청나라에 매달리는 것이라는 사실을 절감하게 되었습니다.

인조가 소현세자를 못마땅하게 생각하는 데는 코드가 다르다는 것 외에 또 다른 이유가 있었습니다. 청나라가 자신을 몰아내고 소현세자를 왕으로 앉힐지도 모른다는 불안감 때문이었지요. 자신이 반정으로 즉위한 왕이었기 때문에 쫓겨난 왕의 운명이 어떻다는 것도 잘 알고 있었을 것이고요. 실제로 소현세자가 귀국하기 전인 1644년, 심기원이라는 반정공신이 소현세자를 옹립하겠다고 역모를 꾸미다 발각된 일도 있었습니다. 두 차례의 호란을 당하게 한 인조가 왕 자격이 없다는 논리를 내세워서 말입니다.

이런 분위기를 눈치 채지 못한 소현세자는 그동안 자신이, 그리고 조선이 우물 안 개구리였음을 절감하고 이런 현실을 타개해나가겠다는 굳은 의지를 가지고 귀국길에 올랐습니다. 그런데 인조는 소현세자의 청사진에 강한 거부감을 드러냈고, 세자가 청나라에서 선물로 사온 벼루를 세자에게 던져 머리에 부상을 입히기도 했습니다. 또 인조가 세자를 이렇게 미워하는 것을 알게 된 주변 인물들은 기회를 놓치지 않고 두 사람 사이를 이간질하여 부자 관계를 더욱 험악하게 만들었습니다.

34세의 팔팔했던 소현세자는 귀국한지 두 달여 만에 의문의 죽음을 맞았습니다. 공식적으로 밝혀진 사망 원인은 학질이었지만 관련자들은 세자가 독살되었다고 생각했습니다. 시체가 전부 검은 빛이었고, 얼굴의 일곱 구멍에서는 모두 선혈이 흘러나오는 등 약물에 중독되어 죽은 사람의 모습이었기 때문입니다.

그런데 인조는 세자의 사인을 제대로 규명하지도 않고 담당 의관에 대한 책임 추궁도 없이 일을 마무리지어버렸습니다. 새로운 세자를 책봉하는 데도 문제가 있었습니다. 세자가 세상을 떠났을 때는 세자의 아들인 세손이 왕위를 잇는 것이 원칙이었습니다. 그런데 인조는 "불안한 시기에 어린 임금이 즉위하면 사직이 위태로울 것이다"라며 둘째아들 봉림대군을 왕위 계승자로 정했습니다. 그 뿐만 아닙니다. 세자빈 강씨는 인조를 독살하려 했다는 누명을 쓰고 사약을 받았습니다. 또 세자의 아들 세 명도 제주도로 귀양 갔는데, 두 명은 1년도 못되어 풍토병에 걸려 죽었고 셋째 아들만 간신히 목숨을 건질 수 있었습니다. 인조는 자신과 코드가 맞지 않는 소현세자는 물론 그의 흔적까지도 깔끔하게 제거해버린 것입니다.

　당시 사람들도 왜 이런 일들이 일어났는지 어느 정도는 눈치 채고 있었던 모양입니다. 그래서 소현세자빈이 사사를 당할 때(강빈 옥사 : 姜嬪獄事) 이를 말리는 대신도 제법 있었습니다. 반정공신이었던 구인후(具仁垕, 1578~1658)는 소현세자빈 강씨의 신원(伸冤 : 억울함을 풀어주는 것)을 요구하다 죄를 입은 김홍욱(金弘郁)을 옹호하다가 삭직당하기도 했습니다. 그러나 다음의 시조와 같이 자신의 실수를 인정하고 여전히 임금님을 사모하고 있음을 강조해서였는지 곧 복관되고 좌의정에 오를 수 있었습니다.

　　어전(御前)에 실언하고 특명으로 내치시니
　　이 몸이 갈 듸 업셔 서호(西湖)를 차자가니
　　밤중만 닷 드는 소래예 연군성(戀君誠)이 새로왜라
　　(임금님 앞에서 말 실수를 하고 특명에 의해 내쳐지니
　　이 몸이 갈 데 없어 서호를 찾아갔네.
　　밤중에 서호에서 닻 드는 소리에 임금님을 그리워하는 마음이 새로워지는구나.)

　　시비(柴扉)에 개 즛거날 님만 여겨 나가니

님은 아니오 명월이 만정(滿庭)한데 일진 추풍에 님 지

난 소래로다

저 개야 추풍 낙엽을 헛도이 즈져 날 소길 줄 엇지오

(사립문 앞에서 개가 짖기에 임 인줄 알고 나가보니

임은 아니고 밝은 달이 뜰에 가득한데 한 줄기 가을 바람에 낙엽

지는 소리로구나.

저 개야, 가을 바람에 떨어지는 잎을 보고 헛되이 짖어 나를 속이

면 어떡하느냐.)

1646년 강빈 옥사 때 부교리였던 강백년(姜栢年, 1603~1681)도 강빈의 억
울함을 상소하였다가 삭직당했습니다. 그는 1648년 대사간으로 다시 강빈
의 신원을 상소했다가 청풍 군수로 좌천되었지요. 청백리로도 이름이 높
았던 강백년은 강빈 옥사를 끝내 용납할 수 없었던 모양입니다. 다음은 그
의 시조입니다.

청춘에 곱뜬 양자(樣姿) 님으로야 다 늙꺼다

이제 님이 보면 날인줄 알으실까

진실로 나인줄 알아보면 곳에 죽따 셜우랴

(청춘에 곱던 내 모습이 임 때문에 다 늙었다.

이제 임이 보면 나라고 알아보실까.

진실로 나인줄 알아보면 금방 죽어도 서럽지 않으리.)

채유후(蔡裕後, 1599~1660)는 이 일로 좀 더 곤란한 지경에 처하게 되었

습니다. 누구나 꺼려하던 '강빈 폐출 사사 교문(강빈을 내쫓고 사약을 내린다는 교지)'을 썼기 때문입니다. 그도 이 사건에 대해서는 반대했지만 술 마시고 실수하여 인조에게 미움을 샀는데, 이를 만회하기 위해서 이런 글을 썼습니다. 이 글을 쓴 후 채유후는 집에 돌아와 교문을 짓는 데 사용했던 〈사륙전서(四六全書)〉를 모두 불태워버릴 만큼 크게 후회했다고 합니다. 술 때문에 여러 차례 탄핵을 받았으나 뛰어난 글 솜씨 덕분에 늘 복직이 되곤 했던 채유후의 작품입니다. 역시 술을 좋아하는 사람다운 내용의 시조입니다.

> **다나 쓰나 탁주 죠코 대테메온 질병드리 더옥 죠희**
> **어론쟈 박구기를 둥지둥둥 띄여두고**
> **아해야 저리 짐칄만졍 업다 말고 내여라**
>
> (다나 쓰나 탁주 마시는 것이 좋고, 술 항아리 째 둘러메고 마시
> 면 더욱 좋아라.
> 바가지를 항아리에 둥둥 띄어두고
> 아이야, 절인 김치라도 안주 없단 얘기 말고 가져오너라.)

1649년 효종이 즉위하자마자 송시열(宋時烈, 1607~1689)은 '기축봉사(己丑封事)'를 올렸습니다. 이 글에서 그는 명나라를 중화로, 청나라를 오랑캐로 규정하고, 청나라에 당한 수치를 복수하고 말겠다고 주장하였습니다. 송시열은 이로써 북벌 세력의 핵심이 될 수 있었지요. 그런 대신들의 뒷받침에 힘입은 효종은 김자점 등 친청 세력을 몰아내고 척화론자를 중용하는 등 북벌의 의지를 강력하게 드러내기 시작했습니다.

• **소쇄원에 있는 제월당** 소쇄원은 민간 정원의 원형을 간직한 곳으로 선비들의 만남과 교류의 장으로 활용되었다. 제월당의 현판 글씨는 송시열의 친필이다.(전남 담양군 남면)

청나라에 들키지 않도록 최대한 주의를 기울이며 군제를 개편하고 한양 외곽 수비도 강화하였습니다. 군사의 수도 늘리고 군사 훈련에도 지원을 아끼지 않았으며, 북벌의 선봉 부대인 어영청을 대폭 개편, 강화하였습니다. 청 태종은 인조에게 어떤 성곽도 고치지 말라고 했지만 효종은 성곽도 보수하고 군량을 비축하기도 했습니다.

그런데 영의정에서 파직당한 후 원한을 품고 있던 김자점은 북벌 계획을 청나라에 밀고했습니다. 그는 인조 장릉 조영 때 청나라 연호를 쓰지 않은 '장릉 지문(誌文)'을 증거로 보내기도 했습니다. 이 일 때문에 청나라는 북벌에 대해 경계를 강화하였고, 조선은 더욱 북벌 계획의 실천에 조심할 수밖에 없었습니다.

효종의 의기는 훌륭했지만 당시 조선은 임진, 병자 양란을 치른 후라 국력이 모두 쇠진한 상태였습니다. 우선 바닥난 재정 상태로는 전쟁 준비를 할 수 없었습니다. 또 전쟁 준비보다 백성들 먹고 사는 것이 더 다급한 문제였습니다. 그런데다 청나라는 유능한 황제들이 나타나 선정을 베푸는 바람에 국세가 더욱 일어나 북벌의 기회는 좀처럼 찾아오지 않았습니다. 그 무렵 러시아와 청나라의 충돌이 일어나자 청나라는 조선에 군사를 보내달라고 요구했습니다. 조선은 원수를 갚기 위해 축적한 군사력을 오히려 원수를 돕기 위해 사용하는 등 북벌 계획은 효종의 생각과는 다른 방향으로 흘러가게 되었습니다.

당시 훈련대장으로서 북벌 계획에 앞장섰고, 군비 확충안 등을 내놓아 북벌의 중요한 인물이 되었던 이완(李梡, 1604~1649)은 북벌이 좌절된 데 대한 안타까운 심정을 시조로 달랬습니다. 초장과 중장에서는 북벌을 해야 하는 이유를 비유적으로 나타냈고, 종장에서는 북벌 계획이 좌절되어 뜻을 이루지 못하는 늙은 장수의 안타까운 심정을 표현하였습니다.

군산을 삭평(削平)턴들 동정호(洞庭湖) l 너를랏다
계수(桂樹)를 버히던들 달이 더욱 발글 거슬
뜻 두고 이로지 못하고 늙기 셜워 하노라
(동정호 안에 있는 군산을 깎아 평평하게 하였더라면 동정호는 더
넓어졌을 것이다.
달 속에 있는 계수나무를 베어 버렸다면 달은 더욱 밝았을 것이다.
뜻은 있으면서도 이루지 못하고 늙어가니 그것이 서럽구나.)

이완은 박지원의 소설 〈허생전〉에도 등장합니다. 그러나 그 소설 속에서는 이완이 명분만 앞세우고 실천에는 몸을 사리는 답답하고 무능한 당시

사대부의 전형으로 나타났습니다. 다음에 실린 이완의 시조는 박지원의 시선처럼 정말 무기력한 무인의 모습을 보여주는 듯합니다. 자신 앞에 놓인 수많은 시름을 단지 술로 잊으려 하니 말입니다.

술을 취케 먹고 두렷시 안자시니
억만 시름이 가노라 하직한다
아희야 잔 가득 부어라 시름 전송(餞送)하리라

(술을 취하게 마시고 바르게 앉아 있으니
수많은 시름이 가노라고 인사한다.
아희야 잔 가득 부어라 시름을 보내는 송별연을 벌이리라.)

다음 시조는 북벌 계획에 동참했던 유혁연(柳赫然, 1616~1680)의 시조입니다. 대대로 무신 집안에서 자라난 그는, 북벌을 염두에 두고 군비 확충 및 국방에 전념할 무장을 찾던 효종의 눈에 띄었습니다. 효종은 여러 문신의 반대에도 불구하고 유혁연을 일약 승지로 발탁하였습니다. 이후 그는 이완과 더불어 효종의 북벌 계획에 적극적으로 참여하였지요.

그러나 북벌 계획은 효종이나 유혁연의 뜻대로 돌아가지 않았습니다. 그는 병자호란 때 전쟁터에서 아버지를 잃었는데, 이 시조에서는 나라의 원수도, 아버지의 원수도 갚지 못한 채 헛되이 늙어가는 것을 안타깝게 여기고 있습니다.

달는 말 서서 늙고 드는 찰이 보뫼거다
무정(無情) 세월은 백발을 재촉하니

성주(聖主)의 누세(累世) 홍은(鴻恩)을 못 갚을까 하
노라

(전쟁터에서 달리던 말은 그냥 서서 늙어 가고, 잘 드는 칼은 녹
이 쓸었구나.

무심하게 흐르는 세월은 나를 늙어가게 만드니

어진 임금께 대를 이어 입은 크고 깊은 은혜를 갚지 못하고 죽을
까 걱정되는구나.)

　다음은 숙종 때의 서리(書吏 : 하급 관리) 출신의 가인(歌人)으로만 알려
진 김진태(金振泰, ?~?)라는 사람의 시조입니다. 그도 병자호란에 당한 치
욕을 갚아줄 때만 기다리고 있었던 것 같은데 그런 날은 끝내 오지 않아 마
음을 태우며 시조를 지었습니다.

벽상(壁上)에 걸린 칼이 보미가 나닷 말가

공 없이 늙어가니 속절없이 만지노라

어즈버 병자국치(丙子國恥)를 씻어 볼까 하노라

(벽에 걸어 둔 칼이 녹이 쓸었다는 말이냐.

공을 세우지 못하고 늙어가니, 안타까운 마음에 칼만 만지작거리
게 되는구나.

아! 병자년에 겪은 나라의 수치를 씻어보고 싶구나.)

　영조 때 시조집 〈해동가요〉를 만든 김수장(金壽長)이 "작품은 뜻이 뛰어
나고 향운(響韻 : 울림)이 매우 맑아 시속(時俗)에 물들지 않았다. 기이한

말과 아름다운 표현은 봉래산과 영주산에 사는 신선들의 말과 같다. 일찍이 서로 알고 지내지 못한 것이 한스럽다"라고 칭찬했던 김진태의 작품 몇 수를 더 감상해보겠습니다.

세월이 여류(如流)하니 백발이 절로 난다
뽑고 또 뽑아서 젊고자 하는 뜻은
북당(北堂)에 친재(親在)하시니 그를 두려함이라
(세월이 흐르는 물과 같으니 흰머리가 절로 난다.
뽑고 또 뽑아서 젊어 보이려고 하는 뜻은
북당에 어머니께서 아직 살아 계시니 어머니께 걱정을 끼치지 않기 위함이니라.)

장공(長空)에 떴는 소리개는 살핌은 무삼일꼬
썩은 쥐를 보고 반회불거(盤回不去)하는고야
만일에 봉황을 만나면 웃음될까 하노라
(높은 하늘에 떠 있는 저 소리개는 무엇을 찾고자 살피는 것일까?
썩은 쥐를 보고 빙빙 돌면서 멀리 날아가지 못하는구나.
저런 비열한 모습을 봉황이 나타나서 본다면 웃음거리가 되지 않을까 싶다.)

지죄괴는 져 가마괴 암수를 어이 알며
지나는 져 구름에 비 올똥말똥 어이 알리
암아도 세사인정(世事人情)도 다 이런가 하노라

(지저귀는 저 까마귀가 암컷인지 수컷인지 어떻게 알며
지나는 저 구름에 비가 올지 말지 어떻게 알 수 있겠는가.
아마도 세상 일과 사람의 인정이 다 이렇게 겉으로는 알 수 없는
것 같다.)

이휘일(李徽逸, 1619~1672)이라는 학자는 병자호란을 겪고 나서는 성리학 공부를 중단하고 효종의 북벌 계획에 도움이 되고자 병서(兵書)를 열심히 읽었다지요. 조선의 지형과 주변 국가의 정황을 조사하기도 했지만, 효종이 세상을 떠난 뒤 이것들도 쓸모없음을 깨닫게 되었습니다. 이휘일은 고향에 내려가서 '전가팔곡(田家八曲)'이라는 연시조를 지었는데, 이 시조들은 다른 사람들의 '강호한정가'와는 성격이 좀 다릅니다. 자신이 직접 농사일을 하는 농부의 처지가 되어 농촌과 농민의 삶을 사실적으로 그려내고 있는 것이지요.

세상의 바린 몸이 견무(畎畝 : 논밭의 이랑, 여기서는 농
촌에서 일하는 것)의 늘거가니
밧것 일 내 모르고 하는 일 무사 일고
이 중의 우국성심(憂國誠心)은 연풍(年豊)을 원하노라
(세상 일이 서툴러 버려진 몸이 농촌에서 일하며 늙어가니
바깥 세상 돌아가는 일은 알 수 없고, 내가 하는 일은 무엇인고
이런 생활 중에서도 나라를 걱정하는 정성스러운 마음은 풍년을
원하노라.)

농인(農人)이 와 이로대 봄 왓내 바틔가새
압집의 쇼보 잡고 뒷집의 따보내내
두어라 내 집부대 하랴 남 하니 더욱 됴타
(농부가 찾아와 이르기를, 봄이 왔으니 밭에 가세
앞집 사람은 쇼보(소의 쟁기) 잡고, 뒷집 사람은 따비(쟁기)를 가
져오네.
두어라, 내 집부터 하랴. 남이 먼저 하니 더욱 좋다.)

여름날 더운 적의 단 따히 부리로다
밧고랑 매쟈하니 땀 흘너 따희 듯네
어사와 입입 신고(粒粒辛苦) 어늬 분이 알아실고
(여름날 더운 때에 뜨겁게 달아있는 땅이 마치 불과 같구나.
밭고랑을 매자 하니 땀이 흘러 땅에 떨어지네.
어여차! 곡식 한 알 한 알에 맺힌 고생과 괴로움을 어느 분이 알
아줄까.)

가을희 곡셕 보니 됴흠도 됴흘셰고
내 힘의 닐운 거시 머거도 마시로다
이 밧긔 천사만종(千駟萬鍾 : 호화로운 마차 천 대와 쌀
만 섬의 봉급)을 부러 므슴하리오
(가을이 되어 곡식을 보니 좋기도 좋구나.
내 힘으로 이룬 것이어서 먹어도 맛있구나.
이 밖에 호화로운 생활을 부러워하여 무엇 하리오.)

밤으란 사츨 꼬고 나죄란 뛰를 부여

초가집 자바매고 농기졈 차려스라

내년희 봄 온다 하거든 결의 종사(從事)하리라

(밤에는 삿자리[갈대를 엮어서 만든 자리] 꼬고 한낮에는 띠풀을 베어

초가집 잡아매고 농기구 좀 손질하여라.

내년에 봄 온다 하거든 곧 농사일에 마음과 힘을 다하리라.)

새배 빗나쟈 나셔 백셜(百舌)이 소래한다

일거라 아해들아 밧 보러 가쟈스라

밤 사이 이슬 긔운에 언마나 기런난고 하노라

(새벽이 밝아오자 온갖 새가 지저귄다.

일어나라 아이들아, 밭을 살펴보러 가자꾸나.

밤사이 이슬 기운에 얼마나 [곡식이] 길어났는고 하노라.)

보리밥 지어담고 도트랏 갱을 하여

배골난 농부들을 진시(趁時)예 머겨스라

아해야 한 그릇 올녀라 친히 맛바 보내리라

(보리밥 지어 담고 명아주국 끓여

배곯는 농부들을 제 때에 먹이어라.

아이야 한 그릇 올려라, 내가 친히 맛보고 보내리라.)

서산애 해 지고 풀긋테 이슬난다

• **효종의 영릉** 병자호란의 치욕을 극복하기 위해 계획했던 북벌은 효종이 40세에 세상을 떠나면서 물거품이 되고 말았다.(경기 여주군 능서면)

호뮈를 둘너메고 달 듸여 가쟈사라
이 즁의 즐거운 뜻을 닐러 무슴하리오

(서산에 해 지고 풀끝에 이슬 맺힌다.
호미를 둘러메고 달 등지고 집에 가자꾸나.
이 중에 즐거운 뜻을 일러 무엇 하리오.)

북벌의 성패와는 상관없이 효종은 효자였고 시를 짓는 재주가 뛰어났다고 합니다. 앞에 소개한 것처럼 청나라에 인질로 잡혀가 있을 때의 심정을 노래한 시조도 있지만 왕이 된 후에도 시를 여러 편 지었고, 특히 동생인 인평대군(麟坪大君, 1622~1658)과 함께 노래를 주고받는 것을 즐겼다고 합니다. 다음 시조는 효종의 작품입니다.

> 청강(淸江)에 비 듣는 소리 긔 무엇이 우습관대
> 만산홍록(萬山紅綠)이 휘들으며 웃는고야
> 두어라 춘풍이 몇 날이리 웃을 대로 웃어라
> (맑은 강물에 비 떨어지는 소리가 뭐 그리도 우습기에
> 산을 뒤덮은 울긋불긋한 꽃과 나무들이 가지를 흔들며 웃는구나.
> 두어라, 봄바람 불 날이 며칠이나 남았겠느냐? 꽃과 나무들아, 맘
> 껏 웃어 보아라.)

숲에 비가 쏟아질 때 빗소리가 요란하고 화초들의 몸이 흔들리는 광경을
춤추고 웃는다고 표현한 것이 무척 기발합니다. 의인법을 사용하여 비오는
봄날의 생동감 넘치는 풍경을 멋지게 살린 작품입니다. 다음은 효종과 함
께 청나라에 볼모로 잡혀갔다 돌아온 인평대군의 시조입니다. '표표', '분
분' 등 의성어, 의태어를 사용한 것이 무척 새로워 보입니다.

> 바람에 휘었노라 굽은 솔 웃지 마라
> 춘풍에 피온 꽃이 매양(每樣)에 고왔으랴
> 풍표표(風飄飄) 설분분(雪紛紛)할 제 네야 나를 불으리라
> (바람이 몰아쳐서 휘었으니, 굽은 소나무라고 비웃지마라.
> 봄바람에 피어난 꽃이 언제까지나 고왔겠느냐?
> 모진 바람이 불어치며 눈이 흩날리는 겨울이 되면, 홀로 푸른 나
> 를 부러워하리라.)

주인이 호사(好事)할샤 원객(遠客)을 위로할새
다정가관(多情歌管)이 매야나니 객수(客愁) ㅣ 로다
어즈버 밀성(密城) 금일(今日)이 태평인가 하노라

(주인이 좋은 일이 있어 멀리서 온 손님을 위로할 때
다정가를 부는 피리 소리가 나그네의 슬픔을 돋운다.
아! 밀성의 오늘은 태평스러운 시절인가 하노라.)

세상 사람들이 입들만 셩하여셔
제 허믈 전혀 닛고 남의 흉 보난괴야
남의 흉 보거라 말고 제 허믈을 고치고쟈

(세상 사람들이 입들만 살아서
자신의 잘못은 전혀 생각지 않고 남의 흉만 보는구나.
남의 흉 보지 말고 자신의 허물이나 고쳤으면 좋겠구나.)

왕족의 작품을 이야기하면서 빼놓을 수 없는 사람은 바로 낭원군(朗原君)
이간(李侃, 1640~1699)입니다. 선조의 손자 인흥군(仁興君)의 아들이며,
효종의 당숙뻘인 낭원군은 왕실 작가 중 가장 많은, 총 30수의 시조를 남겼
기 때문입니다. 자연 속에서 거문고와 책을 벗 삼아 술을 즐기며 산다는 내
용들은 왕이 못된 왕족의 전형적인 삶이라 볼 수 있습니다.

달은 언제 나며 술은 뉘 삼긴고
유영(劉伶)이 업슨 후에 태백(太白)이도 간 듸 업다
아마도 무룰 듸 업스니 홀노 취코 놀니라

(달은 언제 생겼으며 술은 누가 만들었을까?

술을 즐겼던 중국의 유명한 시인인 유영이 없어진 후에 이태백도

간 데 없다.

아마도 어디 갔는지 물어볼 데도 없으니 홀로 취하며 놀리라.)

석상(石上)의 자오동을 석 자만 베어내면

일장현금(一張玄琴)이 자연히 되련마는

아마도 고산유수(高山流水)니 알 이 없어 하노라

(돌 위에 자라난 자오동을 석 자만 베어내면

악기 하나가 자연히 되겠지만

아마도 산은 높고 물이 흐르니 어찌할지 알 사람이 없구나.)

효종의 종친으로 적성군(積城君, ?~?)이라는 사람도 시조 한 수를 남겼
습니다.

새벽비 일 갠 날의 일거스라 아희들아

뒷뫼 고사리 하마 아니 자라시랴

오늘은 일 것거 오너라 새 술 안주하리라

(새벽비 일찍 갠 날, 아이들아 일어나라.

뒷산의 고사리가 벌써 자라나지 않았겠느냐?

오늘은 일찍 가서 꺾어 오너라. 새로 담근 술 마실 때 안주로 삼

으리라.)

효종의 뒤를 이은 현종 때는 비교적 평온한 시기였습니다. 북벌을 포기하였기 때문에 긴장이나 갈등도 없었고, 그 이전 임금 때에 비하면 외부로부터의 심각한 침략도 당하지 않았기 때문입니다. 그러나 재위 15년 동안 현종을 괴롭힌 일이 있었으니 바로 예송 논쟁입니다. 제1차 예송 논쟁은 현종이 즉위하자마자 효종의 장례로부터 시작되었습니다. 문제의 핵심은 인조의 계비인 자의대비(장렬왕후)가 얼마동안 상복을 입느냐였습니다. 효종은, 직접 낳지는 않았지만 자의대비에게는 둘째아들입니다.

하지만 왕이었기 때문에 장남 못지않은 대우를 받아야 하는 존재였습니다. 그러나 자의대비에게는 장남이 있었지요. 이미 세상을 떠난 소현세자입니다. 소현세자가 세상을 떠났을 때 자의대비는 장남의 예로 3년상을 치렀습니다. 그러니 효종이 세상을 떠났을 때 또 다시 장남의 예를 갖출 수가 없었습니다.

• **동구릉에 있는 자의대비의 휘릉** 인조의 계비였던 자의대비는 조용히 살고자 했지만 두 차례의 예송논쟁에 휘말려 어수선한 삶을 살 수밖에 없었다.(경기 구리시 동구릉로)

이 문제에 대해 송시열 등 서인들은 〈경국대전〉을 내세워 장남이든 차남이든 1년 동안 상복을 입는 기년상을 내세웠습니다. 더구나 효종은 차남이니 당연히 기년상이어야 한다는 것이었지요. 그에 반해 허목, 윤선도 등 남인들은 주자의 〈가례〉를 내세워 3년상을 주장했습니다. 부모는 장남에 대해서는 3년상을, 그 밖의 다른 아들들에 대해서는 기년상을 입는 것이지만, 효종은 왕이었으니 차남이지만 특별 대우를 하여야 한다는 것이었습니다.

얼핏 보기에는 참으로 쓸데없는 공론 같아 보입니다. 상복을 1년을 입든 3년을 입든 그게 뭐 그리 중요하다고 이 문제에 사생결단으로 매달렸을까요? 이 문제는 학문적인 의견 차이로 시작했지만 나중에는 정치적 문제로 확대되었습니다. 적장자 계승의 원칙을 존중하는 조선 사회에서 세손인 소현세자의 아들을 제치고 차남인 효종이 왕위를 계승한 것이 정당한지 아닌지를 따지는 경지에까지 이르고 말았으니까요. 효종의 왕위 계승이 정당하지 못하다면 그 뒤를 이은 현종도 떳떳한 왕은 될 수 없는 것입니다.

남인의 윤선도는 이종주비(二宗主卑 : 종통을 종통과 적통으로 나누어 왕을 천하게 한다는 논리)를 내세워 서인의 주장을 역모로 몰았습니다. 그런데 윤선도의 이 주장이 송시열에 대한 모함으로 여겨져 오히려 윤선도가 귀양을 가게 되었습니다. 이 때 현종은 기년상으로 확정하며 이 문제를 더이상 거론하지 말라고 엄명을 내렸습니다. 이때가 현종 7년입니다.

그런데 현종 14년 효종비 인선왕후가 세상을 떠나면서 예송 논쟁이 다시 시작되었습니다. 제2차 예송 논쟁은 이때까지 살아 있던 자의대비가 시어머니로서 며느리상을 얼마동안 입느냐 하는 문제였습니다. 〈가례〉에 따르면, 맏며느리는 기년상(1년)을, 둘째며느리는 대공(大功)으로 9개월 동안 상을 입는 것이 원칙이었습니다. 〈경국대전〉에는 맏며느리, 둘째며느리 가리지 않고 기년상을 입는 것으로 되어 있었고요.

서인은 1차 예송 논쟁 때처럼 인선왕후를 둘째며느리로 보고 대공설을 주장하였습니다. 남인들은 둘째며느리이지만 왕비였기 때문에 1년을 지켜야 한다는 기년설을 내세웠습니다. 그때 서인 내부에서 집안 싸움이 일어났습니다. 현종의 장인인 김우명이 송시열을 제거하고 자기네 당파의 주도권을 잡으려고 남인의 기년설 쪽에 의견을 더한 것입니다. 이렇게 서인이 우왕좌왕 갈피를 잡지 못하는 것을 본 현종은 이번에는 남인의 손을 들어주었습니다.

제1차 논쟁 때는 현종의 왕권이 아직 자리를 잡지 못한 때이므로 그대로 넘어갔지만, 2차 논쟁 때는 자신의 아버지가 차남임을 강조하여 정통성에 흠을 만드는 서인들을 용서할 수 없었기 때문입니다. 이로써 자의대비는 1년 동안 며느리의 상을 입게 되었고 송시열 등은 탄핵을 받아 유배되었습니다.

서인의 영수 송시열(宋時烈, 1607~1689)은 〈조선왕조실록〉에 3천 번 이상이나 이름을 올린 사람이라지요. 이 사실만으로도 당시의 논쟁이 얼마나 치열했는가를 알 수 있을 것 같습니다. 송시열은 효종 때 북벌에 앞장선 사람이기도 합니다. 그는 조선이 소중화(小中華)라는 사대사상을 내걸고라도 청나라에 맞서 조선의 무너진 자존심을 회복해보려 한 것입니다. 그래서인지 그는 예송과 같은 명분 논쟁에서는 한 발자국의 양보도 허용치 않았습니다. 수많은 사건에 휘말려 낙향과 재임용을 거듭했던 송시열은, 1689년 숙종 때 장희빈의 아들이 왕세자로 책봉되자 이를 반대하는 상소를 했다가 제주도로 귀양 가게 되었습니다. 다시 국문을 받기 위해 서울로 오는 도중 정읍에서 사사(賜死)되었지요. 다음은 대꼬챙이 같았던 송시열이

자신의 속마음을 담은 시조 두 편입니다.

청산도 절로 절로 녹수도 절로 절로

산 절로 수 절로 산수간(山水間)에 나도 절로

이 중에 절로 자란 몸이 늙기도 절로 하리라

(푸른 산도 자연 그대로, 흐르는 맑은 물도 자연 그대로

산과 물이 모두 자연의 뜻을 따르니, 그 속에 묻혀 사는 나도 자연 그대로

자연 속에 자란 몸이니 늙는 것도 자연의 순리대로 따라가리.)

임이 헤오시매 나는 전혀 믿었더니

날 사랑하던 정을 뉘 손에 옮기신고

처음에 뭐시던 것이면 이대도록 설우리

(임금님이 나의 뜻을 받아주시기에 임금님을 완전히 믿었는데

나를 사랑하시던 정을 다른 누구한테 옮기셨는지

처음부터 나를 미워하셨다면 이렇게 서럽지는 않았을 텐데.)

　조선의 사대부들은 대개 유배를 가서도 임금님을 걱정하고 그 은혜에 감사하는 시를 썼는데, 이 시조에서는 임금님을 직접적으로 원망하고 있습니다. 이 또한 자신의 주장이 확고하게 옳다고 생각하는 송시열의 기개가 드러나는 대목이지요. 그러나 이 시조를 자세히 들여다보면 진짜 원망스러운 사람은 임금님이 아니라, 임금님의 눈과 귀를 가리는 정적들임을 알 수 있습니다. '다른 누구의 손'을 탓하고 있으니까요.

13
아내들까지 희생시켜
지켜낸
왕의 권위

13 아내들까지 희생시켜 지켜낸 왕의 권위

14세에 즉위한 제19대 임금 숙종은 즉위 초부터 바로 당쟁에 휘말리게 되었습니다. 선왕 현종이 일단락지었던 제2차 예송 논쟁이 또 다시 거론되었기 때문이지요. 제2차 예송 논쟁의 쟁점은 세상을 떠난 효종비 인선왕후의 상(喪)을 시어머니인 인조비 자의대비가 얼마 동안 입어야 하는가의 문제였습니다. 이미 현종이 생전에 남인의 편을 들어 9개월이 아니라 1년 동안 상복을 입어야 한다고 결정지어주었지요. 그런데 서인은 이 문제를 숙종이 즉위한 후 다시 들고 나선 것입니다.

그러나 어린 임금 숙종은 대신들의 논쟁에 휘말리지 않았습니다. 선왕의 의견을 따라 '장자부(長子婦 : 맏며느리) 기년설'을 지지하며 서인의 영수인 송시열을 유배시켰습니다. 생각해보면 새 임금이 즉위했다 해서 이미 선왕이 결정한 일을 다시 뒤집으려는 서인들의 심보가 괘씸하기는 합니다. 자신들의 주장이 아무리 옳은 것이라 하더라도 이 같은 처사는 왕명의 존엄성에 도전하는 행위였던 것이지요. 숙종은 이를 용납할 수 없었던 것입니다.

숙종대는 조선 왕조 중 당쟁이 가장 심했던 시기입니다. 그러나 숙종은 오히려 대신들을 쥐락펴락, 이리저리 몰아가며 그들이 충성할 수밖에 없도록 만들었습니다. 숙종은 '환국정치(換局政治)'를 통해 '신하 길들이기'를 했습니다. '환국'이란 국정의 주도 세력을 바꾸는 상황을 말합니다. 숙종은 세 차례에 걸쳐 환국을 시도했습니다. 그는 탁월한 정국 운영 능력으로 신하들을 휘어잡고 이를 통해 임진왜란, 병자호란 이후 계속되던 사회 혼란을 어느 정도 가라앉힐 수 있었습니다.

서인이 주도하던 조정을 이어받은 숙종은 즉위 초 일어난 예송 논쟁 때 남인의 기년설을 지지하면서 송시열을 비롯한 서인들을 축출했습니다. 이 사건은 세 번의 환국에 꼽히지는 않지만 사실은 이것도 환국이었지요. 정국의 주도권이 서인에서 남인에게로 돌아가게 되었으니 말입니다. 그런데 숙종은 남인의 득세를 보고만 있지는 않았습니다. 모후 명성왕후의 사촌 동생인 김석주(金錫胄)를 기용해 남인 세력을 견제하기 시작했지요.

남인들이 서인들을 모두 내쫓고 완전히 정국의 주도권을 잡았다고 생각할 무렵 숙종은 김석주와 함께 계략을 짜서 사건을 하나 만들어냈습니다. 이른바 '삼복의 변'이라는 사건입니다. 김석주의 사주를 받은 정원로라는 사람이 어느 날 역모를 고변하였습니다. 남인의 주요 인물 허적의 서자 허견이, 인조의 손자이며 인평대군의 세 아들인 복창군, 복선군, 복평군 등 이른바 '삼복'과 함께 역모를 꾸몄다는 것입니다.

이 사건으로 허견과 삼복 형제는 물론 고변자인 정원로까지 처형되었습니다. 그리고 대부분 남인이었던 수많은 관련자가 죽임을 당하거나 유배당했습니다. 이로써 조정에서는 남인이 거의 모두 물러나게 되었고 서인이 다시 등용되기 시작했습니다. 이 사건을 '경신환국(庚申換局)' 또는 '경신대

출척(庚申大黜陟)'이라 부릅니다.

이 무렵 숙종의 총애를 받던 후궁 소의 장씨(장옥정)가 아들을 낳았습니다. 숙종은 소의 장씨의 소생을 원자로 정하려 하였습니다. 그러나 서인 측은 인현왕후가 아직 젊으니 적자가 태어날 때까지 기다려야 하고, 태어난 지 두 달밖에 안된 서자를 원자로 정하는 것은 부당하다고 반대하였지요. 그런데 숙종은 나라의 형세가 외롭고 위태로워서 종사의 대계(大計)를 늦출 수 없다면서 장옥정의 소생을 원자로 정하고 장옥정을 희빈으로 승격시켰습니다.

이때 반대하고 나선 서인의 대표는 역시 송시열이었습니다. 송시열을 비롯한 서인의 노론계 대신들은 원자 확정이 시기상조라는 상소를 올렸습니다. 그러자 숙종은 왕자가 이미 세워져서 종묘사직에 고하여 원자로 확정했는데, 계속 반대하는 것은 왕을 능멸하는 처사라며 크게 화를 냈습니다. 이때 수많은 노론계 대신이 관직에서 쫓겨나 귀양을 가게 되었고 원로 대신 송시열은 사약을 받았습니다. 또 숙종은 이 모든 소동의 근본적 원인은 인현왕후에게 있다며 인현왕후를 폐위시키고 희빈 장씨를 중전으로, 원자 균을 세자로 책봉했습니다. 이런 일로 서인이 정국에서 물러나고 다시 남인이 득세하였는데, 이 사건이 '기사환국(己巳換局)'입니다.

이때 박태보(朴泰輔, 1654~1689)는 어진 인현왕후를 폐위시키는 것에 반대하여 숙종에게 간언하다가, 모진 고문과 형벌을 받고 진도 유배지로 가다가 세상을 떠났습니다. 그는 숙종에게 전례가 없는 혹독한 친국을 당했지만 조금도 굽히지 않고 숙종의 처사를 끝까지 나무랐습니다. 다음은 그가 자신의 억울하고 안타까운 심정을 읊은 시조입니다.

* **박태보를 기리기 위해 세워진 노강서원** 교육 기관과 사당을 겸했던 다른 서원과 달리 노강서원은 강학 공간이 없는, 제사의 목적으로 지어진 서원이다.(경기 의정부시 장암동)

흉중(胸中)에 불이 나니 오장(五臟)이 다 타 간다
신농(神農)씨 꿈에 보아 불 끌 약 물어 보니
충절과 강개로 난 불이니 끌 약 없다 하더라

(가슴 속에서 분노의 불길이 일어나 내장이 다 탈 지경이구나.
중국의 전설 속 약의 신, 신농씨를 꿈에 만나서 가슴 속 불을 끌 약
이 없느냐고 물어보니
이 불은 충성 어린 절개와 원통한 마음에 일어난 불이므로, 끌 수
있는 약은 없다 하더라.)

이 때 대부분의 대신이 숙종의 서슬에 눌려 아무 말도 못하고 있었는
데 박태보를 구하려고 나선 사람이 있었습니다. 예조판서 신정하(申靖夏,
1681~1716)였습니다. 그러나 신정하는 이 일로 파직되어 양천으로 내려가

은거 생활을 하였습니다. 얼마 뒤 다시 조정에 나가 우의정이 된 그는 다시 박태보의 복관(復官)을 주장하였습니다. 이로써 신정하는 또 숙종의 노여움을 사 파면되었고 제주로 귀양을 가게 되었습니다. 다음은 박태보의 죽음을 위로하는 내용의 시조입니다. '박 파주'는 박태보가 파주 목사를 지냈기 때문에 붙은 이름입니다.

간사(諫死)한 박 파주(朴坡州) ㅣ야 죽으라 섫워 마라
삼백 년 강상(綱常)을 네 혼자 불들거다
우리의 성군 불원복(不遠復)이 네 죽긴가 하노라
(임금의 잘못을 말리다가 죽은 박 파주야, 죽었다고 섫워하지 마라.
조선 삼백 년의 유교적 도리를 너 혼자 불들어 지켰으니 말이다.
우리의 어진 임금께서 곧 왕후를 복위시킨 것은, 네가 죽었던 덕
분인가 한다.)

5년 후 신정하는 유배에서 풀려났지만 고향에서 살다가 36세에 세상을 떠났습니다. 다음은 신정하가 고향으로 돌아가는 심경을 그린 시조입니다. 이제 한 많고 더러운 세상에서 완전히 벗어날 수 있게 되었다는 안도감이 담긴 작품입니다.

벼슬이 귀타 한들 이내 몸에 비길소냐
건려(蹇驢)를 바삐 몰아 고산(故山)으로 돌아오니
급한 비 한 줄기에 출진 행장(出塵行裝) 씻괘라
(벼슬이 귀하고 좋다고는 하지만 내 몸 소중함과 비교하겠는가.

다리 절룩거리는 나귀를 바삐 몰아서 고향땅으로 돌아오니

갑자기 쏟아지는 비가 속세를 떠나 돌아오는 더러운 짐들을 말끔

히 씻어 주는구나.)

기사환국 때 19세의 어린 나이로 소두(疏頭 : 상소하는 사람들 가운데 주동이 되는 사람)가 되어 상소를 올리는 등 세상 돌아가는 일에 적극적으로 나서기도 했던 권섭(權燮, 1671~1759)은, 송시열 등 주변 인물들이 처형되는 것을 본 뒤로는 벼슬길에 나오지 않았습니다. 그는 일생 동안 방방곡곡의 명승지를 찾아다니며 보고 겪은 바를 문학 작품으로 지어냈습니다. '오영(五詠)'이라는 연시조에는 친구들에게 놀러가자 권유하는 권섭의 말과, 이런 저런 세속적인 이유로 놀러가기 거절하는 친구들의 말(2·4연)이 대화체로

• **창덕궁의 후원에 있는 옥류천 바위** 이 바위에 새겨진 한시는 숙종이 지은 것이다.(서울 종로구 와룡동)

실려 있습니다. 권섭은 결국 혼자서라도 놀러가겠다고 선언하지요.

벗 님네 남산 가세 좋은 기약 잊지마오
익은 술 점점 쉬고 지진 화전 상해가네
자네들 아니 간다면 내 혼자인들 어쩌리

(친구들이여, 남산 가자했던 즐거운 약속 잊지 마오.

익은 술 점점 쉬고 지져둔 화전 상해가니 빨리 놀러가세.

자네들 아니 간다면 나 혼자라도 가겠네.)

어허 이 미친 사람아 날마다 흥동(興動)일가

어제 곡성 보고 또 어디를 가자는 말인가

우리는 중시(重試)에 급제하고 좋은 일하여 보려네

(어허 이 미친 사람아 날마다 흥이 나겠는가?

어제 곡성에 놀러갔다 와서 또 어디를 가자는 말인가?

우리는 놀지 않고 공부하여 중시[과거]에 급제하고 좋은 일하겠네.)

저 사람 믿을 형세 없다 우리끼리 놀아보자

복건망혜(幞巾芒鞋)로 마음껏 다니다가

돌아와 승유편(勝遊篇) 지어 후세 유전(流轉)하리라

(공부한다는 저 사람 믿을 것 없으니 우리끼리 놀아보자.

간편한 차림으로 마음껏 다니다가

돌아와 즐겁게 잘 놀았던 일을 글로 지어 후세에 전하리라.)

우리도 갈 힘이 없다 숨이 차고 오금이 아파

창문 닫고 따뜻한 방에 마음껏 퍼져 있어

배 위에 아기들을 치켜 올리며 사랑해 보려 하노라

(우리도 갈 힘이 없다, 숨이 차고 오금이 아파.

창문 닫고 따뜻한 방에 마음껏 퍼져 누워서

배 위에 아기들을 치켜 올리며 사랑해보려 하노라.)

벗이야 있고 없고 남들이 웃거나 말거나
양신미경(良辰美景)을 남이 말한다고 해서 아니 보겠느냐
평생에 이 좋은 회포를 실컷 펼치고 오리

(벗이야 있거나 없거나 남들이 웃거나 말거나

좋은 시절과 아름다운 경치를 남의 눈치 보느라 아니 보겠느냐.

나는 평생에 이 좋은 회포를 실컷 펼치고 오겠다.)

　권섭이 지은 다음의 시조는 당시의 사회가 그에게 얼마나 환멸을 안겨줬
는지 잘 보여주고 있습니다. 그 환멸의 표현으로 상스러우면서도 절실하게
마음에 와 닿는 시어를 사용하였지요. 이런 시어들을 사용함으로써 권섭은
자조감(自嘲感)을 드러내는 한편, 얼어 죽어도 겻불은 쬐지 않는다는 양반
의 권위를 여지없이 무너뜨리고 있습니다.

하하 허허 한들 내 우음이 정 우음가
하 어쳑 업서셔 늣기닥가 그리 되게
벗님네 웃디를 말구려 아귀 씌여디리라

(하하 허허 하고 웃는 내 웃음이 정말 우스워서 웃는 것이겠는가.

세상 일이 하도 어처구니가 없어서 흐느끼다가 그렇게 웃는 것처

럼 되었네.

벗님네여, 내가 웃는다고 같이 웃지 말구려. 웃다가 아귀가 찢어

질지 모르니까.)

기사환국으로부터 5년 후 서인 세력은 폐비 복위 운동을 본격적으로 펴기 시작했습니다. 남인은 복위 운동 주모자를 잡아 옥에 가뒀습니다. 남인들은 이 사건이 서인 세력을 완전히 없앨 수 있는 절호의 기회라고 생각했던 것입니다. 그러나 숙종은 오히려 민암을 비롯한 남인들을 내쫓아버렸습니다. 숙종은 당시 남인의 세력이 다시 커지는 것을 우려하고 있었기 때문입니다. 게다가 장옥정에 대한 애정이 식어버려 장옥정의 편을 들어주는 남인 세력이 더 이상 필요 없게 된 것입니다. 남인들을 축출한 숙종은 송시열 등 서인의 명예를 회복해주며 정국을 다시 한 번 뒤엎었는데, 이것이 '갑술환국(甲戌換局)'입니다.

이때 숙종은 회한의 눈물을 흘리며 폐비였던 인현왕후를 대궐로 데려왔습니다. 그동안 숙종의 새로운 후궁 숙빈 최씨를 괴롭히는 등 간악한 행동을 많이 했던 장옥정은, 그나마 세자의 생모임이 감안되어 완전히 내쫓기지는 않고 희빈으로 강등되어 궐내 취선당에서 살게 되었습니다. 장옥정은 다시 중전으로 돌아가기 위해 안간힘을 썼습니다. 그러다 일이 제대로 안 풀리면 세자를 때리는 등 포악을 떨곤 했습니다.

인현왕후는 대궐로 돌아온 후 7년 만에 병으로 세상을 떠났습니다. 그런데 숙종의 꿈에 인현왕후가 나타나 자신이 장옥정의 저주 때문에 세상을 떠났다고 말했답니다. 이에 숙종이 불시에 장옥정의 거처에 가보니 정말 취선당 부근에서 신당과 인현왕후를 죽게 하려고 무당을 데려와 굿을 하며 저주한 증거들을 찾을 수 있었습니다. 숙종은 크게 화를 내며 장희빈에게 사약을 내렸습니다. 더 혹독한 방법으로 죽이려 했지만 세자를 생각해서 감형을 해주고 신체를 온전히 할 수 있도록 한 그릇의 독약을 내린다는 왕명과 함께 말입니다.

이때 소론의 여러 대신이 세자를 위해 장희빈을 용서해줄 것을 간하다가 귀양을 가게 되고, 조정에서 소론 세력이 힘을 잃고 노론이 득세하게 되는데 이 사건이 '무고(巫蠱)의 옥(獄)'입니다. 무당을 불러들인 일에서 비롯된 옥사라는 뜻이지요.

남구만(南九萬, 1629~1711)은 장옥정에게 가벼운 처벌을 내릴 것을 주장한 사람 중 하나입니다. 그는 앞서 서인으로서 남인을 탄핵하다가 남해로 유배되었는데, 경신대출척 때 돌아와 서인이 노론과 소론으로 나뉘자 소론의 영수가 되어 영의정에 오르기도 했습니다. 기사환국 때는 다시 강릉에 유배되었다가 갑술환국 때 영의정으로 돌아오는 등 숙종의 환국 정치 과정을 있는 그대로 보여준 사람입니다. 다음은 남구만이 지은 유명한 시조입니다.

동창이 밝앗는야 노고지리 우지진다
쇼칠 아희는 상기 아니 이러난냐
재 녀머 사래 긴 밧츨 언제 갈냐 하나니
(동쪽 창문이 밝았느냐, 종달새가 우짖는구나.
소 먹이는 아이는 아직도 아니 일어났느냐?
고개 너머에 있는 이랑 긴 밭을 언제나 갈려고 늦장을 부리느냐?)

남구만이 왕에게 추천하여 관리가 되었던 구지정(具志楨, ?~?)은 당시 사회 전반에 걸쳐 퍼지고 있던 불합리한 풍조에 동조하지 않으려고 노력했던 것 같습니다. 그의 시조는 정치의 문란과 부패상을 풍자하는 한편, 안빈낙도를 추구하는 내용이 주를 이루고 있습니다. 이 시조에서 '솔개'는 탐관오리를, '여윈 학'은 청빈한 자기 자신을 가리키는 말입니다.

쥐 찬 소로기들아 배부로다 자랑 마라
청강(淸江)에 여윈 학이 주리다 부럴소냐
내 몸이 일 없을선정 살 못 찌다 어찌리
(쥐를 잡아 옆구리에 찬 솔개들아, 배부르다고 자랑하지 말아라.
맑은 강가의 여윈 학이 굶주린다 한들, 너를 부러워하겠느냐.
내 몸에 일이 없을망정 마음이 편하니, 살이야 찌지 않은들 어찌
겠는가.)

다음 시조를 지은 이택(李澤, 1651~1719)은 숙종 때의 무신이었는데 남구만과도 친하게 지냈다고 합니다. 청렴한 사람이었지만 몸이 약하여 이를

이용한 정적들 때문에 한직으로 밀려났습니다. 자신을 몰아낸 사람들에 대한 불만을 시조에 담았습니다.

> 감장새 작다 하고 대붕(大鵬)아 웃지 마라
> 구만리 장천(長天)을 너도 날고 저도 난다
> 두어라 일반 비조(飛鳥)] 니 네오긔오 다르랴
> (굴뚝새가 작다고 해서 대붕새야 비웃지 말아라.
> 높고도 넓은 저 하늘을 너도 날지만 굴뚝새도 날아다닌다.
> 두어라. 날아다니는 새라는 점에서는 대붕새나 굴뚝새나 다를 것
> 이 있겠는가.)

당시 정언(正言) 벼슬을 했던 박권(朴權, 1658~1715)은 장옥정의 오라비로서 온갖 부정과 비리를 다 저질렀던 장희재(張希載)를 법대로 처벌할 것을 요청했습니다. 그리고 영의정 남구만을 공격한 유생들의 처벌을 완화해줄 것을 상소하였다가 벼슬에서 밀려났지요. 백두산에 올라가 지형을 답사한 뒤 조선과 청나라 사이의 국경을 확정하고, 그 증거로서 정계비(定界碑)를 세우고 돌아온 사람이기도 합니다. 나라에 큰 일이 있을 때는 언제나 부름을 받았고 또 맡은 일도 잘 처리하였다는 평가를 받은 박권은, 다음 시조에서 보이는 것처럼 자연을 즐기는 일도 스스로 잘 알아서 했던 모양입니다.

> 밋기 가진 아해 안개 속의 날를 일코
> 나도 저를 일코 조대(釣臺)로 차자가셔

석양에 낙시대 들고나니 흥을 졔워 하노라

(미끼 가진 아이는 안개 속에서 나를 잃어버리고

나도 아이를 잃었지만 낚시하는 자리에 찾아가서

석양에 낚싯대를 드리우고 앉아 있으니 흥이 넘쳐나는구나.)

• 수염 한 올까지 섬세하게 표현한
윤두서의 자화상

　　윤선도의 증손자이며 정약용의 외증조부가
되는 윤두서(尹斗緖, 1668~1715)는 이 무렵에
살았던 선비이면서 화가였습니다. 남인 집안에
태어났지만 당쟁이 심해지는 것을 보고 스스로
벼슬을 포기하였습니다. 미술 교과서에서 볼
수 있는, 목 윗부분 얼굴만 수염 한 올 한 올 세
밀하게 그린 '자화상'이 그의 작품입니다. 윤두
서는 시조에서 뛰어난 인재가 빛을 발할 수 없
는 세상을 비판하고 있습니다.

옥에 흙이 므더 길가에 바려시니
오나니 가나니 다 흙만 여기난고
두어라 흙이라한들 흙일 줄이 이시랴

(옥에 흙이 묻어 길가에 버렸더니

오는 사람 가는 사람 모두 그 옥을 흙으로만 생각하더라.

두어라, 흙이라 한들 옥이 흙이 될 리가 있겠느냐.)

숙종의 거듭되는 환국 정치에 학계도 수시로 희비가 엇갈렸습니다. 서인이 득세하면 서인 계열의 학자가 추앙받고, 남인이 집권하면 남인 계열의 학자가 추앙받는 식으로 말입니다. 서인은 오랫동안 이이와 성혼의 문묘 종사를 주장해왔습니다. 문묘는 공자를 모신 사당인데 이곳에 훌륭한 유학자의 위패를 모시는 것이 문묘 종사이지요. 문묘에 모셔지려면 그 학자가 공자의 도를 지키고 발전시키는 데 얼마만큼 공헌했느냐를 따져봐야 했습니다.

조선 시대에는 문묘 종사 때문에 여러 차례 커다란 혼란이 있었습니다. 그 중 가장 큰 사건은 이이와 성혼의 문묘 종사였습니다. 남인과 서인의 권력 다툼 속에서 이 두 사람의 위패는 문묘에 모셔졌다가(從祀), 밀려났다가(出享), 다시 모셔지는(復享) 혼란을 거쳐야 했습니다. 그러는 동안 대학자를 문묘에 모신다는 성스러운 의미는 사라지고 정치적 투쟁의 주제로만 남게 되었습니다.

• 성균관 문묘 구역에 있는 대성전 문묘는 공자를 비롯한 선현의 제사와 유학 교육을 담당한 곳이다. 문묘에 위패가 모셔지는 것은 학자로서는 큰 영예이다.(서울 종로구 명륜동)

성균관 유생들이 당파별로 번갈아 가두시위를 벌이고 등교를 거부하는 일도 번번이 일어났습니다. 인조 때 시작된 이 문제는 숙종 7년(1681), 두 학자의 문묘 종사가 결정됨으로써 56년 동안의 긴 대립 상황을 비로소 마무리 지을 수 있었습니다. 이 사건을 '성묘종사(聖廟從祀)사건'이라 하는데, 안서우(安瑞羽, 1664~1735)는 이 사건에 연루되어 30년간 불우한 삶을 살게 되었습니다. 그 후에도 별달리 높은 벼슬을 하지 못했던 그는 자연으로 돌아가 다음과 같은 시조를 지으며 여생을 보냈습니다.

탐이라 탐이라 한들 산수탐(山水貪)이 탐이 되며
병이라 병이라 한들 연하병(烟霞病)이 병이 되랴
아마도 이 탐병(貪病) 졔 우니 못 고칠가 하노라
(욕심이라 한들 자연을 탐내는 것을 욕심이라 할 수 있으며
병이라 한들 자연을 사랑하는 고질병을 병이라 할 수 있을까.
아마도 이 욕심과 병은 못 고칠 것 같구나.)

집이 집이 아냐 연하(烟霞)아 내 집이오
벗이 벗이 아냐 풍월(風月)이 내 벗이되
집 잇고 벗 어든 후니 만사무심하여라
(집이 있어도 집이 아니고 안개와 노을이 내 집이고
벗이 있어도 벗이 아니고 바람과 달이 내 벗이다.
집 있고 벗 얻은 후니 다른 모든 것에는 아무 관심 없구나.)

숙종은 왕실의 권위를 살리기 위해 고의적으로 환국을 단행했습니다. 이

과정에서 일어난, 어질고 착한 인현왕후가 포악하고 욕심 많은 장희빈에 의해 쫓겨났다가 다시 왕비 자리를 되찾는 사건, 그리고 장희빈 일당이 비참한 최후를 맞이하는 사건들도 숙종이 고의적으로 만들어낸 환국 정치의 한 장면이었다고 볼 수 있습니다. 숙종은 이렇게 아내들까지 희생시켜 얻은 강력한 왕권으로 민생안정과 경제발전에 상당한 업적을 남겼습니다.

  군포를 두 필로 통일함으로써 백성의 부담을 경감시키는 군역 개혁을 실시했고, 대동법을 전국 단일법으로 만드는 공납 개혁을 단행하기도 했습니다. 또 상평통보를 통용시켜 상업 개혁을 추진했으며, 임진왜란으로 무너진 사회 전반의 문제를 거의 다 복구했다 할 만큼 수많은 업적을 남겼습니다. 국경 지역에는 적의 침입에 대비하여 성을 쌓았고, 서울 방어를 위해 도성 수리 공사를 하였습니다. 군사 제도도 효율적으로 개편하고, 청나라와 국경 분쟁이 일어나자 협상을 통해 압록강 연변에 정계비를 세워 국

• **조선의 왕과 왕비의 신주를 모신 종묘의 정전** 숙종은 단종을 복위시켜 종묘에 신주를 모시게 하는 등 과거사 정리를 활발하게 하였다.(서울 종로구 훈정동)

경을 확정지었습니다.

이 외에도 숙종은 과거사 정리를 가장 많이 한 왕이기도 합니다. 노산군을 복위시켜 단종이라는 묘호를 정해 종묘에 모셨고, 성삼문 등 사육신을 복관시켰으며, 폐서인이 되었던 소현세자의 빈 강씨를 민회빈으로 복위시켰습니다. 일본에 통신사를 파견하여 당시 일본의 실권을 쥐고 있던 에도 바쿠후(江戸幕府)를 상대로 왜인들의 울릉도 출입 금지를 보장받기도 했습니다.

이렇게 수많은 치적을 남긴 숙종은 46년간의 통치를 끝내고 60세로 세상을 떠났습니다. 아홉 명의 아내에게서 여덟 명의 자녀를 얻었고, 그 중 두 명(경종, 영조)은 왕이 되었지요. 다음은 숙종이 지은 시조입니다. 태평성세를 기원하는 그의 마음이 잘 드러난 작품입니다.

추수(秋水)는 천일색(天一色)이요 용가 범중류(泛中流)ㅣ라
소고 일성(簫鼓一聲)에 해만고지수혜(解萬古之愁兮)로다
우리도 만민 데리고 동락(同樂)태평하리라
(가을의 맑은 물은 하늘빛과 같이 푸르고, 내가 탄 배는 물 가운데 떠 있다.
퉁소와 북소리가 어울리는 풍악 소리에 오래도록 쌓였던 온갖 시름이 다 풀리는구나.
우리도 만백성과 함께 태평성세를 누리자.)

백성과 함께 즐기며 태평하게 살고 싶었던 숙종의 바람에 화답이라도 하

듯 당시에는 안빈낙도(安貧樂道)를 읊은 학자도 많았습니다. 그 중 한 사람이 이화진(李華鎭, 1626~1696)입니다. 그는 일체 당론에 휩쓸리지 않고 오로지 백성을 사랑하는데 전념했다고 합니다. 그러니 편안한 마음으로 다음과 같은 작품을 남길 수 있었겠지요.

초당(草堂)에 깁히 든 잠을 새 소래에 놀라 깨니
매화우(梅花雨) 긴 가지의 석양이 거의로다
아희야 낙대 내여라 고기잡이 져무럿다
(초가집에서 잠이 깊이 들었다가 새 소리에 놀라 깨니
비처럼 흩어지는 매화나무 긴 가지 사이로 석양이 거의 저물어가는구나.
아이야 낚싯대 가져오느라 날 저물 때까지 고기잡이를 해야겠다.)

벽상(壁上)에 돋은 송지(松枝) 고죽군(孤竹君)의 이자
(二子) ㅣ로다
수양산 어디 두고 반벽(半壁)에 와 걸렸는고
이제는 주(周) 무왕(武王) 없으니 하마 난들 어떠하리
(절벽 위에 솟은 소나무 가지는 죽음으로 절개를 지킨 고죽군의 두
아들, 백이와 숙제 같다.
그들이 숨어 살던 수양산을 어디 두고 이 절벽에 와 걸려 있느냐?
지금은 주나라 무왕도 죽고 없으니 난들 어떻게 할 것인가.)

백이와 숙제는 제4장에서 성삼문의 시조 속에도 소개되었던 사람들이지

요. 절개를 지키기 위해 굶어죽는 것도 불사했다는 그들의 일화가 조선 시대 선비들한테는 무척 흥미로운 소재였던 모양입니다. 숙종 때 무과를 거쳐 칠원 현감을 지내다가 정계를 떠난 주의식(朱義植, ?~?)도 백이·숙제 이야기를 담아 시조를 썼지요.

주려 죽으려고 수양산에 들었거니
설마 고사리를 먹으려 캐었으랴
물성(物性)이 굽은 줄 미워 펴 보려고 캠이라
(백이와 숙제는 주나라의 곡식을 안 먹고 굶어죽으려고 수양산에
들어갔는데
설마 고사리를 먹으려고 캤겠는가?
고사리의 굽은 성질이 미워서 펴놓으려고 캤을 것이다.)

백이와 숙제가 고사리를 캔 것은 먹으려는 것이 아니라 그 굽은 모습이 싫어서 펴려고 했다는 겁니다. 백이와 숙제는 죽음을 각오하고 세상을 버린 사람들인데 그들이 굶어 죽을까봐 고사리를 캤겠느냐는 것이지요. 이 시조에서 하고 싶은 얘기는 굽은 인심과 부정한 관리가 밉다는 것입니다. 무엇이든 굽은 것은 펴야 한다는 것이지요. 이런 주장에 대해 어떻게 생각하십니까? 정말 백이와 숙제도 주의식과 같은 생각에서 잘못된 세상사와 같이 굽은 고사리를 하나씩 펴고 있었을 뿐일까요? 주의식의 작품을 몇 편 더 소개하겠습니다.

하날이 높다하고 발져겨 셔지말며

따히 두텁다하고 마이 밟지 말을 거시

하날따 놉고 두터워도 내 조심 하리라

(하늘이 높다 해서 발돋움해 서지 말 것이며

땅이 두껍다 해서 힘주어 밟지는 말아야 한다.

하늘과 땅이 높고 두껍다 해도 나는 항상 조심하겠노라.)

말하면 잡류라 하고 말 안하면 어리다 하네

빈한(貧寒)을 남이 웃고 부귀를 새우는데

아마도 이 하늘 아래 살 일이 어려웨라

(말하면 잡스럽다하고 말 안하면 어리석다 하네.

가난하면 비웃고 부유하면 시기하는데

아마도 이런 세상에서는 살아가기 어렵겠구나.)

숙종 때의 시인 김삼현(金三賢, ?~?)은 주의식의 사위입니다. 일치감치 벼슬에서 물러나 자연 속에서 장인과 함께 시를 지으며 여생을 보냈다고 합니다. 장인과 마찬가지로 세상살이를 어렵다고 느꼈던 그의 작품들입니다.

공명을 즐겨마라 영욕이 반(半)이로다

부귀를 탐치 마라 위기를 밟느니라

우리는 일신이 한가하니 두렬 일이 없세라

(공을 세워 이름을 날리는 것을 좋아하지 말아라. 영광과 욕됨이

반반이다.

부귀를 탐내지 말아라, 반드시 위기를 겪게 되느니라.

우리 몸이 한가하니 두려워할 일이 없구나.)

　공명을 즐기면 영욕이 반이라는 말이 가슴에 절실하게 와 닿습니다. 이런 상황은 조선 시대나 지금이나 크게 달라지지 않았지요. 오늘날 어떤 분야에서든 크게 이름을 날리는 사람들은 이 구절을 가슴에 새겨서 매사 조심스럽게 행동해야 할 일입니다. 김삼현의 다른 작품도 더 보겠습니다.

　　내 정령(精靈) 술에 섞여 임의 속에 흘러들어
　　구회간장(九回肝腸)을 다 찾아다닐망정
　　날 잊고 남 향한 마음을 다슬오려 하노라
　　(나의 영혼이 술에 섞여 임의 뱃속으로 흘러 들어가서
　　여러 번 꼬부라진 창자 속을 다 찾아다니더라도
　　나를 잊어버리고 남을 향한 임의 마음을 다스리려 하노라.)

　　녹양(綠楊) 춘삼월을 잡아매야 둘 양이면
　　센 머리 쏘바내야 찬찬 동여 매련만은
　　해마다 매든 못하고 늙기 설워 하노라
　　(버들가지 아름다운 봄철을 잡아매어 둘 수 있다면,
　　하얗게 센 머리카락을 뽑아내서 꼭꼭 동여매어 두겠지만
　　해마다 붙잡아 매놓지 못하고 늙는 것을 서러워하노라.)

　김성최(金盛最, 1645~1713)도 몇 차례의 환국이 거듭되는 정치 상황에 환멸을 느껴 관직을 버리고 숨어 살았습니다. 그러나 그가 완전히 속세를 떠난 것은 아니었나 봅니다. 김성최는 당시 안동 김씨 가문 사람들과 서울 일대에서 풍류를 즐겼다지요. 다음 시조는 그 무렵의 작품인 듯합니다.

자네 집에 술 익거든 부디 날 부르시게
내 집에 꽃 피거든 나도 자네 청하옴세
백년덧 시름 잊을 일 의논코자 하노라
(자네 집에서 담근 술이 익거든 잊지 말고 나를 부르시게.
내 집에 꽃이 피거든 나도 잊지 않고 자네를 청하겠네.
그렇게 만나서 한평생의 시름을 잊어버릴 방법을 의논해보세.)

공정(公庭)에 이퇴(吏退)하고 할 일이 아주 없어
편주(扁舟)에 술을 싣고 시중대(侍中臺) 찾아 가니
노화(蘆花)에 수많은 갈매기는 제 벗인가 하더라
(관청에서의 벼슬살이를 그만 두고 할 일이 아주 없어
조각배에 술을 싣고 시중대[중국 안휘성 북쪽에 있다는 호수가의
대]를 찾아 갔더니
갈대와 수많은 갈매기가 저희 벗인 줄 알고 반가이 맞이하더라.)

14
어지러운 세상,
탄식은 노래가 되고

14 어지러운 세상, 탄식은 노래가 되고

숙종은 장희빈에 대한 악몽을 쉽사리 떨쳐버리지 못했습니다. 그래서 이후로 후궁을 왕비로 승격시키지 못하도록 법으로 정해버렸고, 세자가 몸이 약하다는 것을 구실로 세자를 바꿀 생각도 하고 있었습니다. 이런 숙종의 생각에 노론은 적극적으로 동조했습니다. 숙종은 노론의 영수인 이이명과 만나 은밀하게 세자를 폐하고 숙빈 최씨의 아들 연잉군을 후계자로 삼을 것을 논의했습니다. 그리고는 그 수순으로 세자에게 대리청정을 명했습니다. 세자가 무기력함을 드러내면 그것을 빌미로 폐세자하려 한 것이지요. 이에 소론은 일부러 세자의 흠을 잡으려 하는 처사라고 극력 반대했습니다. 그런데 이런 대리청정 논란이 마무리되기 전에 숙종이 세상을 떠났습니다.

어쨌든 왕위에 앉았지만 경종은 정사를 제대로 돌보지도 못할 만큼 건강이 좋지 않았습니다. 조정의 다수 세력이었던 노론은 영의정 김창집 등을 내세워 연잉군을 세제로 책봉하라고 경종에게 졸랐습니다. 당연히 소론은 아직 시기가 이르다며 반대했고요. 소론의 집안에서 시집온 경종비 선의왕후 어씨는 양자를 들이자는 주장을 할 정도로 연잉군의 후계자 지정을 강력히 반대했습니다. 그러나 당시 왕실의 최고 어른이었던 인원왕후(숙종의 계비)는 반드시 삼종(三宗 : 효종, 현종, 숙종)의 혈맥이 후사를 이어야 한다는 강한 의지를 표명했습니다. 경종을 제외하면 삼종의 혈맥은 연잉군밖에 없으니 소론도 세제 책봉을 더 이상 반대하지 못했습니다.

노론은 거기서 한 발 더 나아가 세제의 대리청정을 요구했습니다. 경종은 처음에는 허락했다가 소론의 반대로 곧 거둬들였습니다. 소론 강경파들은 그런 주장은 국왕에 대한 불충이라며 노론이 역심을 품고 있다고 공격했습니다. 그러자 경종은 세제의 대리청정을 주장한 노론 4대신들을 파직시키고 유배를 보냈습니다.

경종 시대에서 영조 시대로 넘어가는 과정에서 세제 책봉을 둘러싸고 두 차례의 커다란 옥사가 있었습니다. 1721년 신축년과 1722년 임인년에 일어난 옥사라 하여 신임사화(申壬士禍)라고도 하지요. 신축년의 옥사는 앞에 얘기한, 노론 4대신이 유배가게 된 사건입니다. 이듬해 임인년에는 연잉군을 최악의 위기로 몰아넣은 '목호룡(睦虎龍)의 고변 사건'이 일어났습니다. 고변의 내용인즉, 노론이 세자 시절 경종을 시해하려고 했다는 것입니다. 목호룡은 남인의 서얼 출신인데 그 역모에 자신도 가담했노라고 자백하며, 노론이 경종을 죽이고 이이명을 왕으로 추대하려 했다는 주장도 했습니다. 목호룡은 소론의 강경파인 김일경의 사주를 받아 이런 일을 벌인 것입니다.

이 사건으로 노론 4대신을 비롯하여 170여 명에 이르는 노론 인사가 사형을 당하거나 유배되었습니다. 조정은 소론의 손에 넘어가게 되었고 목호룡은 벼슬에 올랐습니다. 이때 사건을 조사한 '임인옥안(壬寅獄案)'에 연

잉군의 이름이 역적으로 오를 정도로 연잉군은 심각한 위기에 빠지게 되었습니다. 그러나 이번에도 소론은 연잉군을 건드리지 못했습니다. 대비인 인원왕후가, 그리고 무엇보다 왕인 경종이 연잉군을 보호하고 나섰기 때문입니다.

이 시대를 살았던 가인(歌人) 김수장(金壽長, 1690~?)은 신임사화의 어지러운 사회상을 보다 못해 차라리 세상 돌아가는 사정을 듣지도 보지도 않겠다는 내용의 시조를 썼습니다.

검으면 희다하고 희면 검다하네
검거나 희거나 올타하리 전혀 업다
찰하로 귀막고 눈감아 듯도 보도 말리라

(검으면 희다 하고, 희면 검다고 하네.

검다고 하거나 희다고 하거나 옳다고 할 사람은 하나도 없다.

차라리 귀 막고 눈도 감아서 듣지도 보지도 않는 게 낫겠다.)

다음의 시조를 지은 김창업(金昌業, 1658~1721)은, 아버지 김수항과 형 창집이 모두 영의정을 지낸 명문가의 자제였습니다. 그러나 그는 형의 벼슬이 자꾸 높아가고 가문이 융성해지는 것을 보고 오히려 불안해했답니다. 그래서 자신은 잠시 벼슬에 나갔다가 물러나 60 평생을 자연 속에서 살았습니다. 이 시조도 그때 지은 것으로, 사람은 하늘이 정해준 운명대로 살아야 함을 강조하고 있습니다. 그런데 그는 형 김창집이 신임사화에 휘말려 노론 4대신과 함께 유배되자 그 분을 참지 못하고 화병으로 세상을 떠났습니다. 역시 세상만사 '내 뜻대로' 살기는 어려운 모양입니다.

벼슬을 저마다 하면 농부하리 뉘 있으며
의원이 병 고치면 북망산이 저러하랴
아해야 잔 가득 부어라 내 뜻대로 하리라
(벼슬을 누구나 다 하면 농사지을 사람이 어디 있고
의원이 병을 다 고친다면 죽은 사람이 있겠는가.
아이야, 술이나 따라라. 내 뜻대로 살아가리라.)

거문고 술 꽂아놓고 호젓이 낮잠 든 제
시문(柴門) 견폐성(犬吠聲)에 반가운 벗 오는구나
아이야 점심도 하려니와 외자 탁주 내어라
(거문고 줄에 술대[거문고 연주할 때 쓰는 막대]를 꽂아놓고 조용

히 낮잠 자고 있을 때,

사립문 밖에서 개 짓는 소리가 들리더니 반가운 벗이 찾아오는구나.

아이야! 점심도 지으려니와, 술집에 가서 외상으로 막걸리도 받

아 오려무나.)

당시 김성기(金聖器, ?~?)는 거문고와 퉁소, 비파 등의 연주 솜씨를 인정받아 마포나루에서 낚시를 하며 제자를 키우고 소일했답니다. 그런데 어느 날 신임사화의 고변자로서 막강한 권력을 누리던 목호룡이 연주를 청해왔다지요. 김성기는 그 자리에서 뜯고 있던 비파를 부숴버렸다고 합니다. 그러면서 자신은 누구도 억맬 수 없음을 시조로 나타냈습니다.

굴레 벗은 천리마를 뉘라서 잡아다가

조죽(粗粥) 삶은 콩을 살지게 먹여 둔들

본성이 왜양하거니 있을 줄이 있으랴

(굴레를 벗고 자유롭게 된 천리마를 누가 잡아다가

조로 만든 죽과 삶은 콩을 먹여 살이 오르도록 해도

본래의 성품이 억세고 거친 것이니 그대로 가만히 있겠는가.)

세제로 책봉은 했지만 연잉군에게 후계자로서 확고한 지위를 만들어주지는 못한 채 경종은 37세에 세상을 떠났습니다. 연잉군이던 영조가 왕위에 올랐지만 영조는 즉위 초부터 형 경종을 독살했다는 소문에 시달려야 했습니다. 경종은 한방에서는 상극으로 알려진 게장과 연시를 함께 먹었는데, 이 음식들은 대비와 연잉군이 올린 것이었습니다.

• **경종의 의릉** 경종은 어머니 장희빈에 시달리고 아버지 숙종에게서 내쳐질 뻔했으며 동생 연잉군과의 우애를 끊임없이 의심받았던 비운의 왕이었다.(서울 성북구 화랑로)

경종이 열이 나고 배가 아파하는 등 병세가 위급해지자 의관의 만류에도 불구하고 연잉군이 우겨서 세 차례나 인삼차를 마시게 했답니다. 그 음식들이 경종을 죽게 했다는 것이지요. 이 독살설은 영조에게 두고두고 족쇄가 되었습니다. 만일 정말 영조가 경종을 독살했다면 영조는 불충과 패륜을 한꺼번에 저지른, 왕은 물론 인간으로서도 기본 자격이 없는 인물이 되어버립니다. 따라서 이 소문을 잠재우는 것이 영조에게는 목숨을 건 투쟁과도 같았습니다.

즉위 초 영조는 당쟁을 없애서 나라를 안정시키고 왕권을 강화하는 것이, 자신의 안위를 위해서나 나라를 위해서나 가장 시급한 일이라고 생각했습니다. 당파 간의 정쟁을 가라앉힐 수 있다면 자신을 위협하는 세력도 끌어안을 수 있을 것이라 생각하고 탕평 정치를 펼치기 시작했습니다. 자신을 지지해줬던 노론은 물론 반대편에 섰던 소론의 대신들도 등용하고, 정계에서 물러나 있던 남인들까지 끌어들여 어느 쪽에도 기울지 않는 공평한 정사를 펼쳐나가겠다는 의지를 보여주었습니다. 이로써 균역법, 청계천 준설과 함께 영조의 3대 치적 중 하나로 꼽히는 탕평책이 실시된 것입니다. 탕평책은 당파 중심이 아니라 왕이 중심이 되어 인재를 고르게 등용하는 정책이었습니다.

그러나 당시 모든 사람이 탕평책을 환영했던 것은 아닙니다. 영조는 탕평 정치를 표방하며 "인자한 아버지가 있는데 그 아들들이 갈라져서 싸운다면 아버지의 마음이 어떻겠는가?"라는 말을 입버릇처럼 했습니다. 그런데 노론의 중심 인물 이재(李縡, 1680~1746)는 "임금과 신하 사이에는 부모와 자식이라는 관계가 적용되지 않는다"라며 탕평책 반대에 앞장섰습니

• **탕평비의 비각** 탕평비는 탕평책을 나라 안팎에 알리기 위해 영조가 세운 비석으로, 선비들의 왕래가 가장 많은 성균관 앞에 세워졌다.(서울 종로구 명륜동)

다. 이재는 제자가 많아서 한 번 행차하면 5,6천 명이 함께 움직이기도 했답니다. 그러니 영조도 임금을 위협하며 권위에 도전한다며 미워할 수밖에 없었겠지요. 그렇게 임금과 날카롭게 대립했던 이재도 전원의 여유로움을 담은 시조를 썼습니다.

> 새벽별 지고 종달이 떳다 호믜 메고 사립 나니
> 긴 플 찬 이슬에 다 졋거다 뵈잠방이
> 두어라 시절이 됴흘션져 졋다 무슴하리
>
> (새벽별 지고 아침이 되어 종달새가 떴다. 호미 메고 사립문을 나서니
> 긴 풀에 맺힌 찬 이슬 때문에 베잠방이가 다 젖었다.
> 두어라 시절이 좋은데 옷이 젖으면 어떻겠느냐.)

이정보(李鼎輔, 1693~1766)도 탕평책에 극력 반대했습니다. 그는 지평을 지낼 때 탕평책을 반대하는 시무십일조(時務十一條)를 상소하였다가 파직을 당했습니다. 그 후 다시 기용되어 이조판서에까지 올랐지만, 다시 탕평책을 반대하여 인천 부사로 좌천되기도 했습니다. 이정보는 지조와 절개가 높은 학자로 알려져 있습니다. 그런데 후세 사람들이 영조의 치적으로 꼽는 탕평책을 반대한 이유는 무엇이었을까요?

그는 탕평책으로 유림(儒林)의 의견이 인위적으로 조정되고, 그로 인해 유림이 몰락의 길을 걷게 되는 것을 우려했다고 합니다. 또 득세한 붕당의 입장에서는 다른 붕당에게도 정계로 나올 기회를 준다는 것이 못마땅했겠지요. 다음은 절개를 지키며 살려고 했던 이정보의 가치관이 잘 드러

난 시조입니다.

> 국화야 너는 어이 삼월동풍(三月東風) 다 지내고
> 낙목한천(落木寒天)에 네 홀로 피었는다
> 아마도 오상고절(傲霜孤節)은 너뿐인가 하노라
> (국화야, 너는 왜 따뜻한 봄바람이 불 때를 다 보내고
> 하필이면 낙엽 지고 추워진 날씨에 네 홀로 피었느냐?
> 아마도 찬 서리를 이겨내는 외로운 절개를 가진 것은 너뿐인가 한
> 다.)

이외에도 이정보는 무려 81편의 시조를 남겼습니다. 작품마다 담겨 있는
숨은 뜻이 당시의 혼탁한 사회상을 말해주는 듯합니다.

> 강호에 노는 고기 즑인다 부러마라
> 어부 도라간 후 엿나니 백로 l 로다
> 종일을 뜨락 잠기락 한가할 때 업세라
> (강에 노는 고기 즐긴다 부러워하지 마라.
> 어부가 돌아간 후에는 백로가 엿보나니
> 종일을 떴다 잠겼다 하느라 한가할 때가 없구나.)

> 귀거래 귀거래 한들 물러간 이 그 누구며
> 공명이 부운(浮雲)인 줄 사람마다 알건마는
> 세상에 꿈 깬 이 없으니 그를 슬허 하노라

(벼슬을 버리고 고향으로 돌아가겠다는 말은 잘들 하지만 물러간
사람이 그 누구던가?
공명이 뜬 구름처럼 허무한 것인 줄 사람마다 다 알고 있지만
그 꿈에서 깨어난 사람이 세상에 없으니 그 점을 슬퍼하노라.)

뭇노라 부나븨야 네 뜻을 내 몰래라
한 나븨 죽은 후에 또 한 나븨 딸아온이
암을이 프새옛 즘생인들 너 죽을 쭐 모르는다
(불나방에게 묻나니, 나는 네 생각을 모르겠구나.
한 놈이 죽은 후에 또 다른 놈이 불 속으로 따라드니
아무리 풀숲에서 지내는 벌레라 한들 너 죽을 줄 모르는 것이냐.)

　작자 미상의 사설시조 중 다음 몇 수는 이정보의 작품이라 알려지기도
합니다.

창밖이 엇득엇득커늘 님만 너겨 나가보니
님은 아니 오고 우스름 달빗체 열구름아 날 속겨다
맛초아 밤일세만졍 행여 낫지런들 남 우일번 하여라
(창밖이 어른어른 하기에 임이 온 줄로만 여겨 나가보니
임은 아니 오고 으스름 달빛에 흘러가는 구름이 나를 속였구나.
마침 밤이었기 망정이지 행여 낮이었다면 남들 웃길 뻔 했구나.)

논밧 가라 기음 매고 뷔잠방이 다임 쳐 신들 매고 낫 가

라 허리에 차고 도끼 벼러 두러메고

무림산중 드러가서 삭따리 마른 섭흘 뷔거니 버히거니

지게에 질머 집팡이 밧쳐노코, 새옴을 차자가셔 점심 도

슭 부시이고 곰방대 톡톡 떠러 닙담배 픠여물고 콧노래

조오다가

석양이 재 너머갈 졔 어깨랄 추이즈며 긴 소래 져른 소

래하며 어이 갈고 하더라

(논밭 갈아 김매고 베잠방이에 대님 매고 신들매 매고 낫 갈아 허

리에 차고 도끼 벼려 둘러메고,

나무 우거진 산 속에 들어가서 삭정이 마른 섶을 베거니 자르거니

하여 지게에 싣고 지팡이 받쳐 놓고, 샘에 가서 점심 도시락을 씻

고 곰방대를 톡톡 떨어 잎담배 피워 물고 콧노래 부르며 졸다가,

석양이 재 넘어갈 때 어깨를 추스르며 긴 소리 짧은 소리 하며 어

이 갈까 하더라.)

그러나 탕평책의 수혜자는 소론의 온건파까지였고, 강경파는 여전히 적

으로 남아 영조의 정통성을 인정하려 들지 않았습니다. 급기야 그들은 무

력으로 정권을 탈취하려는 반란을 일으켰습니다. 바로 1728년에 일어난

'이인좌의 난'입니다. 반란 세력은 영조를 내쫓고 소현세자의 증손 밀풍군

이탄을 왕으로 옹립하려 했습니다. 이들이 내세운 명분은 영조가 경종을

독살했을 뿐 아니라 숙종의 친아들도 아니라는 것이었지요. 반란군은 경

종의 위패를 앞세우고 경종에 대한 복수를 표면에 내세웠습니다. 그러나

이 반란군은 이미 영조의 품 안에 들어간 소론 온건파에 의해 진압되었습

니다. 이로써 소론의 입지는 거의 사라지고 조정은 노론의 독무대가 되어 버렸습니다.

1754년 영조는 자신의 왕위 정통성을 천명하는 〈천의소감(闡義昭鑑)〉이라는 책을 펴냈습니다. 이 책에는 경종·영조 대에 일어난 토역(討逆 : 역적을 토벌하는 일)의 전말이 기록되어 있습니다. 영조는 이 책을 반포함으로써 자신의 왕위 계승 정통성을 백성들에게 인정받고자 했던 것입니다. 다음은 〈천의소감〉이 편찬될 때 찬집당상으로 참여하였던 조명이(趙明履, 1697~1756)의 시조입니다.

해 다 져 져믄 날에 지져귀는 참새들아
조고마한 몸이 반 가지도 족하거늘
엇더타 크나큰 덤블을 새와 무슴하리

(해 다 져 저믄 저녁에 지저귀는 참새들아,
조그마한 몸이 가지의 반만 차지하면 될 텐데
어찌 크나큰 덤불을 가져서 뭐하려 하느냐.)

설악산 가는 길헤 개골산(開骨山) 즁을 맛나
즁더러 뭇는 말이 네 절 풍엽(楓葉) 엇더터니
이 사이 셔리쳐시니 때 마즌가 하노라

(설악산으로 가는 길에서 금강산에서 온 중을 만나
그 중에게 금강산 단풍이 어떠하더냐고 물어 보았더니
그 중이 대답하기를 요즈음은 서리가 내렸으니 단풍을 구경하기에
는 알맞은 때라고 하더라.)

소론의 김일경 일파를 제거하는 데 앞장섰던 영조의 강력한 후원자 김상옥(金相玉, 1683~1739)도 탕평책을 반대하였습니다. 영조는 화를 내며 그를 귀양 보냈지요. 노론에게는 소론이나 남인들과 함께 정사를 논한다는 것이 껄끄럽기만 한 일이었나 봅니다. 김상옥의 시조입니다.

청산아 말 무러보자 고금(古今) 일을 네 알니라
만고 영웅이 몃몃치나 지내엿노
이후에 뭇느니 잇거든 나도 함긔 닐너라
(푸른 산아, 말 좀 물어 보자. 예부터 이제까지 일어났던 일들을 너는 알고 있겠구나.
오래 전부터 이름난 영웅을 몇 사람이나 겪었느냐?
이후로 너에게 묻는 사람이 있거든 그 영웅 가운데 내 이름도 꼽아주도록 하여라.)

영조의 업적 중 가장 높이 평가를 할 수 있는 것은 균역법의 실시입니다. 균역법은 백성들이 내야 했던 군포세를 두 필에서 한 필로 줄여 조세에 대한 부담을 가볍게 해주는 정책이었습니다. 그 외에도 영조는 백성들의 고통을 덜어주는 정책을 많이 시행했습니다. 형벌을 개정하여 압슬형(무릎에 돌을 얹는 형벌), 난장형(마구 때리는 형벌), 낙형(인두로 지지는 형벌) 등 악형을 없앴습니다.

또 사형수에 대해서는 오늘날 3심제에 해당하는 3복제를 엄격히 시행하도록 하였지요. 홍수 때마다 범람하여 백성들에게 피해를 주었던 청계천을 정리하는 한편, 강화도 외성을 쌓는 등 국방에도 관심을 가졌습니다. 영조

• 홍수 때마다 범람하여 백성들에게 피해를 주었던 청계천을 정리한 일은 탕평책, 균역법 실시와 함께 영조의 3대 치적으로 꼽히고 있다.(서울 성동구 청계천로)

의 이런 저런 업적 덕분에 조선이라는 나라의 기틀이 다시 다져지고, 이른바 '진경시대'라 불리는 조선의 르네상스가 시작될 수 있었습니다.

이렇게 백성들을 위해 훌륭한 일을 많이 했던 영조는 말년에 커다란 오점을 남기게 되었습니다. 다름 아닌 아들 사도세자를 죽인 일입니다. 사도세자는 영조가 장남 효장세자를 잃은 지 8년 만에 태어난 아들이었습니다. 40세가 넘어서 뒤를 이을 아들을 얻은 영조는 마음이 조급해졌지요. 자신이 죽기 전에 빨리 그 아들을 손색없는 후계자로 키워야 했으니까요. 그래서 세 살 먹은 어린 아들을 세자로 책봉하고, 유난히 영특했던 아들에게 각별한 관심과 애정을 쏟았습니다.

그런데 사도세자는 영조의 뜻과는 다른 방향으로 성장해나갔습니다. 사도세자는 신임사화에 대해 당시 영조의 편에 섰던 노론을 비판적으로 평가하였습니다. 신임사화는 영조가 역적으로 몰려 하마터면 죽임을 당할 뻔

했던 사건이니 영조의 입장에서는 기가 막힐 노릇이었지요. 이 무렵부터 영조는 사도세자를 미워하기 시작했고, 이런 영조의 심중을 눈치 챈 남인과 노론은 이를 정치적으로 이용하려고 두 사람 사이를 이간질하기 시작했습니다.

영조가 건강상의 이유로 세자에게 대리청정을 명하자 이번에는 사도세자에게 줄을 대서 힘을 얻으려는 세력이 나타났습니다. 또 사도세자가 권력을 행사하는 것을 받아들일 수 없었던 노론과 영조의 계비 정순왕후, 숙의 문씨 등은 수시로 영조에게 사도세자를 무고하였습니다. 성격이 과격한 영조는 그때마다 세자를 불러 크게 꾸짖었지요.

그 가운데 사도세자는 끝내 격간도동(膈間挑動)이라는 정신질환에 걸렸습니다. 이 병의 증상에 대하여 사도세자의 장인인 홍봉한은 "무어라 꼬집어 말할 수 없는, 병이 아닌 것 같은 병이 수시로 발작한다"라고 하였습니다. 병의 증세 가운데 가장 심한 것은 옷을 입기 어려운 의대증(衣帶症)이었습니다. 옷 한 벌을 입으려면 서너 벌을 찢어야 했고, 옷을 입히기 위해 시중들던 자신의 후궁 양제 임씨를 죽이는 일도 일어났습니다. 그 후에도 사도세자의 이상 행동은 계속되어 비구니를 대궐로 끌어들여 놓고 몰래 평양에 다녀오기도 했습니다.

사도세자에 대해 영조의 인내심이 바닥날 무렵 정순왕후의 아버지 김한구 등의 사주를 받은 나경언은 세자의 비행 10조목을 상소하였습니다. 이때 영조는 "변란이 팔꿈치와 겨드랑이에 있게 되었구나"하면서 즉시 성문과 대궐문을 닫게 하고 국청을 설치하였습니다. 실록에 기록된 그날의 정황은 다음과 같습니다.

나경언에 대한 심문을 마친 영조는 세자에게 격한 어조로 책망했다.

　"네가 왕손의 어미(양제 임씨)를 때려죽이고 여승을 궁으로 들였으며, 관서에 다녀오고 북성으로 나가 유람하였는데 이것이 어찌 세자로서 행할 일이냐? …… 왕손의 어미를 네가 처음에 매우 사랑하여 우물에 빠진 듯하더니 어찌하여 마침내 죽였더냐? 그 사람이 아주 강직하였으니 반드시 네 행실과 일을 간하다가 죽임을 당했을 것이다. 또 장래에 여승의 아들을 왕손이라고 일컬어 데리고 들어와 문안할 것이다. 이러고도 나라가 망하지 않겠는가?"

　세자가 억울함을 호소하며 나경언과 대질할 것을 청하자 영조는 혀를 찼다.

　"이 역시 나라를 망칠 말이다. 대리청정하는 세자가 어찌 죄인과 얼굴을 맞댈 수 있겠느냐. 차라리 발광(發狂)하는 편이 낫겠다. 물러나라."

　영조는 크게 화를 내며 사도세자를 휘령전으로 불러 자결을 명했습니다. 세자가 칼을 받아 자결하려고 하자 주변 사람들이 달려들어 세자를 말렸습니다. 세자가 두려움에 다시 용서를 청하자 영조는 그를 폐서인으로 강등시키고 뒤주에 가두어 8일 만에 굶어죽게 하였습니다. 이후 영조는 아들을 죽인 것에 대해 후회하고 사도세자의 아들인 세손(정조)이 왕위를 이을 수 있도록 적극적으로 보호해주었습니다. '사도(思悼)'라는 시호도 세자의 죽음을 애도한다는 뜻으로 이때 내린 것입니다.

이런 저런 어처구니없는 일을 겪은 당시 사람들은 어떤 생각을 했을까요? 영조 때 살았다는 것 외에 다른 사항은 알려지지 않은 이정신(李廷藎, ?~?)의 작품을 보면 당시 사람들이 살얼음판을 걷는 것과 같은 삶을 살았다는 것을 짐작할 수 있습니다.

> 남이 해할지라도 나는 아니 겨루리라
> 참으면 덕이요 겨루면 같으리니
> 굽음이 제게 있거니 갈올 줄이 있으랴
> (남이 나를 해롭게 한다 할지라도 나는 그와 맞서 싸우지 않겠다.
> 참으면 덕이 되고, 겨루면 그와 같은 사람이 되니
> 잘못은 그에게 있는데 그와 맞서서 싸울 이유가 있겠는가.)

발가벗은 아해들이 거미줄 테를 들고

개천으로 왕래하며 발가숭아 발가숭아 저리가면 죽느니

라 이리 오면 사느니라 부르느니 발가숭이로다

아마도 세상일이 다 이러한가 하노라

(벌거숭이 아이들이 거미줄로 만든 잠자리채를 들고

개천에서 고추잠자리를 잡으러 뛰어다니며 하는 말이 고추잠자리

야, 고추잠자리야 저리 가면 죽느니라 이리 오면 사느니라 이렇게

고추잠자리를 부르는구나.

아마도 세상 일이 다 이런가 하노라.)

　고추잠자리가 아이들의 말을 듣고 '이쪽'으로 오면 오히려 잠자리채에 잡혀 죽게 되지요. 그런데도 이정신은 세상 일이 다 이렇다고 하였습니다. 그 당시는 내 편인 것처럼 친절하게 구는 사람이 결국은 나를 죽음으로 몰아넣는 그런 세상이었던 모양입니다. 그런 세상에서 목숨을 부지하려면 다음 작품에서처럼 자연에 묻혀 살 수밖에 없겠지요. 이것도 역시 이정신의 작품입니다.

　　매암이 맵다 울고 쓰르람이 쓰다 우니

　　산채(山菜)를 맵다는가 박주(薄酒)를 쓰다는가

　　우리는 산야에 뭇쳐시니 맵고 쓴 줄 몰내라

　　(매미는 맴맴 맵다고 울고, 쓰르라미는 쓰르람 쓰르람 쓰다고 우니

　　산나물이 맵다고 우는 것인가? 거친 술이 쓰다고 우는 것인가?

　　우리는 자연에 묻혀 사는 몸이어서 그런지 산채와 박주도 맵고 쓴

줄 모르고 만족하노라.)

이렇게 어지러운 시기였지만 시조의 역사에는 커다란 발전이 있었습니다. 바로 직업적으로 시를 짓는 전문 가인(歌人)이 나타나고, 이전까지의 작품들을 집대성한 가집(歌集)이 만들어지기 시작한 것입니다. 숙종·영조 대의 전문 가인으로는 김천택(金天澤, ?~?)과 김수장(金壽長, 1690~?)을 꼽을 수 있습니다.

• **창덕궁 후원의 영화당** 앞뜰인 춘당대는 임금이 참여하는 연회나 과거 시험이 열리던 곳으로, 현판의 '영화당(暎花堂)'이라는 글씨는 영조의 친필이다.(서울 종로구 와룡동)

이들은 자신들도 수많은 시조를 써냈지만 이전부터 지어진 시조들을 모아 각각 〈청구영언(靑丘永言)〉과 〈해동가요(海東歌謠)〉라는 시조집으로 엮어냈습니다. 그 중 김천택은 당시 가객 대부분이 그러했듯이 중인 계층으로서 젊었을 때 잠시 미관말직의 관리를 지냈고, 나머지 평생은 노래를 지으며 지낸 것 같습니다. 김천택의 시조 중 잘 알려진 몇 작품만 소개해 보겠습니다.

강산 좋은 경(景)을 힘센 이 다툴 양이면
내 힘과 내 분(分)으로 어이하여 얻을소냐
진실로 금할 이 없을 싀 나도 두고 노니노라

(자연의 아름다운 경치를, 힘센 사람들이 자기 것이라 다툰다면
약한 내 힘과 내 분수로 어떻게 얻을 수 있겠는가.
진실로 이 구경을 못하게 막는 사람이 없으니 나도 오래 두고 여기서 놀아보겠다.)

잘 가노라 닫지 말며 못 가노라 쉬지 말라
부디 끊지 말고 촌음을 아껴스라
가다가 중지곧 하면 아니 감만 못하니라

(잘 간다고 달리지 말며 못 간다고 쉬지 마라.
부디 끊지 말고 아주 짧은 시간이라도 아껴서 써라.
가다가 중지하면 가지 않는 것만 못하느니라.)

전원(田園)에 남은 흥을 전나귀에 모두 싣고
계산(溪山) 익은 길로 흥치며 돌아와서
아해 금서(琴書)를 다스려라 남은 해를 보내리라

(전원에서 즐기던 흥취를 다리 저는 나귀 등에 모두 실어 가지고
골짜기를 낀 산 속, 익숙한 길을 따라 흥에 넘치며 돌아와서 하는

말이,

아이야, 거문고와 서책을 챙겨라, 그것들과 함께 남은 세월을 보
내겠다.)

백구야 말 무러보자 놀나지 마라스라
각구승지(各區勝地)를 어듸어듸 보왓난다
날 다려 자세히 일너든 너와 게가 놀니라

(갈매기야 말 좀 물어보자 놀라지 말아라.

가볼 만한 명승지를 어디어디 보았느냐?

나에게 자세히 일러주면 너와 함께 거기 가서 놀겠노라.)

　다음은 김수장의 작품을 소개합니다. 기성(騎省 : 병조)의 서리(書吏)였던
그는 1755년 조선 3대 시조집의 하나인 〈해동가요〉를 편찬하였고 80세가
넘도록 계속 이 책을 수정 보완했습니다. 또 가단의 지도자로서 가악의 발
전과 후배 양성을 위하여 힘쓰기도 했지요. 물론 스스로 시조 작가로서 왕
성한 창작 활동을 하여 현재 130여 편의 작품을 우리에게 전하고 있습니다.

한식 비 갠 날에 국화 움이 반가왜라
꼿도 보려니와 일일신(日日新) 더 죠왜라
풍상이 섯거치면 군자절(君子節)을 픠온다

(한식 철 비 갠 날에 국화 움이 돋아나니 반갑구나.

아름다운 꽃도 보려니와 새 움이 돋아서 날로 새로워지는 것이 보
기 좋구나.

바람과 서리가 뒤섞여 치는 늦가을에는 군자의 절개를 보여주는
꽃을 피우겠구나.)

초암(草庵)이 적료(寂廖)한데 벗 없이 혼자 앉아
평조(平調) 한 잎에 백운이 절로 존다
어느 뉘 이 좋은 뜻을 알 리 있다 하리요
(초가로 지은 암자가 고요한데 찾아오는 벗 없이 홀로 앉아서
평조의 노래 한 수를 읊으니 흰 구름이 졸고 있는 것 같구나.
어느 누가 이렇듯 행복한 삶을 아는 사람이 있다고 하리오.)

환욕(宦慾)에 취한 분네 앞 길 생각하소
옷 벗은 어린아이 양지 결만 여겼다가
서산에 해 넘어 가거든 어찌하자 하더라
(벼슬 욕심에 가득 차 있는 사람이여, 앞 길 생각하소.
옷 벗은 어린아이가 따뜻한 양지만 있다고 생각하다가
서산에 해 넘어 가거든 어찌할까 합디다.)

글도 병 된 일 만코 칼도 험한 일 잇세
이 두 일 마자 하여 이 몸이 편차하면
성주(聖主) 지극한 은덕을 어이 갑자하리요
(글로 일해도 잘못된 일이 많고 칼로 일해도 험한 일이 있네.
이 두 가지 일을 그만두고 이 몸이 편하게 살려면
임금님의 지극한 은덕을 어떻게 갚을 수 있을까.)

김수장의 작품 중에는 사설시조도 많이 눈에 띕니다. 사설시조는 3장6구의 시조 형식 가운데 두 구 이상이 길어지는 변형 시조입니다. 시조가 이렇게 마구 길어졌어도 종장의 첫 음보는 세 자로 써야 한다는 시조의 기본 원칙을 철저히 지키고 있습니다. 사설시조는 조선 후기에 평민 작가들에 의해 많이 쓰였지요. 그래서 작자 미상의 작품이 많습니다. 다음의 작품들은 김수장의 사설시조들입니다. 그중에는 교과서에 작자 미상으로 실려 있는 작품도 더러 있습니다.

서방님 병 들여두고 쓸 것 없어 저자에 다래 팔아
배 사고 감 사고 유자 사고 석류 샀다 아차아차 잊었구
나 오화당(五花糖)을 잊어버렸구나
수박에 술 꽂아놓고 한숨 겨워 하노라
(서방님이 병들었는데 쓸 돈이 없어 시장에 머리카락을 팔아
배 사고 감 사고 유자 사고 석류 샀다. 그런데 아차 오색 꽃 사탕
을 잊어버렸구나.
수박을 떠먹으려고 숟가락 꽂아놓고 한숨겨워 하노라.)

바둑이 검둥이 청삽사리 중에 조 노랑 암캐갓치 얄밉고
잣뫼오랴
뫼온 임 오게 되면 꼬리를 회회 치며 반겨내닷고 고은
임 오게 되면 두 발을 벗띄되고 코쌀을 찡그리며 무르락
나오락 캉캉 즛는 요 노랑 암캐
잇튼날 문 밧긔 개 사옵새 웨는 장사 가거드란 찬찬 동

혀 내야 쥬리라

(바둑이 검둥이 청삽사리 중에 저 노랑 암캐같이 얄밉고 미우랴.

미운 임 오면 꼬리를 회회 치며 반겨 내닫고 고운 임 오면 두 발

을 뻗디디고 콧살을 찡그리며 물 것처럼 캉캉 짖는 요 노랑 암캐

이튿날 문 밖에 개 사겠다고 외치는 장사 지나가면 찬찬 묶어서 내

주리라.)

이 무렵의 시조시인 중에는 김수장처럼 하급 관리인 '서리' 출신이 많습니
다. 시조가 처음 쓰일 때는 주로 지체 높은 사대부들만의 전유물이었는데
시조의 향유층 넓어졌다는 증거이지요. 이후로는 평민들까지 시조를 창작
하게 되어 시조가 우리 민족의 대표적 시가 형식으로 그 명실상부한 위치
를 굳히게 되었습니다. 서리 출신 작가들의 작품 몇 편을 소개하겠습니다.
다음은 김수장과 가깝게 지냈다는 김우규(金友奎, 1691~?)의 작품입니다.

처음에 모로듬면 모로고나 잇실꺼슬

어인 사랑이 싹남여 움돗는가

언제나 이 몸에 열음 열어 휘들거든 볼연요

(처음부터 사랑이 무엇인지 몰랐더라면 그냥 모르게 지낼 것을

어찌하여 사랑이 싹이 나며 움이 돋았는가?

언제나 이 싹이 자라서 열매가 흐드러지는 것을 볼 수 있을까?)

다음 시조들을 지은 박문욱(朴文郁, ?~?)도 역시 서리 출신의 작가입니
다. 〈해동가요〉에 적힌 발문에서 김수장은, "가난하여 때를 잇기가 어려워

도 개의치 않았고, 마음의 표현은 언제나 호화로이 하였다 …… 술을 즐겨 주량이 대단하였고, 취하여 노래 부르면 반드시 사람을 놀라게 하는 구절이 들어 있다"라고 박문욱을 소개했습니다.

알고 늙엇는가 모로고 늙엇노라
주색에 잠졋거든 늙은 줄 어니 알리
귀밋해 백발이 훗날니니 그를 슬허 하노라

(알고 늙었는가 늙는 줄도 모르고 어느새 늙었노라.
늘 술에 빠져 있었으니 늙은 줄 어이 알았으리.
귀밑에 백발이 흩날리니 그를 슬퍼하노라.)

내게는 원수ㅣ가 업셔 개와 닭이 큰 원수로다
벽사창(碧紗窓) 깁픈 밤의 픔에 들어 자는 임을 자른 목
느르혀 홰홰 쳐 울어 닐어가게 하고 적막 중문(重門)에
왓는 님을 믈으락나오락 캉캉 즈저 도로 가게 하니
암아도 유월 유두 백중 전에 서러저 업씨하리라

(내게는 원수가 없는데 개와 닭이 큰 원수로다.
창문이 푸른 깊은 밤에 짧은 목 길게 늘이어 홰쳐 울어서 내 품에
서 자는 우리 임을 일어나 가게하고 사람 없는 중문까지 들어온 임
을 물 것처럼 캉캉 짖어 도로 가게 하니
아마도 6월 유두 7월 백중 전에는 두 짐승을 잡아서 없애야겠다.)

임과의 사랑을 방해한다고 6월 유두, 7월 백중 전에 키우던 닭과 개를 잡

아 없애다니요. 옛 사람들의 위트와 해학이 놀랄 정도로 대단하지요?

본명도 알 수 없고 나고 죽은 연대도 알 수 없는 송계연월옹이라는 사람은 〈고금가곡(古今歌曲)〉이라는 가집을 만들었습니다. 이 책에는 시조 305수뿐만 아니라 중국의 노래, 우리나라의 가사들도 실려 있는데, 표지가 떨어져서 원래의 책 이름은 무엇인지 알 수 없습니다. 다만 그가 서문처럼 쓴 시조 속의 문구를 따서 〈고금가곡〉이라고 부르는 것이지요. 이 책 끝에 '갑신춘 송계연월옹(甲申春松桂烟月翁)'이라고 적혀 있는데 여기 나온 갑신년은 1764년(영조 40)으로 추측할 수 있습니다. 이 책에 숙종 때 사람인 김유기의 작품이 실린 것으로 보면 그가 1704년(숙종 30) 이후의 인물인 것만은 분명합니다. 송계연월옹은 이 책에 자신의 시조 열네 수를 실었는데 나라의 은혜를 갚겠다거나 나라의 일을 크게 걱정한 내용들로 미루어볼 때 벼슬을 했던 사람으로 여겨집니다. 다음은 그의 작품들입니다.

거문고 타쟈 하니 손이 알파 어렵거늘
북창송음(北窓松陰)의 줄을 언져 거러두고
바람의 제 우난 소릐 이거시야 듯기 됴타
(거문고를 타려 하니 손이 아파서 어렵기에
북쪽 창 밖에 있는 소나무에 줄을 얹어 걸어뒀는데
바람이 불어와 거문고가 스스로 소리를 내니, 이 소리가 정말 듣기 좋구나.)

늘거지니 벗이 업고 눈 어두어 글 못볼식
고금가곡(古今歌曲)을 모도와 쓰는 뜻은

여긔나 흥을 브쳐 소일코져 하노라

(늙어지니 친구도 없어지고, 눈이 어두워 책도 볼 수가 없다.
예나 이제의 가곡들을 모아서 책을 만드는 까닭은
여기에나 흥을 붙여서 하루를 보내고자 함이다.)

칠십의 책을 써서 몃 해을 보쟈말고
어와 망녕이야 남이일졍 우을노다
그려도 팔십이나 살면 오래볼 법 잇나니

(칠십 세에 책을 써서 몇 년이나 볼 수 있을까.
아이구 망녕이구나 남들이 웃을 일이로다.
그래도 팔십 세를 살면 10년 동안이나 볼 수 있을 텐데 어떠냐.)

　그의 호에 '옹(翁)'이라는 글자가 붙어 있는 것을 보면 이 별호를 붙일 때 그가 이미 나이가 들어 있었음을 알 수 있습니다. 이 시조로 미루어 볼 때 그는 70세가 지나서 〈고금가곡〉을 만든 모양입니다. 그러나 그의 생각과는 달리 이 책은 10년은 물론 100년을 넘게 사람들에게 읽히고 있지요. 인생은 짧지만 예술과 책의 수명은 훨씬 기니까요.

15
조선의 르네상스,
진경시대

15 조선의 르네상스, 진경시대

　사도세자가 뒤주에 갇혀 세상을 떠난 지 두 해 뒤에 영조는 세손(정조)을 자신의 맏아들인 효장세자의 양자로 삼았습니다. 세손이 죄인인 사도세자의 아들이면 왕위 계승은커녕 목숨을 부지하기도 어려웠을 테니까요. 세손은 1775년 82세의 영조를 대신하여 대리 청정을 하였고, 다음 해 영조가 세상을 떠나자 25세의 나이에 임금으로 즉위하였습니다. 제22대 임금 정조는 즉위하자마자 "과인은 사도세자의 아들이다"라고 선언하며 아버지를 죽게 한 사람들을 처벌하였습니다.

　이때 노론이 벽파와 시파로 나뉘어 치열하게 싸우고 있었습니다. 벽파는 영조 때 시작된 외척 중심의 노론으로 정조를 못마땅하게 생각하는 사람들이었고, 시파는 정조의 정치 노선에 동조하는 사람들로 남인과 소론, 일부 노론의 인사들이었습니다. 벽파는 한동안 "죄인의 아들은 왕이 될 수 없다"라든가 "죄인의 자손으로 대통을 잇는 것은 불가하다. (죄인의 자손을 제외한다면) 태조의 자손 중에 누군들 왕이 되지 못하겠는가"라는 흉언(凶

言)을 세상에 퍼트렸습니다. 그럼에도 불구하고 정조는 흔들리지 않고 탕평책을 이어받아 당파와 상관없이 인재를 고르게 등용하려고 애썼습니다.

정조는 실로 조선 왕조의 중흥을 이룬 지혜로운 임금이었습니다. 규장각을 설치하여 신분의 제약 없이 능력과 학식 위주로 인재를 등용하였습니다. 정조는 또 초계 문신 제도를 만들어 개혁의 중심 인재들을 키워냈습니다. 초계 문신은 37세 이하의 중간 관료들로, 의정부에서 선발된 신하들을 말합니다. 선발된 것에서 끝나는 것이 아니라 이들은 3년 동안 규장각에서 강도 높은 특별 교육을 받았습니다.

세손 시절부터 수차례의 암살 위협에 시달렸던 정조는 홍국영(洪國榮)을 시켜 날쌘 병사들을 따로 뽑아 왕궁을 호위하는 숙위소를 만들었습니다. 홍국영은 세손 시절부터 정조를 보호해온 공신이었습니다. 그런데 도승지에 숙위대장까지 겸하게 된 홍국영은 권력을 독점하여 마음대로 그 권력을 휘두르려 했습니다. 이때 '세도'라는 말이 생겨났는데 이는 임금의 총애를

• **창덕궁 후원의 주합루** 1층은 궁중 도서관인 규장각으로, 정조의 개혁 정치와 문예 부흥의 산실이었다. 앞에는 '왕을 물이고 신하는 물고기로, 물고기는 물은 떠나서 살 수 없다'는 뜻을 담은 어수문(魚水門)이 있다.(서울 종로구 와룡동)

받는 신하가 독단으로 정권을 휘두른다는 뜻으로 쓰였습니다. 홍국영의 전 횡은 누이동생을 정조의 후궁으로 들인 후 더욱 심해졌지요. 심지어는 자신의 동생이 병으로 죽자 정조비인 효의왕후를 의심하여 그녀를 독살하려고 시도할 정도였습니다.

정조는 홍국영에게 권력이 집중되는 것을 경계했지만 규장각과 초계 문신 제도가 자리잡아 자신의 근위 세력이 길러지기를 기다렸습니다. 어느 정도 '자기 사람'이 길러졌다고 생각되었을 때 정조는 홍국영에게 스스로 물러날 것을 권유했습니다. 홍국영으로 하여금 은퇴 상소를 올리게 하고 정조는 그 자리에서 이 상소를 받아들였습니다. 그리고 "이전과 이후 천 년에 걸쳐 이와 같은 군주와 신하의 만남이 언제 있었고 언제 또다시 있을 수 있겠는가 …… 옛날부터 흑발의 재상은 있었지만 흑발의 봉조하(奉朝賀 : 은퇴한 정계 원로에게 주는 직함)는 없었는데 드디어 흑발의 봉조하도 있게 되었다"라는 다소 속 보이는 인사말과 함께 그를 내보냈지요. 홍국영은 이렇게 조정에서 퇴출되었고, 도성에 들어오지 못하는 '방귀전리(放歸田里)'라는 벌을 받았으며 가산까지 몰수당했습니다.

정조는 애민 정신에 기초를 둔 개혁을 실시했습니다. 자신이 직접 대궐 밖에 나가 백성들의 민원을 듣기도 했고, 암행어사를 지방에 보내 지방관들이 부정을 저지르지 못하도록 감시했습니다. 또 백성들이 억울하게 피해를 입지 않도록 지방 관아의 형구 실태를 조사하여 잘못된 것은 바로잡고, 사형수에 대해서는 조사를 열 번 이상 거듭하도록 했습니다.

또 정조는 훈련도감의 정예 병사를 뽑아 장용영이라는 친위부대를 만들었습니다. 이 장용영에 서울과 수원의 외곽 경비를 맡겼고 임금이 직접 군사 동원이나 배치를 할 수 있도록 하였습니다. 정조 자신도 무예 연마에 많은 힘을 기울였다지요. 정조는 아버지 사도세자가 만든 병서 〈무기신식(武技新式)〉을 보완하여 〈무예도보통지(武藝圖譜通志)〉라는 우리나라 실정에 맞는 병서를 편찬하기도 했습니다.

영조부터 정조에 이르는 시기는 '조선 후기의 르네상스'라고 불릴 정도로 문화 예술이 부흥한 시기입니다. 이 시대는 민족주의에 의한 독자적인 우리 문화가 이룩된 시기였습니다. 이전까지는 그림을 그려도 중국의 화첩을 베끼는 수준이었는데, 이때부터 진짜 우리 산천의 풍경(진경산수 : 眞景山水)을 그리게 된 것입니다. 글씨도 중국에서 들어온 서체만을 배우는 것이 아니라 '동국진체'라는 우리의 독자적인 풍이 유행했습니다. 이런 문화적 발전이 양반층에

• **화가 정선이 그린 '금강전도'** 진경산수화의 대표 작품으로 꼽힌다.

만 한한 것이 아니고 중인 이하 평민들에게까지 영향을 미쳐 이른바 '진경시대'라는 문화적 황금기를 이뤘습니다.

정조가 주로 등용한 사람은 시파의 남인 계열 실학자들이었습니다. 당파에 따라 인재를 등용해서가 아니라 정조의 개혁적인 통치 이념에 맞는 사람들을 찾다보니 시파 중심이 되었습니다. 이때 벽파는 자기들끼리 똘똘 뭉쳐 때가 오기만 숨죽여 기다리고 있었지요.

정조의 의도를 가장 잘 파악하고 그에 걸맞게 행동해준 사람 중 하나로

정약용(丁若鏞, 1762~1836)을 꼽을 수 있습니다. 그는 정조가 수원으로 능행을 떠날 때 그 일행이 한강을 편하게 건널 수 있도록 배다리를 설계하였고, 박제가와 함께 종두법을 연구하기도 했습니다. 정약용의 이런 과학적 탐구 정신이 마음에 들었는지 정조는 그에게 수원 화성의 설계를 맡겼습니다. 정약용은 설계뿐만 아니라 공사 진행의 기획에도 심혈을 기울여 정조의 기대를 충족시켰습니다. 거중기를 발명하여 공사 비용과 기간을 줄였고 공사가 진행되는 모든 과정을 꼼꼼하게 기록하여 오늘날 훌륭한 자료로 남겨놓았습니다.

정약용은 정조 재위 시절에도 천주교를 믿었다는 죄목으로 몇 차례 공서파(서학을 공격하는 사람들)의 공격을 받았습니다. 그러나 정조는 천주교가 흘러들어오는 것에 대해서도 크게 우려하지 않았습니다. 정학(正學)이 제대로 자리를 잡으면 사학(邪學)은 저절로 사라진다며 학자들이 정학에 몰두할 것을 요구했을 뿐입니다. 정조의 이런 태도는, 정약용을 비롯하여 비슷한 코드를 가졌던 남인 가운데 천주교에 심취한 사람이 많았는데,

• **다산 정약용의 동상**(서울 용산구 후암동)

그들을 보호하는 동시에 다양한 사상을 받아들여 조선의 정체되어 있던 학문적 분위기를 바꿔보고자 했던 의도에서 나온 것입니다.

정조가 세상을 떠나기 전 해인 1799년에도 정약용은 공서파의 공격을 받았습니다. 이때 공서파의 주축 인물은 대사간 신헌조(申獻朝, 1752~1807)였습니다. 그런데 정조는 오히려 신헌조의 품계를 박탈하면서 서학 사건을 다시 거론하지 못하도록 하였습니다. 신헌조는 신흠(申

欽)의 8대손으로 임금에게는 불의를 간하는 충직한 신하였고 백성들을 사랑하는 관리였습니다. 또 효성이 깊었고 자식 교육을 반듯하게 한 사람이었다는 평가를 봤을 때 그는 유학의 가르침에 철저하게 산 사람으로서 유학 외의 서학을 용인할 수 없었던 모양입니다. 곁눈질하지 않고 앞길만 보고 살았던 신헌조의 삶은 그의 작품에도 나타나 있습니다.

시하(侍下)적 작은 고을 전성(專城) 효양(孝養) 부족터니
오늘은 일도방백(一道方伯) 나 혼자 누리는고
삼시(三時)로 식전방장(食前方丈) 목 맺히어 하노라
(부모님을 모시고 있을 때에는 작은 고을의 성주여서 부모님을 제대로 공양하지 못하였는데
이제 한 도의 수장이 되어 그 영화를 부모님 없이 나 혼자 누리는구나.
끼니 때마다 잘 차린 음식을 대하니 부모님 생각에 목이 메어 잘 넘어가지 않는구나.)

뉘라서 이르기를 눈물이 간사타노
하고 한 이별에 이별마다 눈물이랴
두어라 이별하는 날은 다 각각 정이니라
(누가 눈물이 간사하다고 일렀느냐?
이별이 많고 많지만 이별마다 눈물이 나는구나.
두어라 이별할 때마다 다 각각 다른 정에서 눈물 흘리는 것이니라.)

정조는 학문적으로나 문화적으로나 사대부들보다 한 수 위에 앉아 그들의 스승으로서의 면모를 유감없이 과시했습니다. 창의적이고 자유로운 학문 연구를 장려했던 정조의 뒷바라지 덕분에 이 시기에는 여러 가지 실용적 학문이 발달했습니다. 실학을 집대성한 정약용은 공동체에 소속된 사람들이 함께 일하고 자신이 일한 만큼 정당하게 분배받을 수 있는 여전제라는 토지 제도를 주장하기도 하였습니다. 그는 양반들도 농사를 짓고 노동을 할 것을 강조했는데 위백규(魏伯珪, 1727~1798)도 농사지으며 학문을 연구한 사람입니다. 그는 서른아홉이라는 늦은 나이에 과거에 급제했지만 어려운 생활 형편 때문에 관직 진출을 포기하고 농사를 지으며 살았지요. 다음은 스스로 땀 흘려 농사를 지으며 부지런한 모습을 솔선수범했던 위백규가 자신의 농사 경험을 담은 '농가(農歌)'라는 연시조입니다.

셔산의 도들 벗 셔고 구움은 느제로내다
비뒷 무근풀이 뉘밧시 짓터든고
두어라 차례지운 닐이니 매는다로 매오리라
(서산에 아침 햇볕 비치고 구름은 낮게 떠 있구나.
비 온 뒤의 묵은 풀로 누구 밭이 더 짙어졌는가.
두어라 차례 정해진 일이니 묵은 풀을 뽑는 대로 뽑으리라.)

둘너내쟈 둘러내쟈 긴차골 둘너내쟈
바라기 역고를 골골마다 둘너내쟈
쉬 짓튼 긴 사래는 마조 잡아 둘너내쟈
(쳐 내자 쳐 내자 꽉 찬 고랑 쳐내자.

바랭이 여뀌 같은 잡초를 고랑마다 쳐 내자.
잡초 짙은 긴 사래는 마주 잡아 쳐 내자.)

땀은 듯는 대로 듯고 볏슨 쬘 대로 쬔다
청풍의 옷깃 열고 긴파람 흘리불 제
어대셔 길가는 소님네 아는드시 머무는고
(땀은 떨어지는 대로 떨어지고, 햇볕은 쬘 대로 쬔다.
맑은 바람은 시원하게 불고, 휘파람을 크게 불 때
지나가는 나그네가 아는 듯이 머물러 서는가.)

행긔예 보리마오 사발의 콩닙채라
내 밥 만할셰요 네 반찬 젹글셰라
먹은 뒷 한숨 잠경이야 네오 내오 다할소냐
(행기에 보리밥이요 사발에 콩잎채 반찬이라.
내 밥 많을까 네 반찬 적을까 걱정이구나.
먹은 뒤 한숨 자는 즐거움이야 너나 나나 다르겠느냐.)

도라가쟈 도라가쟈 해 지거단 도라가쟈
계변의 손발 싯고 홈의 메고 돌아올 제
어듸셔 우배초젹(牛背草笛)이 함께 가쟈 배아난고
(돌아가자 돌아가자 해 지거든 돌아가자.
시냇가에서 손발 씻고 호미 메고 돌아올 때
어디서 소 타고 가면서 부는 피리 소리가 함께 가자고 재촉하는가.)

면홰난 세 다래 네 다래요 일읜 벼난 피난 모가 곱난가
오뉴월이 언제가고 칠월이 반이로다
아마도 하느님 너희 삼길 제 날 위하야 삼기샷다

(면화는 세 다래 네 다래로 피고 이른 벼는 피어난 이삭이 곱더라.
오뉴월이 어느새 가고 벌써 칠월 중순이다.
아마도 하늘이 너희(면화, 벼)를 만드실 때 바로 나를 위해 만드
셨구나.)

아해는 낙기질 가고 집사람은 저리채 친다
새 밥 닉을 때예 새 술을 걸러셔라
아마도 밥 들이고 잔 자블 따여 호흠 졔워하노라

(아이는 낚시질 가고 아내는 나물을 무친다.
새 밥 먹을 때 새 술을 거르리라.
아마도 밥 들이고 잔 잡을 때 호탕한 흥에 겨워하노라.)

취하노니 늘그니요 웃는 이 아희로다
흐튼 순배 흐린 술을 고개수겨 권할 때여
뉘라셔 흐르쟝고 긴 노래로 차례 춤을 미루난고

(취하는 사람은 늙은이요 웃는 사람은 아이로구나.
잔 돌리는 탁주를 고개 숙여 권할 때
누가 장구소리 긴 노래로 춤출 차례를 미루는가.)

정조의 역사적 사업 가운데 눈에 띄는 것은 신도시 화성 건설이었습니다.

• 정조가 상왕으로 물러앉은 후 어머니 혜경궁 홍씨와 함께 살려고 만든 수원 화성 정조는 그 꿈을 이루지 못하고
어머니보다 먼저 세상을 떠났다.(경기 수원시 팔달구)

정조는 사도세자의 묘를 화산으로 이장하면서 현륭원(顯隆園)이라 이름 지었습니다. 그리고 원래 화산에 있던 수원부를 옮겨 신도시를 건설하고 성곽을 쌓았으며 그곳에 화성 행궁을 지었습니다. 정조는 현륭원 천장 이후 열두 차례에 걸친 능행을 하였고, 이때마다 화성 행궁에 머물면서 여러 가지 행사를 거행하였습니다. 화성이 다 지어진 1795년에는 어머니 혜경궁 홍씨의 환갑잔치를 화성 행궁에서 열었습니다. 화성 행차 중 가장 규모가 컸던 이 을묘원행(乙卯園幸)은, 한강에는 배다리가 놓였고 5천여 명의 인원과 800필의 말을 동원한 대행차였습니다.

정조는 그로부터 5년 가량 더 통치를 하다가 세자가 15세 되는 해에 왕위를 물려주고 자신은 상왕으로 물러앉을 계획이었답니다. 그 이후 어머니 혜경궁 홍씨와 함께 머물려고 화성을 건설했다는 것이지요. 백성을 사랑했던 정조는 어머니의 환갑잔치도 농번기를 피해서 열었습니다. 원래 생일인 음력 5월경에는 대궐에서 간단히 잔치를 하고 추수가 끝난 11월에 원행을 했으니까요. 정조는 어머니와 함께 화성에 가서 백성들을 초대해 음식도 나누고 잔치도 함께 즐겼습니다. 이런 정조의 시대에는 백성들도 안정적으로 생업에 종사할 수 있었겠지요. 정조 때 살았다는 신희문(申喜文, ?~?)이라는 가객은 농사를 지으며 사는 즐거움을 시조에 담았습니다.

> 뵈잠방이 호뮈 메고 논밧 가라 기음매고
> 농가(農歌)을 보로며 달을 띄여 도라오니
> 지어미 술을 거르며 내일 뒷밧 매옵세 하더라
> (베잠방이 입고 호미 메고 논밭 갈아 김매고
> 농가(農歌)를 부르며 달 떴을 때 돌아오니

지어미가 술을 거르며 내일은 뒷밭을 매자고 하더라.)

논밧 가라 기음매고 돌통대 기사미 퓌여 물고
코노래 부로면서 팔뚝춤이 제겨니라
아희는 지어자하니 후후(詡詡) 웃고 놀니라
(논밭 갈아 김매고 담뱃대에 썬 담배를 채워 피워 물고
콧노래 부르면서 팔을 덩실거리며 추는 춤이 제격이라.
아이는 '지화자' 하니 후후 웃으며 노느니라.)

• **창덕궁 후원의 부용지에 새겨진 '어변성룡(魚變成龍)' 조각** 영민한 물고기(신하)가 깊고 맑은 물(왕)을 만나면 용이
되어 하늘로 오를 수 있다는 뜻을 담고 있다.(서울 종로구 와룡동)

정조는 1800년 5월 그믐, 오회연교(五晦筵敎)라는 발표를 했습니다. '오
회'라는 말은 5월의 그믐이라는 뜻이지요. 자신의 정치적 입장을 다시 한
번 천명하면서 신하들이 자신을 믿고 따를 것을 강조한 주요 내용은 다음
과 같습니다.

"…… 나는 부족한 사람이지만 그동안 나라를 다스리면서 규범을 제대로 지키고 공평한 인사 정책을 단행했다. …… 이제는 지위 고하를 막론하고 참으로 선을 사모하고 지향하는 자를 믿고 쓸 것이다. …… 의리의 반대는 곧 속습(俗習)이니 이를 바로잡기 위해서는 나막신을 신고 압록강 살얼음판을 건너가는 것처럼 조심스럽게 나를 따라야 할 것이다."

이 발표는 정조가 모든 대신을 향해 자신의 의지를 밝힌 것이지만, 여전히 당파의 이익에 골몰하던 벽파에게는 "앞으로 조심하지 않으면 큰 코 다칠 것이다"라는 말로 들렸을 것입니다. 정조는 그 정도면 왕권이 확고해졌다고 믿고 내린 특단의 발표였지만, 강력한 왕권을 견제하는 대신들도 만만한 사람들은 아니었습니다. 벽파는 물론 정조의 근위 세력이라 믿었던 초계 문신 출신의 신하들까지 가세하여 침묵 시위를 벌였습니다.

이렇게 당쟁을 없애려고 신하들과 쉼 없는 줄다리기를 하던 정조는 엄청난 스트레스에 눌려 살았겠지요. 세손 시절부터 단 하루도 마음 편한 날을 지내지 못했던 정조는 심한 마음의 병을 앓고 있었던 듯합니다. 정조가 당시 우의정이었던 심환지(沈煥之)에게 보낸 어찰(御札 : 임금의 편지)에는 자신이 어떤 고통을 겪고 있는지 하소연이 담겨 있습니다.

"온몸에 뜨거운 기운이 상승하여 등이 뜸을 뜨는 듯 뜨거우며 눈은 횃불 같이 시뻘겋고 숨을 가쁘게 쉴 뿐이다. 현기증이 심하여 책상에서 힘을 쏟을 수 없으니 더욱 고통을 참지 못하게 한다."

이 편지는 정조가 세상을 떠나기 거의 1년 전에 보낸 것으로, 벽파의 영수로서 정조를 독살했다는 의심까지 받던 심환지의 혐의를 어느 정도 벗겨주는 증거가 되었습니다. 정조는 어려운 일이 있을 때마다 심환지에게 비밀 편지를 보내 상의하거나 하소연했습니다. 정조의 편지들에는 심환지에게 "갈수록 입을 조심하지 않는다. 생각 없는 늙은이"라고 직접적으로 비난한 내용이나, 심환지의 큰아들이 과거 시험에서 "300등 안에만 들면 합격시키려고 했으나 (아들이 그러지 못해) 심히 안타깝다"라고 한 위로인지 조롱인지 모를 내용, 심환지 부인의 병을 염려하며 삼뿌리나 전복, 조청 등을 보낸다는 내용도 들어 있습니다.

노론 대신인 서영보를 '호로자식(胡種子)'으로, 촉망받던 젊은 학자 김매순을 "젖비린내 나고 사람 꼴을 갖추지 못한 놈"이라 욕하기도 했고, "오장에 숨이 반도 차지 않았고, 도처에 동전 구린내를 풍겨 사람들이 모두 코를 막는다"며 일부 유생들을 비난하는가 하면, '늙고 힘없는 서매수', '어둡고 졸렬한 김의순', '약하고 물러터진 이노춘' 등 신하들 흉보기에 밤이 깊어가는 줄도 몰랐던 모양입니다. 그러다가 "놈들이 한 짓에 화가 나서 밤에 이 편지를 쓰느라 거의 5경이 지났다. 내 성품도 별나다고 하겠으니 우스운 일이다"라고 뒤늦게 자신을 반성하기도 했습니다.

세상을 떠나기 13일 전에는 "뱃속의 화기(火氣)가 올라가기만 하고 내려가지는 않는다. 여름 들어서는 더욱 심해져 그동안 차가운 약제를 몇 첩이나 먹었는지 모르겠다. 항상 얼음물을 마시거나 차가운 온돌의 장판에 등을 붙인 채 잠을 이루지 못하고 뒤척이는 일이 모두 고생스럽다"라는 편지를 보내기도 했습니다. 이 편지로 보나, 세상을 떠나기 보름 전쯤 장차 사돈이 될 김조순을 불러 자신이 죽은 뒤 세지를 잘 돌봐달라고 부탁한 것

• **정조가 세상을 떠난 창경궁 영춘헌** 그 옆 건물 집복헌은 사도세자가 태어난 곳으로 정조가 영춘헌에 거처한 것은 효심의 발로라고 볼 수 있다.(서울 종로구 창경궁로)

을 보면 정조가 갑작스러운 독살로 세상을 떠난 것은 아닌 것 같습니다.

어쨌든 정조는 오회연교를 발표했던 그 해 1800년 49세로 세상을 떠났습니다. 정조의 갑작스러운 죽음으로 이제까지의 정조의 모든 개혁과 앞으로의 계획은 다 틀어지고 말았습니다. 나이 어린 순조의 수렴청정을 했던 영조의 계비 정순왕후는 정조 치하에서 숨죽이며 때를 기다리던 벽파와 함께 정조의 개혁을 모두 반대 방향으로 돌려놓았기 때문입니다.

16
끝없는 수렁에서
헤어나지 못한
조선

16 끝없는 수렁에서 헤어나지 못한 조선

영조의 계비였던 정순왕후는 사도세자의 죽음에 한몫을 한 사람으로서 정조 재위 동안 숨을 죽이고 살아야 했습니다. 그래서인지 순조의 수렴청정을 하는 동안 마치 한풀이를 하듯이 선왕 정조의 치적에 전면적으로 역행하는 정치를 행했습니다. 정순왕후는 벽파와 함께 신유사옥이라는 대규모 천주교도 색출 작업을 통해 반대파 숙청 작업부터 실시했습니다. 반대파인 시파나 남인 중에는 천주교를 공부하거나 믿는 사람이 많았기 때문입니다. 이때 1년 사이에 300여 명의 천주교인을 학살했고, 정약용 등 남인이나 시파 인물들을 죽이거나 유배 보내서 벽파 대신들이 조정을 장악하도록 하였습니다.

정순왕후는 안동 김씨가 아니라 경주 김씨입니다. 그런데 시파인 안동 김씨 김조순(金祖淳)의 딸을 순조의 왕비로 맞이하게 되었습니다. 대왕대비가 수렴청정을 거두고 순조가 친정을 시작했을 때, 정국의 주도권은 순조의 장인 김조순이 쥐게 되었습니다. 그때부터 안동 김씨의 세도정치가 시작된 것이지요. 김조순은 확고한 권력을 쥐었지만 어떤 벼슬도 사양하며 일생 동안 오직 순조를 돕는 데만 전념했다고 합니다. 하지만 그로부터 시작된 안동 김씨의 세도정치는 고종이 즉위할 때까지 60년 동안 계속되었고, 이로써 조선은 급속히 망국의 길을 걷게 되었습니다.

안동 김씨 집권기에 인사 제도가 엉망진창이 되었고, 이들의 독주를 견제할 세력도 없는 가운데 정권은 부패할 대로 부패해졌습니다. 뇌물 수수에 매관매직이 성행했고, 많은 돈을 주고 벼슬을 산 수령들은 백성을 수탈하느라 여념이 없었습니다. 신분 질서도 붕괴되고 사회 기강은 크게 흔들렸지만, 조정은 이를 바로잡을 의지도 힘도 가지지 못했습니다. 심지어는 수해와 전염병도 끊이지 않았습니다.

작자는 누구인지 모르지만 당시 백성들을 수탈하는 먹이사슬 구조가 어떻게 이뤄졌는지 잘 보여주는 사설시조가 있습니다.

두터비 파리를 물고 두엄 우회 치달아 앉아 건넌 산 바라보니 백송골이 떠 있거늘
가슴이 끔찍하여 풀떡 뛰어 내닫다가 두엄 아래 자빠지거고
모처라 날랜 낼쉬망정 어혈질 뻔 하괘라
(두꺼비가 파리를 물고 두엄 위에 올라앉아 건너 산을 바라보니 흰 송골매가 떠 있구나.
깜짝 놀라 풀떡 뛰어내려오다가 두엄 아래 자빠졌다.
두꺼비 하는 말이, 날쌘 나이기에 망정이지 안 그랬으면 피멍들 뻔했구나.)

• **창덕궁 후원의 의두합** 효명세자는 이곳에 수만 권의 장서를 두고 독서에 탐닉했다. 오른쪽 건물 '운경거'는 책이나 악기를 보관하던 곳으로 추정된다.(서울 종로구 와룡동)

이 시조에서 파리는 일반 백성이고, 두꺼비는 백성을 못 살게 구는 탐관오리를 상징합니다. 또 두꺼비가 두려워하는 송골매는 탐관오리로부터 상납 받는 더 힘 있는 관리를 나타내지요. 힘없는 백성은 층층의 먹이사슬 가운데 가장 아랫부분에서 살고 있었던 것입니다.

천재지변에 탐관오리들의 수탈까지, 굶주리고 학대받던 백성들은 더 이상 참지 못하고 여기저기서 민란을 일으키기 시작했습니다. 그 중 대표적인 민란이 1811년에 일어난 홍경래(洪景來)의 난입니다. 홍경래는 평안도 사람들에 대한 차별 대우와 탐관오리들의 수탈에 대한 반발로 난을 일으켰습니다. 그는 몰락 양반과 유랑 지식인, 서민 지주층 등을 끌어들여 평안도 일대를 점령하고 관군과 대립하였습니다. 홍경래는 왕조를 바꾸고 새로운 정치 체제를 갖추기 원했지만, 개혁의 방향을 제시하지 못하고 군사도 더 모으지 못해 반란은 결국 실패로 끝나고 말았습니다. 그러나 홍경래의 난은 농민층의 자각을 가져왔고, 이후 민중 운동에 큰 영향을 끼쳤습니다.

　이로부터 얼마 후 김삿갓이라는 시인이 전국을 유람하면서 멋진 시들을 지어냈습니다. 본명이 김병연(金炳淵, 1807~1863)이었던 그가 방랑을 하게 되기까지는 정말 기가 막힌 사연이 있었지요. 그는 20세에 영월 향시에 응시하여 장원을 했습니다. 그는 '역적 김익순(金益淳)의 죄가 하늘에 통함을 탄한다'라는 글을 썼는데, 주요 내용은 다음과 같습니다.

"대대로 임금을 섬겨온 김익순은 들거라. …… 묻노니 너는 누구의 녹을 먹는 신하이더냐? 가문은 으뜸가는 장동(壯洞) 김씨요 이름은 장안에서도 떨치는 순(淳)자 항렬이구나. 너희 가문이 이처럼 성은을 두터이 입었으니 백만 대군 앞이라도 의를 저버려선 안 되리라. …… 임금의 어전에 나아가 무릎 꿇듯이 서쪽의 흉악한 도적에게 무릎 끓었구나. 너의 혼은 죽어서 저승에도 못 갈 것이니 지하에도 선왕들께서 계시기 때문이라. 이제 임금의 은혜를 저버리고 육친을 버렸으니 한 번 죽음은 가볍고 만 번 죽어야 마땅하리. …… 너의 일은 역사에 기록하여 천추만대에 전하리라

　기쁜 마음으로 집에 돌아온 그에게 어머니는 청천벽력과도 같은 얘기를 했습니다. 과거에서 통렬히 비판한 그 김익순이 바로 자신의 할아버지라는 사실이었습니다. 홍경래의 난 때 선천(宣川)의 부사였던 김익순은, 대세가 이미 반란군에 기울어져 있음을 낙심하다가 반란군에게 잡혀서 항복하였습니다. 난이 진압된 후 김익순은 너무 쉽게 반란군에 투항한 죄로 집

안이 멸족을 당했습니다.

이런 경우 원래 그 아들 손자까지 다 죽임을 당하는데 하인의 도움으로 김병연은 목숨을 구할 수 있었습니다. 어머니는 자식들이 폐족자로 멸시받는 것이 싫어서 영월에서 숨어살게 되었던 것입니다. 이런 내력을 들은 김병연은 조상을 욕되게 한 죄인이라는 자책으로, 평생을 벼슬에 나가지 않고 다시는 하늘을 우러러 보지도 않고 사람도 보지 않겠다며 삿갓을 쓰고 방랑길에 올랐습니다. 김삿갓은 전국 방방곡곡 가는 곳마다 해학적인 시로 당시의 부패된 사회의 허위와 교만을 비웃고, 탐관오리를 질책했습니다. 특히 그는 타고난 글재주와 익살로 해학 가득한 작품을 여러 편 지었습니다.

시조는 아니지만 김삿갓은 당시 워낙 유명한 시인이기에 그의 작품을 한 편 소개합니다. '대 죽(竹)자'를 가지고 언어 유희를 한 '대나무 시'입니다.

이대로 저대로, 되어가는 대로

(此竹彼竹化去竹 : 차죽피죽화거죽)

바람 부는 대로, 물결치는 대로

(風打之竹浪打竹 : 풍타지죽랑타죽)

밥이면 밥, 죽이면 죽, 나오는 대로

(飯飯粥粥生此竹 : 반반죽죽생차죽)

옳고 그름은 따지지 말고, 그저 그런대로

(是是非非付彼竹 : 시시비비부피죽)

손님 접대는 집안 형편대로

(賓客接待家勢竹 : 빈객접대가세죽)

물건 사고파는 것은 시세대로

(市井賣買歲月竹 : 시정매매세월죽)

만사는 다 내 마음대로 하지 못하니

(萬事不如吾心竹 : 만사불여오심죽)

그렇고 그런 세상 그런대로 살아가세

(然然然世過然竹 : 연연연세과연죽)

순조도 안동 김씨 세력을 견제하고자 여러 가지 노력을 했습니다. 그 노력 중 하나가 며느리를 풍양 조씨 집안에서 데려오는 것이었습니다. 그러나 한때 풍양 조씨 집안으로 권력의 중심이 넘어갔을 뿐 세도정치 자체가 해결되지는 않았습니다. 자기 혼자 힘으로는 부족하다고 생각한 순조는 아들인 효명세자에게 대리 청정을 하게 하여 세도정치에 맞서려고 했지요. 효명세자는 순조와 그 정비인 순원왕후 김씨 사이에서 태어난 적장자입니다.

네 살에 왕세자로 책봉된 그는 어린 나이였지만 본격적인 후계자 수업을 받기 시작했습니다. 순조는 효명세자가 15세 되던 해부터 정무를 대신하도록 시켰고 세자가 19세 되던 해에는 아예 대리 청정을 명했습니다. 그때 순조는 38세로 아직 창창한 나이였습니다. 그러나 순조는 안동 김씨의 세도 정치에 싫증이 나서 더 이상 정무를 보고 싶지 않았던 것입니다.

효명세자는 몇 차례 사양하다가 결국은 부왕의 뜻을 따라 대리 청정에 임했습니다. 효명세자는 정사를 시작하자마자 종묘의 예식 문제를 들어 안동 김씨 계열인 전임 이조판서와 현직 이조판서를 징계했습니다. 또 권력의 중심이었던 비변사 당상 모두에게 정사에 태만했다는 이유로 감봉 조치를 내리기도 했습니다. 세도정치에서 벗어나 강력한 왕권을 행사해보겠다는 의도였지요. 그 외에도 정치적으로 소외당했던 소론과 남인, 북인을 등용

* **창덕궁 후원의 연경당** 여염집처럼 단청을 하지 않은 이 집은, 순조가 효명세자에게 '백성의 삶을 이해해야 좋은 군왕이 될 수 있다'는 교훈을 주기 위해 지었다고 한다.(서울 종로구 와룡동)

했고 어진 인재를 널리 등용하고 옥사를 신중히 처리하며, 백성들을 위해 선정을 베푸는 등 성군으로서의 자질을 충분히 보여주었습니다.

효명세자는 특히 효성이 지극하였다고 합니다. 그의 시조는 〈청구영언〉에 여덟 수가 실려 있습니다. 그 중의 일곱 수가 순조의 40세 탄신연에서 읊은 '상수가(上壽歌)'입니다. 생일잔치 자리에서 부왕 순조에게 술잔을 올리며 그의 만수무강을 기원한 시조들이지요.

> 금준(金樽)에 가득한 술을 옥잔에 받들고서
> 심중에 원하기를 만수무강 하오소서
> 남산이 이 뜻을 알아 사시 상청(四時常靑)하시다

(금 항아리에 가득찬 술을 옥잔에 따라 받들어 올리면서

마음속으로 임금님이 만수무강하시기를 기원한다.

남산이 나의 뜻을 알아서, 사계절 언제나 푸른빛을 띠고 있구나.)

사순(四旬) 칭경(稱慶)하오실 제 때맞은 풍년이라

양맥(兩麥)이 대등(大登)하고 백곡(百穀)이 푸르렀다

상천(上天)이 우순풍조(雨順風調)하사 우리 경사(慶事)

도우시다

(부왕의 연세가 사십 세가 되었음을 경축할 때 때맞은 풍년이라.

보리와 밀농사는 대풍이요, 가을에 추수할 온갖 곡식도 푸르게 잘

자라고 있다.

하늘이 때맞춰 비를 내리고 바람을 알맞게 보내서 우리의 경사를

도와 주시도다.)

불로초로 비즌 술을 만년배(萬年盃)에 가득 부어

잡부신 잔마다 비너니 남산수(南山壽)를

이 잔곳 잡부시면 만수무강하오리라

(늙지 않는 풀로 빚은 술을 만년배라는 잔에 가득 부어

드시는 잔마다 오래 사시기를 비나니

이 잔도 드시면 만수무강하오리라.)

효명세자는 정치적 역량도 뛰어났지만 예술에도 관심이 많았습니다. 이

때 시조도 많은 발전을 이뤘습니다. 사설시조라는 변형된 시조 형식이 정

착되었고, 이전에 공부깨나 한 사대부의 향유물이었던 시조가 서민문학의 중심에 우뚝 서게 된 것도 이 무렵입니다. 양반이 아닌 서민들이 지었을 것으로 알려진 작자 미상의 다음 시조들은 해학과 풍자, 멋진 표현 등으로 지금까지 사람들의 사랑을 받는 작품들입니다.

나무도 돌도 바회 업슨 뫼에 매게 쫏친 불가토리 안과
대천(大川) 바다 한 가온데 일천 석 시른 대중강(大中
舡)이 노도 일코 닷도 일코 돗대도 것고 뇽춍도 끈코 키
도 빠지고 바람 부러 믈결 치고 안개 뒤셧거 자자진 날
의 갈 길은 천리만리남고 사면이 거머어둑 천지 적막 가
치 노을 떠난데 수적(水賊) 만난 도사공의 안과
엇그제 님 여흰 안이야 엇다가 가을하리오
(나무도 돌도 바위도 없는 산에서 매에게 쫓기는 수꿩의 심정과
큰 바다 한 가운데서 일천 석의 곡식을 실은 커다란 배가 노도 잃
고 닻도 잃고 돛대도 걷고 용총도 끊어지고 키도 빠지고 바람 불어
물결 치고 안개 뒤섞여 자자진 날인데 갈 길은 천리만리 남고 사면
이 거머어둑 천지 적막하고 해가 저물어 노을이 떴는데 해적까지
만난 도사공[都沙工]의 심정과
엇그제 님과 이별한 내 심정을 어디다 비교하겠는가.)

나뷔야 청산에 가쟈 범나뷔 너도 가쟈
가다가 져무러든 곳듸 드러 자고 가쟈
곳에셔 푸대접하거든 닙헤셔나 자고 가쟈

(나비야 청산에 가자 호랑나비야 너도 가자.

가다가 해 저물거든 꽃에 들어가 자고 가자.

꽃이 푸대접하거든 잎에서나 자고 가자.)

말하기 죠타 하고 남의 말을 마롤 거시

남의 말 내하면 남도 내 말하는 거시

말로셔 말이 만흐니 말 모로미 죠해라

(말하기 좋다 하고 남의 말을 하지 말아야 한다.

내가 남의 말하면 남도 내 말을 하기 때문이다.

말로써 말이 많으니 말을 모르는 것이 좋겠구나.)

바람도 쉬여 넘는 고개 구름이라도 쉬여 넘는 고개

산(山)진이 수(水)진이 해동청(海東靑) 보래매 수여 넘

는 고봉(高峰) 장성령(長城嶺) 고개

그 너머 님이 왓다하면 나는 아니 한 번도 쉬어 넘어가

리라

(바람도 쉬어 넘는 고개 구름도 쉬어 넘는 고개

산진이 수진이 해동청 보라매도 쉬어 넘는 높은 봉우리 장성령

그 너머 임이 왔다 하면 나는 한 번도 쉬지 않고 임을 보러 넘어 가

리라.)

백초(百草)를 다 심어도 대는 아니 시믈 거시

져때 울고 실때 가고 그리는 이 붓때로다

이 후에 울고 가고 그리는 대 시믈 줄이 이시랴

(온갖 식물을 다 심어도 대나무는 안 심겠다.

피리로 만들면 울고 화살을 만들면 가버리고 그리는 것은 붓대
로다.

이 후에 울고 가고 그리는 대를 심을 일이 있겠는가.)

• **동구릉에 있는 익종(효명세자)의 수릉** 할아버지 정조처럼 개혁 정치를 베풀어보려던 효명세자는 왕위에 오르지도 못
하고 젊은 나이에 세상을 떠났다.(경기 구리시 동구릉로)

　할아버지 정조를 본받아 강력한 왕권으로 개혁 정치를 펼치려 했던 효명
세자는 왕위에 오르지 못하고 22세의 나이로 세상을 떠났습니다. 원래 몸
이 약했던 효명세자는 갑자기 각혈을 하며 앓아눕게 되었습니다. 스스로
처방한 약을 복용하기도 했지만 효험을 보지 못했던 그는 결국 1830년 창
덕궁 희정당에서 숨을 거두었습니다. 이로써 기울어가는 나라 조선을 되살
려보려 했던 순조와 효명세자의 희망도 물거품이 되었고, 조선이 스스로의

힘으로 회생할 수 있는 마지막 기회는 영영 사라져버렸습니다.

세도정치는 제26대 고종 때에 이르러서야 사라졌습니다. 철종이 세상을 떠난 후 헌종의 모후 신정왕후는 고종을 양자로 삼아 왕위에 오르게 했지요. 고종이 나이가 어렸으므로 대비 신정왕후는 고종의 아버지 홍선대원군에게 섭정을 하게 했습니다. 홍선대원군은 가장 먼저 안동 김씨 세력을 몰아내고 땅에 떨어진 왕권을 회복하는 데 힘을 기울였습니다. 당파에 상관없이 인재를 고루 등용하였고, 당쟁의 근거지가 되는 서원을 철폐했습니다. 백성들의 부담을 줄이기 위해 이름 없는 세금과 궁중에 특산물을 바치는 진상 제도를 없애는 동시에, 양반들에게서도 세금을 거둬들여 민심을 수습하고 국가 재정도 늘려나갔습니다.

그러나 홍선대원군은 백성의 원성을 살 일도 많이 했습니다. 왕실의 권위를 세우기 위해 임진왜란 때 불타버린 경복궁을 다시 세웠는데, 그 공사비를 마련하기 위해 당백전이라는 돈을 발행하여 화폐 가치가 폭락해버렸습니다. 천주교 박해령을 내려 8천여 명의 신자를 학살하여 프랑스 등 서양의 국가들에게 조선을 침략하는 빌미를 제공하기도 했지요. 이에 홍선대원군은 외국의 침략에 나라의 문을 더욱 굳게 걸어 잠그는 쇄국 정책을 강화하였습니다.

고종이 22세가 되어 홍선대원군이 섭정은 마치고 물러나자 명성황후의 친정인 민씨 일족들이 조정을 장악했습니다. 민씨 일가는 홍선대원군과는 달리 대외 개방 정책을 추구했지요. 그러다 1876년에는 일본군의 공격을 이기지 못해 조선은 최초의 근대적 조약이며 대표적 불평등 조약인 강화도 조약을 맺게 되었습니다. 이후로 미국, 프랑스, 러시아 등 열강의 힘에 밀려 조선은 세계를 향해 문을 활짝 열었습니다.

1884년에는 김옥균 등 개화 세력이 갑신정변을 일으켰습니다. 그러나 청나라 군대에 의해 개화파의 3일 천하는 막을 내리고 조선은 청나라에 더욱 의존하게 되었습니다. 이때 일본은 조선과는 손해배상을 받기 위해 한성조약을 맺고, 청나라와는 톈진조약을 맺었습니다. 톈진조약의 주요 내용은 이후로 두 나라가 조선에 파병, 철수할 때 자기네끼리 서로 통고한다는 것이었습니다.

이 무렵 동학농민운동이 일어났습니다. 열강이 조선을 먹어 삼키려고 서로 노리고 있는데, 조선의 관리들은 여전히 부정부패를 일삼고 백성들을 괴롭히고 있었기 때문입니다. 농민군들의 기세가 전국적으로 확산되자 조정에서는 청나라에 원병을 청했습니다. 청나라 군대가 조선에 들어오자, 일본군도 톈진조약을 앞세워 조선에 들어왔습니다. 일본은 민씨 정권을 몰아내고 내정 개혁을 단행했지요. 이것이 1896년의 갑오개혁입니다. 갑오개혁은 모든 분야에서의 근대적 개혁이었지만 일본의 침략을 쉽게 만든 기

· 경복궁의 옥호루. 경복궁 가장 안쪽에 있는 건청궁 그 안 깊은 곳에 자리한 이곳까지 일본 강패들이 몰려와 조선의 국모를 시해하는 참람한 일을 저질렀다.(서울 종로구 세종로)

초 작업이 되어버렸습니다.

조선의 정권을 장악한 일본은 청나라에 선전포고를 했습니다. 청일전쟁이 벌어진 것입니다. 이 전쟁에서 승리한 일본은 청나라를 조선으로부터 완전히 몰아내는 데 성공했습니다. 물론 농민군의 봉기도 실패로 끝나고 말았지요. 일본은 청일전쟁 승리의 전리품으로 랴오둥반도를 받았는데, 일본이 강대해지는 것을 경계한 러시아가 이에 간섭을 하고 나섰습니다.

러시아는 독일과 프랑스를 끌어들였는데 이를 삼국간섭이라고 합니다. 일본은 동맹군의 힘을 이기지 못하고 랴오둥반도를 도로 내놨습니다. 이때 조선 조정에서는 주변국 중 가장 힘이 세고 믿을 만한 나라는 러시아라고 생각하게 되었지요. 그래서 친러 내각이 성립되었고 그 선두에 선 사람이 바로 명성황후였습니다. 여기에 위기감을 느낀 일본은 1895년 을미사변을 일으켜 조선의 국모인 명성황후를 살해했습니다.

을미사변 후 신변의 위협을 느끼고 있던 고종은 러시아 공사의 권유에 따라 러시아공사관으로 옮겨가게 되었습니다. 이것이 아관파천입니다. '아관'은 러시아 공사관을, '파천'은 임금이 피란 가는 것을 말하지요. 1년여를 남의 나라 공사관에서 지내는 동안 고종은 많은 것을 느끼고 깨달았겠지요. 1897년에 대궐로 돌아온 고종은 대한제국을 선포하며 연호는 광무라 하고 스스로 황제위에 올랐습니다.

그러나 러일전쟁에서 승리한 일본은 1905년에 고종에게 군사력으로 압력을 가해 을사보호조약을 강제로 체결하게 했습니다. 이때 조선은 일본에 외교권을 빼앗겼으며 내정 간섭을 허용하여 사실상 국권을 상실한 것입니다. 고종은 이 억울한 상황을 외국에 알려 도움을 받기 위해 네덜란드 헤이그에서 열리는 만국평화회의에 밀사를 파견했습니다. 그러나 이준, 이상

설, 이위종 등 밀사들은 일본의 방해로 회의장에 들어가지도 못했고, 이준은 분노를 이기지 못하고 그곳에서 세상을 떠나고 말았습니다. 일본은 이 사건이 한일협약 위반이니 고종이 그에 대한 책임을 지고 물러나야 한다고 주장했습니다. 고종은 빼앗기듯 황위에서 물러나 태황제가 되었습니다.

나라는 이렇게 숨 막히도록 위태로운 지경에 이르렀지만 이때도 시조 창작은 계속되었습니다. 조선의 3대 시조집으로 꼽히는 김천택(金天澤)의 〈청구영언〉, 김수장(金壽長)의 〈해동가요〉, 안민영(安玟英, ?~?)·박효관(朴孝寬, ?~?)의 〈가곡원류〉 중 마지막 가집 〈가곡원류〉가 만들어진 것은 바로 고종 때의 일입니다. 아래 소개한 작품은 매화를 예찬한 안민영의 작품 '매화사(梅花詞)' 중 일부입니다.

어리고 성긴 가지 너를 믿지 않았더니
눈 기약(期約) 능히 지켜 두세 송이 피었구나
촉(燭) 잡고 가까이 사랑할 제 암향(暗香)조차 부동(浮動)터라
(어리고 가지가 성글어서 네가 꽃을 피울까 믿지 않았는데
눈 오면 핀다는 약속을 잘 지켜 두세 송이 꽃이 피었구나.
촛불을 켜 들고 가까이 가서 들여다보니, 그윽한 향기까지 떠도는구나.)

빙자옥질(氷姿玉質)이여 눈 속에 네로구나
가만히 향기 놓아 황혼월(黃昏月)을 기약하니
아마도 아치고절(雅致高節)은 너뿐인가 하노라

(얼음같이 차갑고 옥같이 깨끗한 성질이여, 눈 속에 피어난 너로
구나.

가만히 향기를 풍겨 황혼의 달이 떠오를 것을 약속하니

아마도 우아한 운치와 고상한 절개를 지닌 것은 매화 너뿐인가 하
노라.)

눈으로 기약터니 네 과연 푸엇고나

황혼에 달이 오니 그림자도 셩긔거다

쳥향(淸香)이 잔에 떳스니 취(醉)코 놀녀 허노라

(눈이 오면 핀다고 약속을 하더니 정말 눈이 오니 꽃이 피었구나.

황혼에 달이 오니 그림자도 성기게 보인다.

맑은 매화 향기가 술잔에 어리니 취하도록 마시며 놀려 하노라.)

황혼의 돗는 달이 너와 긔약 두엇더냐

합리(閤裡)의 자든 곳치 향긔 노아 맛는고야

내 엇지 매월(梅月)이 벗 되는 줄 몰낫던고 하노라

(황혼에 돋는 달이 너와 만나자고 약속을 했더냐.

깊은 방 안에서 자던 꽃이 향기를 뿜으며 달을 맞이하는구나.

내가 어찌 매화와 달이 친구 되는 줄 몰랐을까.)

바람이 눈을 몰아 산창(山窓)에 부딪치니

찬 기운 새어들어 잠든 매화를 침노한다

아무리 얼리려 한들 봄뜻이야 앗을소냐

(바람이 눈을 몰아다가 산 속 작은 집의 창문에 부딪치니,

차가운 기운이 문틈으로 새어들어 잠든 매화에까지 파고든다.

아무리 바람이 매화를 얼리려고 해도, 봄을 알리는 매화의 뜻이야

뺏을 수 있겠느냐.)

동각(東閣)에 숨운 꼿치 쳑쵹(躑躅)인가 두견화인가

건곤이 눈이여늘 졔 엇지 감히 퓌리

알괘라 백셜 양츈(陽春)은 매화밧게 뉘 이시리

(동쪽 누각 뒤에 숨은 듯 피어난 꽃은 철쭉이냐 진달래냐?

하늘과 땅이 온통 눈으로 덮여 있는데, 그 꽃들이 어찌 감히 피어

나겠느냐.

알겠다, 흰 눈으로 뒤덮인 첫봄에 매화밖에 필 수 있는 꽃이 또 있

겠느냐.)

'매화사'말고도 안민영은 많은 시조를 남겼습니다. 두 편을 더 소개하겠

습니다.

젹(笛) 소리 반기 듯고 죽창(竹窓)을 바삐 여니

세우(細雨) 장제(長堤)에 쇠등에 아희로다

아희야 강호에 봄이 드냐 낚대 추심(推尋)하리라

(피리 소리 반가워 대나무로 엮은 창문을 바삐 여니

가랑비 내리는 긴 강둑에 소등에 탄 아이구나.

아이야 전원에 봄이 왔느냐 낚싯대 찾아야겠구나.)

공산(空山) 풍설야(風雪夜)에 돌아오는 저 사람아
시문(柴門)에 개소리를 듣느냐 못 듣느냐
석경(石經)에 눈이 덮였으니 나귀 혁(革)을 놓아라

(적막한 산 눈보라 치는 밤에 돌아오는 저 사람아.
사립문에 개 짖는 소리 들리느냐 안 들리느냐.
돌길이 눈에 덮였으니 나귀 고삐 놓고 오너라.)

　다음은 안민영의 스승 박효관의 작품들을 보겠습니다. 당시 문학과 음악 발전에 큰 공헌을 했던 박효관은 〈가곡원류〉에 다음 작품들을 비롯하여 13수의 시조를 남겼습니다.

공산(空山)에 우는 접동 어는 어이 우짖는다
너도 날과 같이 무슨 이별 하였느냐
아무리 피나게 운들 대답이나 하더냐

(빈 산에서 우는 두견새야, 너는 왜 그리도 우짖느냐?
너도 나처럼 무슨 이별을 하였느냐?
아무리 피가 나게 운다 한들 임이 대답이나 하더냐?)

뉘라서 가마귀를 검고 흉타 하돗던고
반포보은이 긔 아니 아름다운가
사람이 저 새만 못함을 못내 슬허하노라

(누가 까마귀를 검고 흉한 새라고 하였더냐?
까마귀는 자라면 어미에게 먹이를 물어다주며 은혜를 갚으니 그 아름다운 일이 아니겠느냐.

불효하는 사람이 저 까마귀만도 못한 것을 나는 항상 슬퍼하노라.)

임 그린 상사몽(想思夢)이 실솔의 넋이 되어
추야장(秋夜長) 깊은 밤에 임의 방에 들었다가
날 잊고 깊이 든 잠을 깨워 볼까 하노라

(임을 그리워해서 꾸는 꿈이 귀뚜라미의 넋이 되어서

가을밤 기나긴 밤에 임의 방으로 들어가 있다가

나를 잊고 깊이 잠이 든 임을 깨워보고 싶구나.)

꿈에 왔던 님이 깨어 보니 간 데 없네
탐탐히 괴던 사랑 날 버리고 어디 간고
꿈속이 허사랄 망정 자로나 뵈게 하여라

(꿈에 왔던 임이 깨어나 보니 간 데 없네.

깊고 깊은 사랑 날 버리고 어디 갔나.

꿈이 허사라지만 자주나 보았으면 좋겠네.)

　고종의 뒤를 이어 황제로 즉위한 순종은 만 3년 동안 황제의 자리에 있었습니다. 순종 즉위 직후인 1907년 일본은 한일신협약(정미7조약)을 강제로 체결하였습니다. 이로써 국정 전반을 일본인 통감이 간섭하였고, 정부 각부의 장관을 일본이 임명하는 차관 정치를 행하기 시작했지요. 또 경제 수탈을 위한 동양척식주식회사를 설립하였고, 재정 부족을 이유로 조선의 군대를 강제 해산시켰으며, 사법권마저 빼앗아버렸습니다.

1909년 하얼빈에서 안중근 의사가 일본 총리 이토 히로부미(伊藤博文)를 암살하자 더는 기다릴 수 없었던 일본은 이완용, 송병준 등으로 구성된 매국 단체 일진회를 앞세워, 조선인의 요구에 따라 한일합방을 하는 형식으로 1910년 8월 29일 대한제국을 멸망시켰습니다. 이로써 조선 왕조는 27대 519년 만에 망하고, 한반도는 일본의 식민지가 되었습니다.

경술국치를 당하던 때 황현(黃玹, 1855~1910)이라는 선비는 '절명시(絕命詩)'를 쓰고 스스로 목숨을 끊었습니다.

창덕궁의 대조전 원래는 왕비가 거처하는 내전이었지만 이곳에서 조선의 문을 닫는 한일합방 조약이 강제로 이뤄졌다.(서울 종로구 와룡동)

그는 나라가 망하면 국민된 도리로 누구나 죽어야 마땅하다고 생각하였고, 특히 사대부들이 직분을 다하지 못하여 나라를 망쳐놓고도 자책할 줄 모른다고 통탄하였습니다. 이 시는 7언 절구의 한시들로서, 시조는 아니지만 망국의 애통함이 절절이 드러나 있는 것 같아 여기에 소개합니다.

난리를 겪다 보니 머리가 하얗게 셀 나이가 되었구나
(亂離滾到白頭年 : 난리곤도백두년)
몇 번이나 목숨을 끊으려다 이루지 못했도다
(幾合捐生却末然 : 기합연생각말연)
오늘날 참으로 어찌할 수 없고 보니

(今日眞成無可奈 : 금일진성무가내)
가물거리는 촛불이 푸른 하늘에 비치도다
(輝輝風燭照蒼天 : 휘휘풍촉조창천)

요망한 기운이 가려서 황제별이 옮겨지니
(妖氣掩翳帝星移 : 요기엄예제성이)
깊은 대궐 안은 침침하여 낮 시간이 더디구나
(九闕沈沈晝漏遲 : 구궐침침주루지)
이제부터 조칙을 받을 길이 없으니
(詔勅從今無復有 : 조칙종금무복유)
구슬 같은 눈물이 주룩주룩 조칙에 얽히는구나
(淋琅一紙淚千絲 : 임랑일지누천사)

새 짐승도 슬피 울고 강산도 찡그리네
(鳥獸哀鳴海岳嚬 : 조수애명해악빈)
무궁화 온 세상이 이젠 망해 버렸어라
(槿花世界已沈淪 : 근화세계이침륜)
가을 등불 아래 책 덮고 지난날 생각하니
(秋燈掩卷懷千古 : 추등엄권회천고)
인간 세상에 글 아는 사람 노릇하기 어렵기만 하구나
(難作人間識字人 : 난작인간식자인)

나라를 버티는 일에 서까래 하나 놓은 공도 없었으니

(曾無支廈半椽功 : 증무지하반연공)

겨우 인(仁)을 이루었을 뿐 충(忠)을 이루진 못했어라

(只是成仁不是忠 : 지시성인불시충)

겨우 윤곡을 따른 데서 그칠 뿐

(止竟僅能追尹穀 : 지경근능추윤곡)

진동을 못 넘어선 게 부끄럽기만 하여라

(當時愧不躡陳東 : 당시괴불섭진동)

＊ 윤곡 : 중국 송나라 사람. 몽골 침입 때 가족이 모두 몰살당하자 따라
　　　　서 자살을 한 선비

＊ 진동 : 중국 송나라 사람. 국가의 기강을 세우는 상소를 하고 황제의 노
　　　　여움을 사서 억울하게 죽음

글을 마치며

이제까지 보신 것처럼, 나라가 망하고 사람이 죽어가는 순간에도, 또 기쁠 때나 슬플 때나, 힘든 일이나 즐거운 일이 있을 때 우리 곁에 늘 함께 하는 것이 바로 문학입니다. 세월이 지나 먼저 살던 사람들이 사라져도 그들의 이야기를 생생하게 전해주는 것 역시 문학이지요. 그래서 문학 작품을 통하면 그 작품이 쓰인 시대의 상황을 좀더 절실하게 받아들일 수 있습니다. 그런 까닭에 저는, 역사 공부를 하는 가장 좋은 방법이 당시의 문학을 접하는 것이고 조상들의 문학 작품을 공부하는 가장 좋은 방법이 그가 살았던 시대를 연구하는 것이라 감히 주장합니다.

우리 역사상 가장 오랫동안 대중에게 사랑을 받아온 시조는 오늘날에도 변함없이 많은 작가에 의해 창작되고 또 많은 독자가 즐겨 읽고 있습니다. 시조가 우리의 언어 습관에 잘 맞는 시가인 덕분이지요. 저는 이렇게 우리 호흡에 꼭 맞는, 우리 민족의 전통 시가인 시조에 청소년을 비롯한 젊은 세대가 보다 많은 관심을 갖기 바랍니다. 교과서에 실린 고리타분한 내용으로만 여기지 말고 스스로 시조를 써보기도 권장합니다. 또 시조를 랩처럼 리듬에 맞춰 읊어보기도 권합니다. 아마도 우리 몸에 잘 맞는 옷을 입은 것처럼 편안하게 즐길 수 있을 것입니다. 물론 그 가운데 우리 역사에 대한 기본 상식도 얻으면서 말입니다.

이 책에는 책 내용과 관련된 유적들을 새롭게 찍은 사진들도 함께 실려 있습니다. 여기 실린 인물들이 살던 집, 그들이 노닐던 정자, 그들을 기리는 사당이나 서원, 그들이 묻힌 묘소 등. 의외로 이런 유적들은 우리 주변 가까운 곳에 위치하고 있습니다. 이 책을 읽은 후 그 유적들에도 찾아가서 교과서에서만 만나던 역사 속 인물들의 손길과 숨결을 보다 가까이서 느껴보기 바랍니다.

끝으로 부족한 제 원고를 책으로 낼 것을 선뜻 결정해주신 도서출판 기파랑 관계자들께 머리 숙여 감사의 인사를 드립니다.

2011년 12월 황인희

참고 문헌

강준식 [다시 읽는 하멜 표류기] 웅진닷컴_2004

김당택 [원 간섭 하의 고려 정치사] 일조각_1998

김동욱 [수원 화성] 돌베개_2002

김동욱 [종묘와 사직] 대원사_2005

김만선 [유배] 갤리온_2008

김용찬 [조선의 영혼을 훔친 노래들] 인물과 사상사_2008

박영규 [한 권으로 읽는 조선왕조실록] 들녘_2004

박영규 [한 권으로 읽는 고려왕조실록] 웅진지식하우스_2010

박은봉 [한국사 100장면] 실천문학사_1999

박은봉 [한국사 뒷이야기] 실천문학사_1997

보르지기다이 에르데니 바타르 [팍스몽골리카와 고려] 혜안_2009

신병주 · 노대환 [고전 소설 속 역사 여행] 돌베개_2006

양택규 [경복궁에 대해 알아야 할 모든 것] 책과함께_2007

윤정란 [조선 왕비 500년사] 이가출판사_2009

이덕일 [사도세자의 고백] 휴머니스트_2004

이상각 [조선왕조실록] 들녘_2009

이상각 [고려사] 들녘_2010

이상보 편 [한국의 옛 시조] 범우사_2007

이종서 [제국 속의 왕국 14세기 고려와 고려인] UUP_2005

이호일 [조선의 왕릉] 가람기획_2007

임중웅 [조선 왕비 열전] 선영사_2009

작자 미상, 김광순 역 [산성일기] 서해문집_2007

작자 미상, 전규태 주해 [계축일기] 범우사_2005

작자 미상, 전규태 주해 [인현왕후전] 범우사_2006

정병헌 · 이지영 [고전 문학의 향기를 찾아서] 돌베개_2004

정은임 [혜경궁 홍씨와 왕실 사람들] 채륜_2010

지두환 [영조대왕과 친인척] 역사문화_2009

지두환 편역 [조선과거실록] 동연_1997

한국인물사연구원 편 [고려왕 이야기]_2009

한영우 [조선의 집, 동궐에 들다] 열화당/효형출판_2008

혜경궁 홍씨 [한중록] 신원문화사_2003

기파랑耆婆郎은 삼국유사에 수록된 신라시대 향가 찬기파랑가讚耆婆郎歌의 주인공입니다. 작자 충담忠談은 달과 시내와 잣나무의 은유를 통해 이상적인 화랑의 모습을 그리고 있습니다. 어두운 구름을 헤치고 나와 세상을 비추는 달의 강인함, 끝간 데 없이 뻗어나간 시냇물의 영원함, 그리고 겨울 찬서리 이겨내고 늘 푸른빛 잃지 않는 잣나무의 불변함은 도서출판 기파랑의 정신입니다.

고시조古時調, 우리 역사의 돋보기

초판 1쇄 발행 2011년 12월 30일

지은이 황인희
사　진 윤상구
펴낸이 안병훈
디자인 황은경

펴낸곳 도서출판 기파랑
등　록 2004. 12. 27 | 제 300-2004-204호
서울시 종로구 동숭동 1-49 동숭빌딩 301호
전　화 763-8996(편집부) 3288-0077(영업마케팅부)
팩　스 763-8936
이메일 info@guiparang.com
홈페이지 www.guiparang.com

ISBN 978-89-6523-947-5 03900
값 17,500원